기적의 도서관

협치의 건축

기적의 도서관

정기용의
어린이 도서관

정기용 지음

현실문화

무지개와 달팽이, 정읍 기적의 도서관

연속된 대지의 풍경, 김해 기적의 도서관

3

정기용과 기적의 도서관
도정일 (경희대 명예교수, 책읽는사회만들기국민운동 상임대표)

'기적의 도서관'은 어느 날 하늘에서 천사가 실어다 준 것도 아니고 땅에서
도깨비들이 뚝딱 빚어낸 것도 아니다. 그 명칭 속의 '기적'이라는 말과 상관없이,
적어도 그것이 탄생하기까지의 전사(前史)에는 기적이랄 것이 존재하지 않는다.
그것은 어떤 '공공의 가치'를 만들어내기 위해 뭉쳤던 많은 사람들의 고된 노동과
아이디어, 밤잠 설치게 했던 고민과 순수한 열정의 산물이다. 그러므로 기적의
도서관이 어떻게 기획되고 진행되었는가, 결과는 어떠했고 무엇을 이루었으며
지금은 어떤 상황인가 등등에 관한 이야기는 사실은 '이야기'의 형식보다는
'보고서'의 형태로 먼저 기록되어 나오는 것이 마땅하다. 아무리 줄여 말해도
그 기록은 한 시대의 사회사, 문화사, 시민운동사의 일부일 것이기 때문이다.
그 보고서를 펴내는 일은 기적의 도서관 건립운동을 주도했고 지금도 그 일을 하고
있는 민간단체 '책읽는사회만들기국민운동'(이하 '책사회'로 줄임)의 책임이다.
그런데 그런 보고서 이전에, 〈책사회〉가 일에 치어 꾸물거리고 있는 사이에, 기적의
도서관 설계 부분에서 절대적 역할을 맡아주었던 정기용 교수가 드디어 참지
못하고 이 도서관의 설계, 탄생, 의미에 관한 그 자신의 이야기를 책으로 펴내게
되었다. 미안하면서 고맙고, 죄송하면서 반갑기 그지없는 일이다.

나는 무엇보다 먼저 정기용이라는 한 탁월한 건축가가 아니었다면, 〈책사회〉
사람들이 어느 날 운 좋게도 인사동 골목에서 그를 만나지 못했더라면, 기적의
도서관이 지금의 모습으로 탄생하지는 못했을 것이라는 말부터 해놓고자 한다.
그는 상상력 넘치는 공간의 시인, 더 나은 세상을 꿈꾸는 비저너리, 공적 가치를
세우는 일이라면 망설림 없이 헌신하는 공익 근로자이다. 2003년 봄 기적의 도서관
제1호관을 짓기 위한 작업에 돌입했을 때, 준비자들을 난감하게 한 것은 개인적으로
탁월한 능력을 갖고 있으면서 돈 안 되는 일에 뛰어들 줄도 아는 그런 어리숙한
건축가를 어디서 구하는가라는 것이었다. 준비자들의 머릿속에는 그때까지 한국은
물론 세계 여타 지역에서도 이렇다 할 모델을 찾기 어려운 아름답고 쾌적하고

창의적인 어린이 전용 도서관의 건립이라는 막연한 그림만 들어 있었다. 참고할 만한 모델이 사실상 어디에도 없었으므로 그 도서관은 설계자의 머리에서 완전히 '창조'되지 않으면 안 되는 그런 종류의 것이었고, 따라서 설계자는 단순 건축가가 아닌 시적 감성과 상상력의 소유자여야 한다고 우리는 생각했다. 그러나 우리가 가진 자원은 결코 넉넉한 것이 아니었고 시간 역시 촉박했다. 말하자면 우리에게는 공간의 시인, 비저너리, 공익 헌신이라는 3박자 조건을 갖춘 설계자가 필요했던 것이다. 말이 좋아 3박자 조건이지 사실 그때나 지금이나 그 3박자는 우리 사회에서 '바보의 조건'에 해당한다고 말해야 옳다. 정기용은 우리가 만난 그런 탁월한 바보 건축가이다.

우리가 정기용 교수에게 주문한 것은 한 살짜리 꼬맹이들도 안방에서처럼 기고 뒹굴고 놀 수 있는 어린이 도서관, 아이들이 보고 싶은 책 보면서 즐겁게 꿈꾸고 상상하고 몽상에 잠길 수 있는 도서관, 책 말고도 노래, 춤, 그림, 공작 같은 여러 가지 활동도 할 수 있는 그런 도서관을 설계해달라는 것이었다. 그 도서관에는 이야기방과 다락과 토굴이 있어야 하며 영유아실과 수유실, 다매체실과 전시공간과 다목적 놀이공간이, 그리고 나무와 꽃과 별과 구름이 있어야 했다. 어린 혼들이 훈육과 경쟁의 장을 떠나 맘 놓고 춤추며 자랄 수 있는 놀이터 같은 도서관, 그림책에서처럼 신기한 마법의 성이 날아와 앉은 것 같은 도서관. 그런데 그런 도서관이 가능할까요, 그 쥐꼬리 예산으로? 우리가 물었을 때 정기용은 웃으며 간단히 대답했다. "가능하지요." 우리는 알고 있었다. 그의 그 소년 같은 대답은 사실은 그 일이 가능해서 가능하다기보다는 불가능한 일을 가능한 것으로 바꿔내보자는 순수한 열정에서 나온 것임을 우리가 어찌 몰랐으랴. 우리는 그의 건축가적 재능 말고도 그가 지닌 그 열정과 헌신의 능력을 믿었다.

기적의 도서관 제1호관인 순천관 개관식이 열린 2003년 11월 10일, 조충훈 당시 순천시장은 촬영 나온 문화방송(MBC) '느낌표' 팀의 김영희 PD 일행을 맞으며 "이건 건물이 아니라 예술이야, 예술!"이라 말했다. 그날 개관식 참석자들의 눈앞에 나타난 것은 그들이 일찍이 본 적 없는 놀라운 도서관, 이 땅에 처음 들어서는 어린이 전용 도서관다운 도서관이었다. "도서관을 이렇게도 지을 수 있구나"라며 사람들은 탄성을 질렀다. 도서관 인근 주민들과 순천시민들의 반응도 '놀라움'

그 자체였다. 그날 개관식 공식행사가 끝나기를 기다리던 순천의 아이들은 조충훈 시장에게로 달려가 매달리고 안기며 환호했다. 자치단체장이나 지역 정치인이 아이들에게 그토록 열띤 환호의 대상이 될 수 있다는 것을 내 눈으로 보기는 그때가 처음이다. 나중에 조 시장은 기적의 도서관을 지으며 자기가 두 번 울었다고 술회했다. 아이들이 그렇게 좋아하는 것을 보면서 울었고, 아이들을 그처럼 즐겁게 해줄 일을 왜 진작 해주지 못했나 싶은 후회 때문에 또 울었다는 것이다. 도서관 내부를 그날 처음으로 둘러보고 나온 동네 젊은 엄마들은 '설계 선생님' 정기용의 손을 잡고 "고맙다, 고맙다"를 연발했다.

그 예술품 같은 순천 기적의 도서관을 짓는 데 걸린 기간은 놀랍게도 불과 석 달이다. 2003년 7월 5일에 기공식이 있었고 10월 초에 일단 완공을 보았으니 더도 덜도 아닌 석 달만에 근 4백 평짜리 도서관 공사를 끝낸 것이다. (개관식은 나중 다른 사정이 생겨 당초 계획보다 한 달 연기된 11월 10일에 있었지만.) 나는 지금도 그 석 달이라는 공기가 믿어지지 않는다. 그해 여름에 웬 비는 또 그렇게 많이 내렸는지, 8월 한 달의 거의 대부분은 모두 우장을 쓰고 공사를 진행했다. 개관식 공지를 내보냈을 때 사람들은 깜짝 놀라서 물었다. "벌써 다 지었다고? 도깨비냐?" 정기용의 섬세하고 복잡한 설계도면을 읽어내기 위해 꼬박 일주일 '공부'했다는 시공회사 유탑건설의 모득풍 현장소장과 공사현장 직원들, 빗속에 수없이 서울- 순천 사이를 오가며 감리를 맡아준 한미파슨스의 정환수 차장, 각종 행정업무를 신속히 처리해준 순천시청 사람들—도깨비가 있었다면 이들이 그 도깨비였다. (이 도깨비 군단 속에는 거의 혼자서 업무 연락과 관련 사무를 담당했던 〈책사회〉의 신은미 간사와 무서운 추진력을 발휘했던 당시 사무처장 서해성의 이름도 빼놓을 수 없다.)

〈책사회〉와 함께 기적의 도서관 사업을 진행했던 문화방송 '느낌표' 팀의 김영희 PD는 개관식 날 도서관 내부를 둘러보며 "기대했던 것 이상이다, 아주 좋다"며 연신 만족과 놀라움을 표시했다. 꼬맹이들이 맨발로 기어다니고 뒹구는 따스한 열람실 온돌마루를 걸으며 김 피디는 "어찌 온돌마루를 깔 생각을 다 했을까이"라며 신기해했다. 실제로 공공도서관에 전관 온돌마루를 간 것은 기적의 도서관이 처음이다. 아이들이 밖에서 놀다 들어오면 책을 만지기 전에 손부터

씻게 안내된 입구의 세수대, 앙증맞게 이쁜 화장실, 하늘이 올려다 보이는 동그란
돔 모양의 이야기방, 먼 우주로 날아가는 듯한 2층의 별나라방, 아파트의 납작한
주거공간에 갇혀 사는 아이들에게 공간의 서로 다른 높이와 차원을 체험하게 한
복층구조, 아이들과 함께 자라는 열람실의 나무들, 마루바닥의 평면을 깬 오목공간,
극장식 구조를 가진 다목적 활동공간, 달팽이처럼 돌아오르는 외부 비밀의
정원—순천관의 이런 공간구조와 연출은 어린이 도서관이 어떻게 지어질 수 있고
지어져야 하는가를 우리 사회에, 어른들의 세계에, 그리고 도서관계와 학계에 두루
제시한 최초의 모델이 되어 주었다. 물론 설계자나 〈책사회〉가 생각했던 모든
요소들이 순천관 하나에 남김없이 다 구현될 수 있었던 것은 아니다. 극히 적은
비용과 예산의 숨찬 한도가 우리를 묶었기 때문이다. 그러나 우리는 만족했고
행복했다.

순천관을 비롯해서 다른 기적의 도서관을 방문하는 도서관계 사람들과 사서들
중에는 기적의 도서관 특유의 공간배치를 보며 잘 이해되지 않는다고 말하는
사람들이 없지 않다. 이를테면 사서의 자리에서 보았을 때 동선이 길고 들쭉날쭉하고
복잡해서 사용자 아이들의 위치와 움직임을 한눈에 파악하기 어렵고 그래서
관리상의 여러 문제가 발생하지 않겠느냐고 그들은 걱정한다. 그럴 것이다.
그러나 바로 그 점이야말로 기적의 도서관이 기획한 의도의 하나이다. 기적의
도서관에서 사서는 무슨 원형 감옥의 간수처럼 아이들의 움직임을 통제하고
감시하는 사람이 아니다. 기적의 도서관에서 아이들은 어른의 시선, 사서의 시선,
혹은 그 누구의 시선도 의식할 필요가 없는 자유로움의 향유자이며 그들만의
아늑하고 내밀한 공간을 만들어 그 보이지 않는 울타리 안에서 책 읽고 생각하고
이런저런 꿈을, 어른들에게 말하고 싶지 않고 들키고 싶지 않은 불온한 꿈까지도,
맘 놓고 꾸어보는 어린 몽상자이다. 자유로운 상상과 엉뚱한 몽상이 아니라면
무엇이 아이들을 키울 것인가? 무엇이 그들의 창의력과 호기심과 탐구의 능력을
키울 것인가? 기적의 도서관에는 그래서 다락이 있고 토굴이 있고 여기저기 숨는
공간들이 있다. 그 공간에서 아이들은 숨 돌리며 상상과 공상과 몽상에 잠기고
저희들끼리 놀 시간을 얻는다. 자유로운 상상과 놀이의 시간을 철저히 빼앗기고 있는
지금 이 땅의 아이들에게 그런 자유의 시간, 숨 돌릴 시간, 몽상할 시간을 되찾아
주는 일보다 더 중요한 일은 없다. 정말이지 우리가 아이들을 잘 키우고자 한다면.

어린이 도서관에 다락과 토굴 같은 유희성 공간을 연출하고 복층구조를 만들고 따스한 온돌마루, 푹신한 소파와 쾌적한 가구, 다목적공간, 이야기방, 영아 수유실과 수면실, 세수대 등을 도입해서 어린이 도서관의 면모를 일신한 것은 기적의 도서관이 이룩한 혁신의 일부이다. 기적의 도서관 등장 이후 전국 각지에서 지자체들이 지은 어린이 도서관들 중에 기적의 도서관을 벤치마킹 하지 않은 곳은 단 한 곳도 없다고 말해도 된다. 순천관 한 곳만을 놓고 말해도, 개관 이후 1년 동안 이곳을 다녀간 방문자는 (어린이 제외) 35만 명을 넘는다. 물론 공간 혁신만이 기적의 도서관이 보여주고자 한 혁신 모형의 전부가 아니다. 어린 사용자들을 위한 정성어린 서비스 체제의 구축, 각종 운영 프로그램의 부단한 개발, 문화 향수기회의 확장 등은 기적의 도서관이 사회에 제시한 서비스 부분의 혁신이다. 도서관 건립과 그 이후 운영 문제에서 시민단체와 방송과 자치단체가 힘을 합쳐 새로운 '민관협력'의 모델을 구축한 것도 기적의 도서관이 처음으로 이룩한 혁신에 해당한다.

이 모든 새로운 시도의 핵심부에는 세 가지 기본적인 의도와 정신이 있다. 아이들을 잘 키우는 책임과 육아의 경비는 온 사회가 분담해야 한다는 것, 어린이 도서관은 아이들의 성장에 절대적으로 필요한 사회적 기본 시설이며 우리 사회는 그런 도서관의 설립과 운영에 마땅히 투자해야 한다는 것, 어린이 도서관은 지역 주민들의 삶의 질을 높이고 지역 공동체를 일구는 풀뿌리 운동의 중심부라는 것—이것이 그 세 가지 기본 정신이자 취지이다. 이 관점에서 말하면 기적의 도서관이 전국에 몇 개나 지어졌는가가 중요한 것이 아니라 기적의 도서관이 의도한 정신과 목표와 취지가 어떻게 사회적으로 확산되고 그 의미의 사회적 공유가 어떻게 성취되는가가 중요하다. 정기용 교수가 바쁜 시간을 쪼개어 이런 책을 내고자 마음먹게 된 것도 필시 그런 뜻에서일 것이라고 나는 생각한다. 좋은 도서관을 많이 가진 나라만이 기본을 갖춘 나라, 품격과 품위를 말할 수 있는 나라, 창조적 미래를 생각할 줄 아는 나라이다. 기적의 도서관이 가진 기본 정신의 사회적 확산과 공유를 시도하는 일에도 흔연히 나섬으로써 건축가 정기용은 또 한 번의 '설계'에 돌입하고 있다. 더 나은 삶을 건축하려는 '정신의 설계,' 그것이 지금 정기용이 이 책에서 하고 있는 작업이다. 나는 한 건축가의 이런 비전과 실천 앞에서 그저 먼 산 구름이나 바라보며 하염없는 부끄러움에 잠긴다.

서문

2003년 11월 순천 기적의 도서관이 개관되고 이제 6년이 지났다. 그 사이에
전국에는 10개의 어린이 전용 도서관이 '기적의 도서관'이라는 이름으로 지어졌다.
제천, 진해, 제주, 청주, 울산, 금산, 서귀포, 부평, 정읍……. 대도시를 제외하고
전국의 중소도시를 중심으로 건립된 기적의 도서관은 한마디로 작지만 대단히
중요한 사회적 사건이다. 건축 설계를 담당했었던 건축가로서가 아니라 일개의
시민으로 이 사건을 가감없이 바라본다고 하더라도 기적의 도서관의 탄생과
운영의 실태는 진보를 믿지 않는 이 사회에 그것을 실질적으로 우리 눈앞에 보여준
기적적인 일들이다.

역사적 판단을 하기에는 한참 이르기도 하고 조금 섣부른 생각도 들지만 그간의
정황을 섬세하게 들여다보면 이것은 단순히 공치사만 하고 스쳐지나갈 일은 더욱
아니다. 그래서 적어도 정상적인 사회라면 기적의 도서관 탄생 전후 사안에 대해서
연구하는 사람도 나오고, 무엇이 사회적 이슈인지, 그것이 어떻게 발전하는 것이
이 사회를 위해서 타당한 것인지 고려해볼 논문이 나올 만도 하건만 어디에서도
기적의 도서관에 관한 본격적인 논의는 잘 보이지 않는다. 오히려 정말로 이해할 수
없는 것은 새로운 어린이 도서관들을 지으면서 기존의 기적의 도서관보다 더 낫고
아름답고 품위있는 공간을 만들어내는 것이 아니라 '우리 도시에서는 순천보다
좀 더 큰 것을 지어야겠다'든가, '어느 도서관보다 규모가 훨씬 커져야 된다'든가
하는 것을 목표로 진행되는 것을 보면 어린이 도서관이 진정 어떤 의미인지 제대로
파악조차 안 된 것 같다.

모든 공공건물의 건축과 운영 방식은 건립 목적을 수행하는 데 있는 것이지 규모나
외관을 치장하는 것을 경쟁하는 데 있지 않다. 기적의 도서관의 건립 목적은
한마디로 부유한 집안의 아이들이건 가난한 집안의 아이들이건 이 세상의 모든
아이들이 차별받지 아니하고 자유롭게 책을 접하고 만나고 읽게 하는 것이다.
그렇게 해서 어린 아이들이 자발적으로 상상하고 탐험하고 꿈꾸게 하는 것이
목적이다. 이런 아주 근본적인 목적을 수행하는 것 이외의 것들은 부차적인 것이다.
따라서 나는 그동안 설계에서 완공되어 운영되고 있는 도서관(순천, 진해, 제주,

서귀포, 정읍)과 지금 막 설계를 마친 김해 기적의 도서관을 통해 체험한 모든 것들을 정리하여 세상에 내놓고자 한다.

이 책의 첫 번째 목적은, 기적의 도서관이 만들어지는 전후에서 참여하였던 생생한 이야기들을 증언해야 되겠다는 소명감이었고 둘째는, 앞으로 어린이 도서관을 설계하고 운영하는 데에 참여할 모든 사람들에게 참고가 되는 자료를 만드는 것이다. 그리고 또 다른 의미가 하나 더 있다면, 이제는 공공건축의 품질이 건축가의 손에만 달려 있는 것이 아니라 건축공간의 내용과 직간접적으로 관련된 모든 사람들이 결정적인 순간 서로 참여하고 협력하는 것이 무엇보다도 중요하다는 것을 인식시키기 위한 것이기도 하다. 이름하여 '거버넌스식 건축생산 방식', 다른 말로 해서 '협치의 건축생산 방식'에 대하여 본격적으로 논의할 시대가 도래하였기 때문이다.

대체로 건축의 문제는 건축가의 전유물은 아니다. 이제 건축은 모든 사람들의 문제가 되었다. 왜냐하면 건축은 미적 감수성에만 의존하는 형상미학이 아니기 때문이다. 중요한 것은 그것이 어떠한 건축이든 우리들의 삶의 질과 맞닿아 있다는 것이다. 다시 말하자면 건축이 사회적 분업화의 결과로 전문영역이 만들어진 것은 사실이나, 이제는 그 전문영역을, 부정하는 것이 아니라 더욱 풍부하게 해야 할 의무가 건축가와 시민들 쌍방 간에 있는 것이다. 이것을 우리는 '건축의 민주화'라고 말할 수 있을 것이다. 특히 국민이 주인인 공공건축물의 탄생은 이제 권력가나 공무원들의 취향이나 경직된 제도에 의해 생산되던 시기를 벗어날 때가 되었다. 기적의 도서관의 탄생은 바로 협치에 의한 건축생산의 중요한 모델이 되는 것이기 때문에 우리들은 이 점에 각별히 주목할 필요가 있다.

2002년도에 시민단체 〈책사회〉의 대표이기도 하고 경희대 영문학과 교수이자 이 시대의 가장 중요한 실천적 지식인을 대표하는 도정일 선생께서 어린이 도서관을 설계하자고 하였을 때 나는 어린이에 대한 시선에서 설계하거나 어린이들을 관찰한 적도 특별히 없었고 어린이 전용 도서관을 설계한 적도 없었다. 그럴 때 건축가는 어떻게 해야 하는 것인가? 어린이에 대해서, 어린이 도서관에 대해서 듣고 배우고 답사하고 논의하고…… 그렇게 해서 공부를 하면 되는 것이다.

그때 나를 가르쳐준 사람이 셋인데, 한 명은 당연히 열정과 철학을 가지고 있었던 도정일 선생님이고, 또 다른 사람은 어려운 여건 속에서도 작은 어린이 도서관들을 운영하고 있었던 대한민국의 위대한 아줌마들이다. 그들의 체험담, 그들이 생생하게 전해주는 이야기들 속에는 어떤 책에서도 만날 수 없었던 가르침이 있었다. 특히 다른 나라가 아닌 '한국형 어린이 전문 도서관'이 어떻게 만들어지고 운영되고 사랑받을 수 있는지에 대하여 상세하게 가르침을 받은 것이다. 아마도 지금까지 지어진 기적의 도서관들이 비교적 성공적으로 운영된다고 평가한다면 그 힘은 거의 다 내가 배운 위대한 아줌마들의 힘일 것이다. 그들의 실질적인 체험에 근거하였기 때문에 우리들은 이 세계에서 볼 수 없는 '한국형 도서관'을 만들 수 있었던 것이다. 그리고 셋째로 나를 가르친 사람은 이 세상의 모든 어린 아이들이다. 이 시대는 비록 어린 아이들을 학원과 시험 준비와 경쟁으로 내몰아 넣었지만 그래도 그런 악다구니 같은 틈바구니 속에서도 아이들은 순수한 아이들일 수밖에 없다. 가족들이 모여서 만나는 아이들, 시끄럽고 소란스럽고 천방지축인 아이들, 어린이 놀이터에서 놀고 있는 아이들의 대화를 엿듣고 초등학교 운동장에서 아이들의 소리를 들으면 아직도 아이들은 아이들이다. 조금이라도 애정을 가지고 아이들을 바라보는 순간 우리들의 상상력을 뛰어넘는 쾌활함으로 가득 차 있는 존재가 어린 아이들이다.

한 프랑스의 노(老) 작가가 쓴 아이들과 책에 관한 저서 후반부에 이런 감동적인 이야기가 나온다. '그런데 이 세상의 모든 아이들은 세계인으로 태어난다. 그러나 초등학교에 들어가면서부터 이 세계인들은 한 나라의 국민이 되기 시작한다.' 바로 이러한 사실을 직시하여, 우리는 국민 이전의 어린 아이들의 순수한 상상력과 잠재력을 최대한으로 존중해주어야 할 의무가 있다. 특히 어린이 도서관이나 초등학교를 설계하는 건축가들, 공무원들, 교사들 등 우리 어른들에게.

엄밀히 따져보면 이 시대를 사는 모든 어른들은 우리들이 어린 아이들을 잘못 교육시키고 있다는 것에 동의할 것이다. 그런데 빠른 해결책은 보이지 않는다. 그렇다고 계속 세상이 바뀌기만 기다릴 수도 없는 노릇이다. 왜냐하면 아이들은 빨리빨리 자라나기 때문이다. 기적의 도서관이 가지고 있는 또 다른 사회적 효과는 간접적으로나마 아이들 스스로가 교육개혁을 실천하게 하는 것이다. 고사리 같은

손으로 자기가 읽고 싶은 책을 서가에서 꺼내 창가에 앉아 책을 읽기 시작하는
그 순간, 그것이 바로 교육개혁의 시작이다. 아이들이 자발적으로 하고 싶은 것을
방해받지 않고 자유롭게, 즐겁게, 지속적으로 할 수 있는 공간을 마련해 주는 것은
교육개혁을 앞당기는 일이기도 하고 어린 아이들을 행복하게 하는 일이기도 하다.
행복한 교육개혁, 어린이들에게 햄버거나 콜라가 아닌 상상 속의 꿈을 먹고 살게
하는 공간…… 기적의 도서관은 어른들이 마땅히 해야 할 해묵은 숙제이기도 하다.
어른들이여, 어느 기적의 도서관이든 아이들이 많을 때 조용히 방문하여
30분이라도 머물러 보라. 그곳에서 여러분들이 잊고 있었던 어린 시절의 행복과
불행을 눈물겹게 만날 것이다.

1

불꽃

도정일 선생님의 근대 프로젝트:
이 시대의 두터운 문화적 풍경 만들기

만일 도정일 선생님이 가슴 속에 타오르는 불꽃이 없었다면 모든 일은 일어나지
않았을 것이다. 그래서 이 책의 시작을 도정일 선생님에 대한 이야기로 출발할
수밖에 없다. 그것은 단순히 그분을 잘 이해하기 위한 것이 아니라 이 땅의
지식인들이 어떻게 현실 사회의 변혁을 위해 효과적으로 개입할 수 있는지에 대한
전범을 보여주기 때문이다. 그리고 건축과 사회에 대하여 새롭게 성찰하도록 나를
안내해주던 스승이기 때문이다. 건축가의 스승이 인문학자인 것처럼 자연스러운
것은 없는 세상을 위하여.

기적의 도서관은 도정일 선생님의 작품이다. 그러면 도정일 교수는 과연 누구인가?
아는 사람들은 잘 알고 있겠지만 그는 이 시대의 중요한 논쟁들의 윤곽을 명쾌하게
정리해주는 지식인이다. 진정한 지식인이란 생각하고 말하고 행동하는 것이
일치하는 사람이다. 바로 도정일 선생님이 이 시대가 꼭 필요로 하는 그런 분이다.

도정일 선생님께서 언젠가 나에게 전해준 책 『대담 – 인문학과 자연과학이
만나다』를 읽고 나는 다음과 같은 글을 메모한 적이 있다. 그것은 형식적인
감상문이 아니라 인문학자와 자연과학자 간에 나눈 대담의 결말에 감응한 글이다.
한 분은 '두터운 사회'를 이야기하였고 또 다른 한 분은 '공생'을 역설하였다. (주1 –
305쪽)

사회가 원하는 건축, 사회를 대변하는 건축주

그리고 기적의 도서관 때문에 나는 다시 한번 도정일 선생님과 각별하게 만나게
된다. 그렇게 해서 만들어진 기적의 도서관들에 대한 이야기는 다음 장에서 펼쳐질
것이다. 나는 순천 기적의 도서관 개관식 날, "책을 살 수 없는 가난한 집안의
아이들이 마음 놓고 책을 보게 할 의무가 우리들 어른한테 있다."고 역설하던
도정일 선생님의 단호한 목소리를 잊을 수 없다. 그렇다. 이 나라의 모든 어린이들은
모두가 차별 없이 책 속으로 걸어 들어갈 자유가 보장되어야 한다.

도정일 선생님과 세 번째로 만나서 이루어진 결과는 물론 현재 운영 중인 10개의 기적의 도서관이 무엇보다도 잘 말해주고 있겠지만 나는 더 나아가서 새로운 사실을 알게 되었다. 아마도 이 점이 책을 쓰게 된 동기이기도 할 것이다. 즉, 사회가 건축을 필요로 할 때 사회를 대신하는 주체가 누가 될 것인지를 전범으로 보여준 사건이 바로 〈책사회〉(부록 참고)이기 때문이다. 건축은 필요에 의해서 생산된다. 그런데 누가 그 필요성을 제안하는가에 따라 결과가 달라진다. 사적인 건축주들은 개별적으로 그들이 원하는 건축을 건축가에게 주문한다. 그렇지만 세상이 진정으로 필요로 하는 것이 있음에도 불구하고 그것을 제안하는 '공공의 건축주'가 없을 때는 어떻게 세상의 욕구를 충족시켜 줄 수 있겠는가? 그것이 문제인 것이다.

대체로 사회가 필요로 하는 건축들은 잠재되어 있어 잘 드러나지 않는 법이다. 설사 조금 그 징후가 보인다고 하더라도 그것을 대놓고 공개적으로 대변할 주체가 없기 때문에 대체로 필요성이 부각되기도 전에 문제의식 자체가 소멸되곤 한다. 만일 도정일 선생님이 〈책사회〉를 만들지 않았다면, 아니 도정일 선생님이 개인적으로 도서관의 부재에 대해 통탄하지 않았다면 지금 전국에서 어린 아이들의 사랑을 받고 있는 기적의 도서관은 탄생하지 않았을 것이다. 그래서 여전히 중요한 것은 여러 절차보다도 모든 것을 시작점으로 출발시키는 불꽃이다, 등불이다, 씨앗이다. 도정일 선생님이 바로 그런 분이셨던 것이다.

이 시대의 어긋남과 질곡을 투명하게 드러내고,
우리들 앞에 아주 확실하게 보여주고,
애써 보지 않으려고 돌아선 우리들의 시선을
잡아채는 힘을 선생님은 갖고 계시다.
왜 꽁무니를 빼는가! 문제의 실체는 이렇게 간단한 데 있는 것을……

얄팍한 이 시대의 행로 위에서
거칠고, 빈약하고, 궁핍한 삶 속에서
두터운 켜를 주고 벌거벗은 몸에 따뜻한 옷을 입혀주는
도정일 선생님과 같이 동시대를 사는 것은 우리 모두에게 위안이자 큰 기쁨이다.
이런 수사가 너무 낯간지러운지도 모르겠다.

그러나 이렇게 말할 수밖에 없다. 정말로 가슴에서 우러나오는 순수한 느낌이기 때문에.

아마 나만 그런 것은 아닐 것이다.

공은 늘 남에게 돌리면서,

오늘도 끊임없이 글을 쓰고 의미를 생성한다.

그래서 도정일 선생님은 푸른 나무다.

이 시대가 필요로 하는 다양한 문화, 다양한 사회를 꽃피게 하고

이 시대, 이 땅에

문화 풍경을 구축하는 인문학 건축가다.

8

창조적
만남들

기적의 도서관이 세상에 빛을 보게 된 것은 여러 종류의 만남이 복합적으로
이루어졌기 때문이다. 사람들은 만남을 인연이라고 말하지만 거기에는 우연한
인연도 있고 필연도 있을 것이다. 그렇다고 해서 모든 만남이 늘 창조적인 것만은
아니다. 이 세상에는 무수하게 평범한 만남이 있고, 헤어짐이 있고,
망각이 있다. 그러나 기적의 도서관 탄생의 배경에는 단순한 만남을 넘어서는
여러 종류의 교감과 깨달음이 있었다. 지금 와서 생각하면 만나지 않았다면
이루어질 수 없었던 감동과 성찰, 깨달음과 공감이 서로 촉발하고 쌓여서 우리의
예상을 넘어서는 결과를 초래한 것이다. 우리가 지금 전국에서 운영되고 있는
어린이 도서관을 '기적'이라고 부르는 여러 가지 이유가 있겠지만 그중에서
우리는 '창조적 만남'들을 빼놓을 수가 없을 것이다.

도정일 선생님의 짧은 글 거대한 효과 :
김영희 PD와의 만남

우선 기적의 도서관 만들기의 취지를 빠르게 확산시키지 않고서는 전국적으로
도서관 만들기가 그렇게 쉽지 않았을 것이다. 매주마다 MBC의 '느낌표'
프로그램에서 〈책, 책, 책, 책을 읽읍시다〉(이하 〈책을 읽읍시다〉)라는 코너로
기적의 도서관의 필요성을 홍보하고 추진하였기 때문에 모든 일이 비교적 순조롭게
진행된 것이다. 2003년 전국은 김용만, 유재석이 진행하던 〈책을 읽읍시다〉에 흠뻑
빠졌다. 역시 매체의 힘은 크고 강력했다. 더욱이 단순한 오락 프로그램이 아니라
사람들에게 책을 읽게 하고 나아가서는 지자체들이 감응하여 기적의 도서관을
짓고자 하는 열정에 들뜨게 하는 일이 처음에는 쉽지 않았을 것이라 생각했으나
예상은 빗나갔다. 전국의 반응은 가히 폭발적이었다. 오랜만에 TV매체가 순수한
공공성에 눈을 돌리고 사회적 공익성을 실천에 옮길 때 시청자들이 감동한 것이다.

TV의 컨텐츠를 만들어가는 사람들을 우리는 PD라 부른다. 이 모든 시작
지점에 MBC의 김영희 PD가 있다. 그동안 영국 TV프로그램들에 비해 한국의
프로그램들이 '공공성'이 빈약하다고 생각하던 즈음, 그가 도정일 선생님의 짧은 글
「시카고의 앵무새 열풍」(주2 - 309쪽)을 읽고 감동한 나머지 '느낌표' 프로그램에
〈책을 읽읍시다〉라는 코너를 만든 순간 모든 것이 새롭게 시작된 것이다.

지금 이 시대는 TV에 출연하는 MC들이 아이들의 우상이다. (주3 - 312쪽) 그중에서도
김용만과 유재석이 김영희 피디가 만든 '느낌표' 프로그램을 통해 전국의
어린이들과의 만남이 지속되면서 〈책을 읽읍시다〉 코너는 큰 관심과 인기를 누리게
되었다. 책과 도서관이 좋아서 아이들이 열광했다기보다는 작은 도시에 나타나기
어려운 코미디언들의 출현이 아이들은 물론 어른들까지 들뜨게 했을 수도 있다.
어쨌든 그들은 전국에 책의 의미를 더하고 어린이 도서관 건립의 타당성을 높이는
바람몰이 역할을 한 셈이다. 개그맨들이 공공성 높은 질 좋은 프로그램에 참여할 때
시너지 효과가 높아짐은 두말할 필요가 없다. 아이들은 그들을 만나는 것만으로도
한순간 기쁘고 즐겁다. 어느 날은 아이들이 너무 몰려 위험한 나머지 만남의 행사를
취소한 적도 있었다. 아이들의 관심이 크고 격렬할수록, '느낌표' 프로그램을 기획한
김영희 팀들은 김용만, 유재석의 참여를 고마워했을 것이다.

이렇게 전국적으로 방영되는 〈책을 읽읍시다〉 코너는 결국 아이들의 부모들까지
끌어들이게 되었다. 초등학생을 둔 젊은 어머니들은 어찌되었건 도서관에 대한
아이들의 열광과 관심에 놀랐다. 아이들이, 다른 것이 아니라 책을 가까이 할 수
있다는 것에 대한 기대감, 그리고 책과 멀어졌던 그들 자신을 되돌아볼 기회를
갖게 된 것이다. 아이들을 학원으로만 내몰던 어머니들이 막연하나마 '도서관'을
떠올릴 수 있게 된 것은 정말로 다행스런 일이다. 모든 부모가 아이들을 생각해서
학원을 보내지만, 아이들을 도서관에 보낼 생각은 꿈도 못 꾸었던 것이다. 아이들이
도서관에 가려면 어머니들이 먼저 확인하고 마음에 들어야 하기 때문에, 책과
도서관의 문제를 놓고 젊은 어머니들은 아이들과 각별하게 만나게 된 것이다.

〈책사회〉와 지방자치단체의 만남

결국 TV 방영은 당연히 지방자치단체장들까지 관심을 갖게 하였고, 모든
중소도시들은 자기 고장에 기적의 도서관을 유치하기 위하여 온갖 노력을
기울이지 않을 수 없게 되었다. 더욱이 유치가 확정적인 지자체 단체장들의
얼굴이 TV에 방영되면서 간접적으로 자신들의 고장이 전국적으로 알려지는
부수효과까지 더해져 각 지자체마다 기적의 도서관 유치 열기는 고조되었다.
자연스럽게 시민단체인 〈책사회〉가 지자체와 기적의 도서관 건립을 대등하게

논의하게 된 것이다. 지자체가 도서관을 지을 집터를 마련하고 공사비의 반만 부담하면, 〈책사회〉는 나머지 반의 공사비를 지원하고 도서관 건축설계까지 해주는 파격적인 제안에 대하여 지자체들은 서로 나서서 기회를 포착하려 안간힘을 썼다. 지방자치단체장이 시민단체 사람들을 직접 만나게 되는 경우는 드문 일이다. 만난다고 하더라도 늘 서로 설득시키려는 문제로 신경이 날카롭고 갈등하기 쉬운 점을 감안하면, 기적의 도서관은 경우가 다르기는 하지만 서로가 바라고 그러면서도 즐거운 일이었다. 공적인 일들이 이런 관계로 매사가 매끄럽게 동의하고 합의할 수 있다면 얼마나 이상적인 것이겠는가? 이것이 아마도 사람들이 그토록 바라는 '협치'의 시작일 것이다. '관'이 일방적으로 통치하듯 밀어붙이는 것이 아니라 '민'과 소통하고 협력하는 것처럼 성숙된 민주주의는 없을 것이기 때문이다. 그러기 위해 쌍방은 이해심과 신뢰를 가지고 '평화롭게' 만나는 것으로부터 시작되어야 한다.

맹렬 아줌마들과의 만남

모든 것의 중심에 있는 〈책사회〉는 여러 가지로 생각하고 고민하였다. 사회적으로 크게 주목을 받을 뿐 아니라 공적인 돈을 효과적으로 사용하기 위해서도 그렇고, 어린이 도서관이 성공적으로 건립되고 운영되기 위해서는 무엇보다도 참고할 좋은 사례를 필요로 했다. 물론 이웃 나라 일본이나 유럽의 사례들이 있긴 했으나 그것은 여전히 외국 사례라는 한계가 있다. 따라서 여기저기서 찾아낸 몇몇 어린이 도서관 사서들의 체험과 증언, 그리고 제안들은 단비와 같은 것이었다. 작고 볼품없지만, 참으로 어려운 여건 하에서 어린이 도서관을 이끌어온 맹렬 여성들의 이야기는 나를 포함한 참여자들에게 큰 감동을 주었다. 기적의 도서관이 한국형 어린이 전용 도서관으로 탄생하게 된 배경에는 바로 그동안 아무도 알아주지 않는 그늘에서 감내해온 '아줌마들'의 열정과 희생이 있었다. 〈책사회〉와 아줌마들 사이의 만남이 큰 공감으로 발전한 것이다.

건축가들은 설계하기에 앞서 여러 가지를 생각해야 하지만 무엇보다도 우선 두 가지를 염두에 두고 출발할 것을 강요받는다. 하나는 건물의 용도와 규모이고 또 다른 하나는 공간배분을 위한 건축 프로그램이다. 하나가 '그릇'에 관한 것이라면 다른 하나는 건물을 채우는 내용에 관한 것이다. 건물의 용도가 어린이 전용 도서관이고 규모가 600~1000m² 정도라고 했을 때 건축가는 두 가지에 대하여 일정한 개념을 가지고 출발해야 한다. 그것은 두 가지의 기본적인 질문에 답하는 것이기도 하다. 하나는 '어린이 전용 도서관'이란 어떤 곳이며, 어떤 공간이 왜 어떻게 구성되어야 하는가 하는 질문과, 또 다른 하나는 그래서 대체로 전체가 어떤 규모일 때 기능을 제대로 발휘할 수 있으며, 나아가서는 궁극적으로 예정된 공사비에 접근할 수 있는지 하는 것들에 대한 답을 가졌을 때 비로소 도서관을 계획할 수 있다.

문제는 건축가가 어린이 전용 도서관을 설계해 본 적이 없을 경우다. 다만 상식적인 수준에서 막연한 이미지만 갖고 있을 때 건축가는 무엇부터 시작해야 할까? 그것은 의외로 간단하다. 공부를 해야 한다. 지금까지 있어 왔던 어린이 전용 도서관에 대한 자료를 살피고 운영해온 사람들의 경험담을 바탕으로, 상식적 수준의 지식과 이미지로 가지고 있던 자신의 미약한 생각을 검색하고 수정ㆍ보완하면 되는 것이다. 〈책사회〉가 마련한 중요한 자리들은 작지만 알차게 운영해온 맹렬 아줌마들과 만나 그들의 체험을 소상하게 듣는 자리였다. 때로는 해외 사례들을 놓고 토론도 하면서, 조금씩 조금씩 새롭게 지으려는 기적의 도서관의 상(像)을 만들어 나가는 것이다.

이때 건축가는 그들의 전문적인 능력과 상상력으로 여러 가지 상(像)을 새롭게 해석하고 이상적인 어린이 도서관을 서서히 종합하여 재구성해내게 된다. 이런 과정은 바로 '이미 있어 온 것'에 대한 학습과 성찰이 있을 때 가능하다. 여기에서 핵심은 결국 어려운 여건 속에서 어린이 도서관을 설립하고 이끌어온 아줌마들의 열정과 희생의 역사가 전제되지 않으면 불가능하다는 것이다. 물론 그들의 경험 없이도 비슷한 어린이 도서관은 얼마든지 만들어낼 수 있을 것이다. 그러나 기적의 도서관 프로젝트는 단순히 어린이 도서관 하나를 세상에다 더 첨가하는 일이 아니다. 이 나라, 이 땅의 어린이들에게 책이 무엇인지, 도서관이 무엇인지, 알려줘야 할 뿐만 아니라 어른들에게는 지금 어린 아이들이 누구인지, 어떻게 어른들의 잘못으로 아이들이 고통받고 있는지 깨우쳐주는 일이며, 나아가서는 지역 공동체가 책의 가치를 중심으로 새롭게 구축될 수 있기를 바라는 그런 프로젝트를 형식적으로 할 수는 없는 일이다.

아닌게 아니라 새로운 건축을 위해 해야 할 일은 결국 근원적 질문을 던지는 것으로부터 출발해야 한다. 〈책사회〉가 건축가들과 이 사회에 던진 질문이 바로 도서관을 짓는 기계적인 일이 아니라, 어린이들을 위해 새로운 사회디자인을 필요로 하는 시점에 맹렬 아줌마들, 이 세상의 어머니들, 아버지들, 그리고 공무원들, 건축가들에게 우리는 어떤 사회를 꿈꿀 수 있는가 하는 것을 묻는 질문에 답해야 하는 일이다. 개발독재 시대를 지나 지금까지 제대로 던져보지 못한 질문이 어쩌면 '우리는 어떻게 살아야 할 것인가?'인지도 모른다. 인간으로 인간답게 살기를 원한다면 지금 우리들이 미래를 이끌어갈 어린 아이들을 그렇게 키우고 있는 것인지 스스로에게 물을 때가 된 것이다.

이런 과정 속에서 몇몇 아줌마들은 이미 새로운 시작을 하고 있었다. 그들은 아마도 어린이 전용 도서관의 선구자들로서 이 사회가 마땅히 기억하고 있어야 할 것이다. 개발독재 시대, 어린이를 돌보기는커녕 생각조차 못하던 시절, 모든 어른들이 돈 되는 일에만 몰두해 있을 때, 그들은 어린이 도서관의 새 이정표를 쓰고 있었던 셈이다. 제주도에서는 제주시의 허순영 선생님이 설문대 도서관을 운영하면서, 용인에서는 박명숙 관장이 느티나무 도서관을 이끌어오면서 하나씩 '한국형' 어린이 도서관의 전형을 다듬고 있었다. 대구 달서에서는 신남미 관장이 청소년 도서관을, 청주에서는 오혜자 선생님이 초롱이네를 운영해온 것이다. 물론 서울 중랑구에서 파랑새 도서관을 운영해온 전영순 선생님이 어린이 도서관 운동의 선배인 셈이다. 여기에 진해의 독서운동을 일으켜온 이종화 선생님 또한 빼놓을 수 없을 것이다. 어쨌든 이들이 1세대라면 2세대 어린이 도서관 운영 전문가들이 뒤를 잇고 있다. 청주에서는 '작은 도서관'을 운영하는 서일민, 금산과 부평에서는 사서 출신의 정애숙과 최지혜가, 그리고 정읍 기적의 도서관의 김영란 같은 맹렬 여성들이 이 땅의 어린이 도서관의 토대를 닦아온 사람들이다. 제천에서 송파 어린이 도서관 관장으로 부임해온 최진봉 선생이 아마도 유일하게 남성 관장이 아닌가 싶다. 어쨌든 아줌마들의 지혜로움과 열정과 희생이 없었으면 지금과 같은 기적의 도서관은 태어나지 못했을 것이다. 그들은 어린이 도서관의 감춰진 사회적 필요성을 일찍 간파하고 실천에 옮긴 사람들이다. 앞으로 전문가들이 더 연구할 일이지만, 적어도 건축가인 나에게 그들은 소중한 은사인 셈이다.

새로운
시작 :
협치의 건축

과정과 현실

어린이 도서관이 건립되기 전 단계의 전 과정이야말로 하나의 중요한 역사다.
지금은 '기적의 도서관'으로 쓰이고 있지만 그것이 실현되기 전의 모든 준비과정,
준비단계마다 필요로 하는 원칙을 수립하고 올바른 절차를 만들어나가는 일들은
말처럼 쉬운 일은 아니다. 어쨌든 기적의 도서관이 소기의 성과를 거둘 수 있었던
것은 아마도 적절하고 바람직한 절차를 거쳤기 때문일 것이다. 거기에는 크게
7단계의 사전 준비가 진행되었다.

첫 번째로, 〈책사회〉와 MBC '느낌표'의 〈책을 읽읍시다〉가 결합되면서 어린이
전용 도서관 건립에 얼마나 많은 사람들의 요구가 있었는지를 공론화하는 것으로
모든 것이 시작되었다. 즉 사회적 문제를 공개적으로 의제로 내걸고 그 기본 요건을
검증하는 단계야말로 일의 성패를 가르는 중요한 시발점이다. 시민들의 동의 없이
한 개인이나 시민단체 또는 관이 나서서 사회적 필요성을 강조한다고 시민들이
동의하는 것은 아니다. 거기에는 가장 상식적이고 보편적인 필요성이 지속적으로
내재될 때만 힘을 얻는 것이다. 물론 TV라고 하는 매체가 갖는 힘이 큰 동력을
제공하였지만 그 밑바탕에는 어린이 도서관에 대한 시민들의 잠들어 있던 요청이
강력했음을 보여주었다. 그것은 일시적인 것이 아니라 우리 사회에 뿌리깊게 남아
있는 숙제인 '어린이 교육문제'에 대한 보편적인 해법을 찾고 있었기 때문에 가능한
일이었다.

두 번째 단계는 기적의 도서관 건립을 둘러싼 전문가들의 세미나와 토론회의
개최였다. 〈책사회〉가 중심이 되어 어린이 도서관 운동을 이끌어온 아줌마들, 지역
유지들, 지방자치단체 관련자들, 건축가들, 언론매체와 출판사들 그리고 도서관
운영 전문가들과 함께 개최한 여러 차례의 세미나, 토론회, 브레인스토밍들은
도서관 설립과 관련된 구체적인 문제들을 지적하고 대안을 제시하면서 서서히
기적의 도서관의 윤곽을 잡아가는 과정에서 필수적인 것이었다.

셋째는 〈책사회〉와 지방자치단체 간에 어린이 도서관 건립과 건립 후의
운영방식에 대해 쌍방 간에 체결한 협약서들이 공신력을 갖게 된 중요한 사건이

있다. 협약서에는 〈책사회〉가 설계를 제공하고 지방자치단체는 토지를 제공하며
공사비는 〈책사회〉와 지방자치단체가 반반씩 제공하는 사항들이 정해졌다. 특히
지방자치단체가 어린이 도서관을 운영할 강력한 의지를 세상에 공개적으로 밝히는
약속이기도 했다.

네 번째 단계로, 도서관을 설립하기로 한 도시마다 도서관 건립위원회와
준비위원회를 구성하여 건립 이전의 모든 사항들을 구체적이고 실제적으로
조절할 힘이 없었다면 매사가 그렇게 쉽게 진행되지만은 않았을 것이다. 특히
지방자치단체에서 한번도 실행해보지 않은 시민단체와의 작업방식은 많은 오해와
충돌을 가져오기도 하였다. 이때 〈책사회〉 초대 사무처장이였던 소설가 서해성의
역할이 큰 윤활유가 되었다.

다섯 번째로, 개관 준비팀이 별도로 구성되어 장서와 서가배치 계획, 가구 및
집기들, 기타 개관에 필요한 모든 준비를 일사분란하게 진행하였다. 이 과정에서
〈책사회〉의 간사들은 밤잠을 설쳐가며 온몸을 던져 봉사하였다. TV매체와
일하면서 단기간에 설계와 시공을 TV 방영 스케쥴에 맞춰 1년 이상 진행한다는
것은 그렇게 만만한 일이 아니다. 그렇지만 어린이 도서관을 준비한 〈책사회〉
사람들과 건축가들은 혼신의 힘을 다해야만 했다. 그중에서 제일 어려웠던 것은
몇분의 촬영을 위해 새벽부터 여의도 고수부지에서 몇 시간씩 기다리던 일이었다.

여섯 번째로, 건축설계 원칙에 대하여 도서관 건축을 담당한 나와 조건영 선생은
서로 논의하고 공유하였다. 그리고 건축설계, 감리에서 CM(Construction
Management)회사를 활용하기로 한 것도 중요한 결정이었다. 급박하게
추진되었던 시공, 감리를 CM회사에 의뢰하여 당시 급속도로 진행되고 있던 8개
기적의 도서관 현장에 대한 시공과 감리 업무를 성공적으로 진행한 것이다.

끝으로 처음 시작에서부터 개관 때까지 수많은 사람들이 지원하고 봉사하고
기부하였다. 심지어 시공에 참여하던 한 목수는 자신의 집에 있는 소나무를
도서관에 옮겨 심어도 좋을지 물어왔다. 평생 수많은 현장에서 일을 했지만
어린이들을 위해 이렇게 수많은 사람들이 애쓰는 모습에 감동하여 자신도 무엇인가

도서관 건립에 기여하고 싶은 마음이 우러났다고 한다.

그렇다. 모두가 하나같이 동의하고 공유하는 가치에 대하여 사람들은 크게 힘을
모아주는 것이다. 이것이야말로 주체가 다시 살아나고 올바른 이성과 결합하는
순간인 것이다. 이것이 바로 새로운 시작이 아니고 무엇이겠는가. 그 새로운 시작을
건축가인 나는 협치(Governence)의 건축이라 부르고자 한다. 건축가 개인의
판타지와 상상력에 의존하는 것이 아니라, 관련된 모두 사람이 협력하여 사회적
상상력을 도출하는 건축. 그것이 거버넌스 건축생산 방식인 것이다. 그래야만
경제사회로부터 우리가 가야만 하는 문화사회로의 이행이 촉진될 것이다.

2

기적의 도서관을 위한 이미지 스케치 :
개념의 산책

기적의 도서관을 설계하면서 현지답사도 하고 〈책사회〉와 여러 가지 논의도 하고
기존 어린이 도서관 운영자들과 토론을 하면서 그리고 해외 사례들을 들으면서,
나의 머릿속은 '어린이와 책' 그리고 그것을 담는 공간에 대한 생각들로 가득 차
있었다. 조금은 혼란스러웠지만 머릿속을 스치고 지나간 교감들 그리고 본능적으로
떠오르는 이미지들을 조금씩 스케치북에 옮기기 시작하였다.
사실상 나에게 가장 강력하게 떠오른 첫 번째 이미지는 아이들이 어떤 공간에서
또는 어떤 가구와 더불어 책을 읽는 것이 바람직할 것인가에 대한 것들이었다.
그러면서 제일 먼저 본격적으로 스케치를 하게 된 것이 지금은 불행하게도
지어지지 않은 대구 달서구 도서관이었다. 우연히 대구에서 어린 시절을 보낸
정영선 선생님(조경디자인)과 이야기를 나누다가 번뜩 떠오른 장면이 기억난다.
대구는 너무 더워 여름에 책을 읽을 때 대야에다 물을 떠서 그 속에 발을
담구었다는 이야기에 나는 귀가 솔깃했다. 그래서 대구 달서구 기적의 도서관
부지에 남쪽으로 낮은 벽을 치고 그늘진 벽에 앉아 발 밑으로는 흐르는 물에
발을 담글 수 있는 그런 옥외 독서공간을 스케치하였다.
그러면서 며칠간 계속 나는 여러 타입의 유니트 독서공간을 구상하였다. 아마도
이 부분이 기적의 도서관 설계를 관통하는 첫 번째 개념일 것이다.

거기에는 양푼에 들어가 책을 보는 양푼 타입,
열차공간이나 벽장과 같은 벽장 타입,
작은 박스 공간으로 이루어진 박스 타입,
몸을 비스듬히 기댈 수 있는 보트 타입,
가장 보편적인 평상 타입,
그리고 캥거루 주머니와 같은 캥거루 타입,
긴 스폰지로 된 뱀 쿠션 타입,
그리고 그네를 타면서 책을 읽을 수 있는 그네 타입,
여럿이 어우러져 읽을 수 있는 계단 타입,

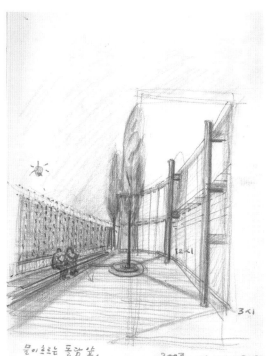

물이 흐르는 동강 앞,
풀꽃과 나무 아래
발을 물에 담그고 책을 본다. 책을 읽는 아이를 안에서 본다.

2003
2/4   art·여름이SKMD

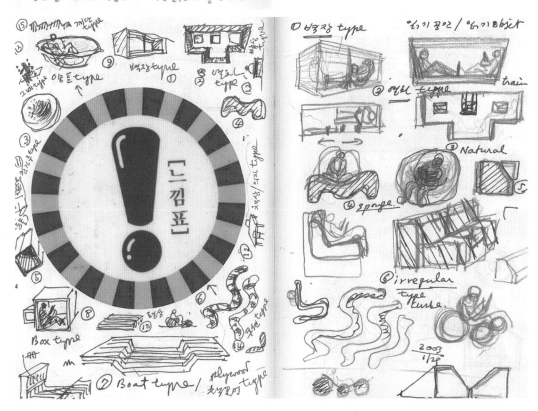

그 다음 스폰지나 소파들이 여러 형태로 조합된 불규칙한 타입 등 수많은 생각들이 떠올랐다. 그런데 이상하게도 스케치를 해놓고 느낀 것은, 도서관이라고 하면 누구나 생각할 수 있는 책상과 걸상이 그려지지 않았다는 사실이다. 그것은 아마도 아이들이 가장 흥미롭고 자유스러운 자세로 책과 접하는 공간을 더 우선시하였기 때문일 것이다.

순천 어린이 도서관을 위한 첫 번째 스케치는 매우 엉뚱한 상상력이 발동하여 건축에 대한 지금까지의 나의 생각에서 벗어나 있는 것이었다. 즉 스케치들은 어린이 도서관을 통속적으로 건축화하는 것보다는 자연스러운 공원의 일부가 되게 할 수는 없는가 하는 것이었다. 이것이 아마도 두 번째 개념으로 등장한 것 같다. 이런 생각은 시간이 지나면서 오히려 제주와 김해 도서관에서 간접적으로 적용되었다. 도서관의 지붕이 숲이 되고 공원의 자연스러운 풍경이 될 수는 없는가 하는 것이 머릿속에 맴돌았다. 그리고 또 하나 중요한 것은 실내공간이 하나의 흐름의 공간으로 자유스럽지만 영역이 분명하고 위상학적으로 동일한 공간 속에서 서로 차별화되는 그런 생각들을 하게 되었다.

위상학적인 접근이 세 번째 개념이다. 건물 상부와 하부가 서로 분리되는 것이 아니라 시각적으로나 동선상에서 연속적 흐름이 가능한 그런 건축도 생각하게 되었다. 이런 초기 스케치들이 결국 내가 설계한 모든 기적의 도서관에 녹아 들어가 있는 것을 나중에 구체적으로 발견하고 나 스스로도 깜짝 놀랐다. 도서관을 설계하기로 다짐하면서 떠오른 순수한 생각들은 아마도 끈질기게 나를 쫓아다닌 것 같다.

그리고 네 번째로 떠오른 이미지들은 어떻게 유연하고 유기적인 공간과 나무가 자라는 숲의 공간들이 공존하게 할 것인가 하는 생각들이다. 네 개의 벽면으로 갇힌 공간이 아니라 안팎이 서로 대화하고 호흡하는, 그래서 옥외공간도 '하나의 책'과 같이 그려지게 고안한 것이다.

도서관이 단순한 도서관이 아니라 우주의 한 부분이고 별을 보는 집이고 또한

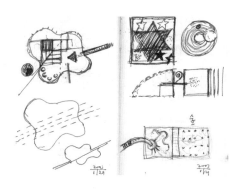

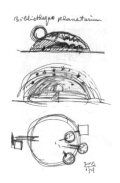

'크고 작은 동네의 집합이라는 생각이 다섯 번째 개념이다.

　　그리고 끝으로 구조 시스템에 대하여 최초로 떠오른 개념은 조선 시대의
어린이 놀이였던 '칠교도(七巧圖)'(조선 시대 어린이들이 가지고 놀던 장난감의 하나로서 직각삼각형 큰
것 둘, 중간 것 하나, 작은 것 둘과, 정사각형과 평행사변형 각 하나를 마음대로 맞추어 동물, 식물, 건축물, 글자 등 여러
가지 모양을 만들게 되어 있다.)였다. 일곱 조각으로 나누어진 기하학적 형태들을 조합하여
여러 가지 형상을 만들어낼 수 있는 나무로 만든 장난감이다. 하지만 이 개념은
결과적으로 실현되지는 못하였다.

　　본격적으로 설계를 하기 전, 기적의 도서관 설계를 같이 하게 된 조건영 선생과
합의한 원칙은 세 가지였다. 첫째는 기적의 도서관이 앞으로 어떻게 운영될지
정확하게 모르기 때문에 일단은 변화를 수용할 수 있는, 창고처럼 불확정적
공간을 만드는 것이었고, 둘째는 재활용이 가능한 소재로 건축을 하자는 것이었다.
따라서 우리들은 세월이 지나면 다시 녹여 쓸 수 있는 철구조를 기본으로 삼았다.

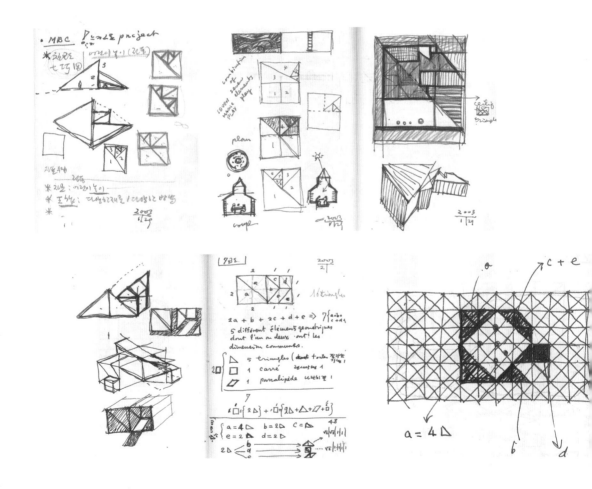

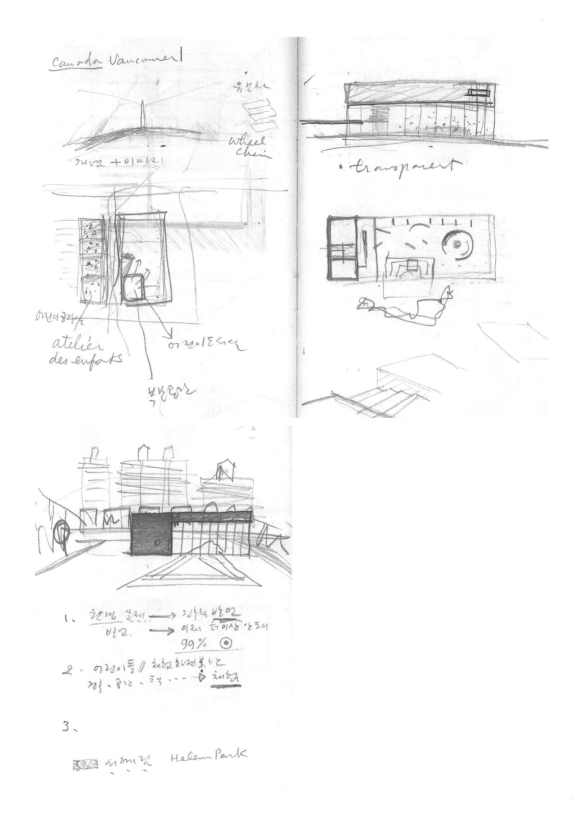

Canada Vancouver

유리판
Wheel
Chair

그림자 + 이미지

어린이강좌

atelier
des enfants

어린이토론실

북한음악

• transparent

1. 현대 음악 ⟶ 기록을 보여
   보여 ⟶ 이건 듣지않음 논리
   99% ◉

2. 어린이들 // 현대 하게 분노는
   경우, 음간, 축 ... ⟶ 현대

3.

▨▨ 신해철 HelenPark

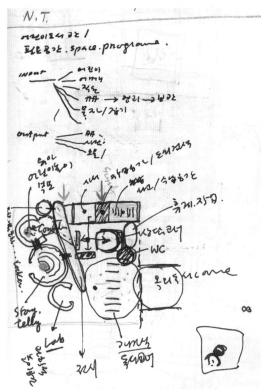

N. T.

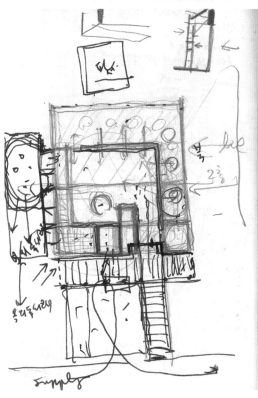

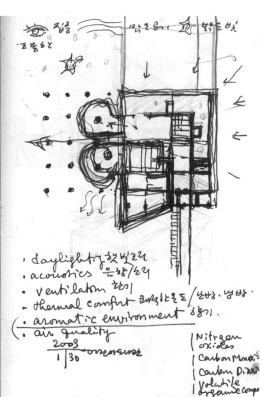

- daylight 햇빛조리
- acoustics 음향/소리
- ventilation 환기
- thermal comfort 쾌적한온도/난방·냉방·
- aromatic environment 향기·
- air quality
  2003
  1/30

| Nitrogen oxides
| Carbon Monoxi
| Carbon Dioxi
| Volatile
| organic compo

supply

40

그리고 끝으로 가급적이면 자연친화적인 소재를 최대한 활용하는 것을 원칙을 정하였다. 그래서 떠올랐던 구조 이미지가 칠교도 도상이었다. 그러나 칠교도를 3차원으로 응용하는 데에는 여러 가지로 무리가 따라 포기하고 가장 보편적인 공간인 직육면체의 공간을 기본으로 다시 구상하였다. 그렇게 해서 최초로 필요한 공간들을 다이어그램으로 정리해본 것이 아래 그림이다.

　크게 다섯 개의 개념으로 진행된 기적의 도서관은 결과적으로 지역마다 다른 꼴이 되었다. 일부러 형태의 차별성을 둔 것이 아니라 지역과 대지의 조건들이 기본 개념들, 또 공동의 원칙과 결합되면서 만들어진 결과이다. 재미있는 것은 어느 한 순간도 각 지역의 도서관들이 이렇게 되리라고는 미리 예측할 수 없었다는 것이다. 짧은 시간에 쫓기면서 순간순간 선택된 결과들이 나의 생각을 앞서간 것이다.

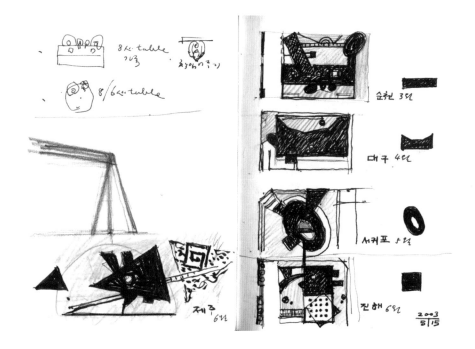

최초의 기적의 도서관으로 세상에 모습을 드러내야 하는 순천
기적의 도서관은 아이들과 주민들이 호기심을 갖고 즐겁게
방문하도록 유도해야만 했다. 왼편의 강당과 오른편의 진입공간
사이에 납작 엎드린 도서관 몸체가 서로가 강하게 대비되면서
공원 끝자락에서 소나무 사이에 잘 어우러져 있다. 강당의 외피는
드라이비트로, 진입공간은 목재로 마감되어 있고 몸체의 경사진
지붕은 티타늄아연탄으로 덮여 있으면서 내부공간의 영역을
정직하게 외부로 전달하고 있다. 크게 세 개의 공간이 하나로
연결되어 있다.

우주 속의 미로

순천 기적의 도서관

전체 문장을 바꾸는 새로운 단어

지난 30여 년간 이 땅에서 단지계획으로 급조된 도시들은 모두가 한결같이
도시다운 매력이 없다. 한마디로 도시정비계획의 지표들을 건축법 한도 내에서
물리적으로 실현해낸 결과물일 뿐이다. 모두 농지 위에 신축하여 말쑥하기는
하지만 영혼이 없다. 순천 기적의 도서관도 공문서와 같은 근린공원 끝자락에
자리를 잡게 되어 있었다. 공문서 같은 공원이라 함은, 특별한 개념 없이, 산책길은
구불구불하게 하고 중심에 원형 마당을 만든 다음, 주변 어느 만큼의 작은 언덕을
만들고, 외로운 소나무들이 처량하게 가출해 있는 모습이다. 그래서 공원은 익숙한
듯해도 낯설고 씁쓸한 풍경이다. 그리고 길 건너 위치한 초등학교는 큰 운동장과
함께 공원 주변을 더욱 빈한하게 한다. 따라서 공원과 초등학교 사이에 도서관을
건축한다고 하는 것은 바로 그 주변이 만들어낸 슬픈 텍스트를 새롭고 의미있는
문장으로 만드는 일이다. 그런 일은 하나의 단어, 즉 새로운 이미지의 건축을
대입하는 것만으로도 가능하다.

　　순천 기적의 도서관은 일차적으로 어린이 도서관 기능을 수행하는 일과,
부차적으로 급조된 신흥도시의 단조로움을 극복하는 일까지를 동시에 수행해야
했다. 즉 건축은 필요에 의해 만들어지기 때문에 우선 그 쓰임새, 건물의 기능을
충족시키는 것이 중요하다. 그러나 동시에 두 가지를 만족시켜야 한다. 하나는
내부의 기능이 자연스럽게 바깥으로 드러나게 하고, 또 다른 하나는 주변환경을
한 단계 끌어올릴 수 있는 일을 수행하는 것이다. 바로 이렇게 두 마리 토끼를
잡으려는 태도가 건축을 건축문화로 만들어가려는 의지이다. 기적의 도서관이라고
하는 새로운 단어는 금당지구라고 하는 전체 문장을 바꿀 수도 있기 때문이다.

　　우선 도서관의 외부 이미지의 기본 특징은 동서남북이 다 다르다는 데 있다.
남쪽으로는 공원을 향해 두 팔을 벌리며 열려 있고, 동쪽은 입구를 강조하기 위해
두 개의 삼각형 형태가 계곡처럼 만나고 있다. 북쪽은 동명초등학교와 면하고 있어
아이들이 6년 동안 바라볼 수밖에 없는 시선들을 고려해야 했다. 즉, 북측 입면은

순천시 금당지구내 근린공원과
초등학교 사이에 순천 기적의
도서관이 자리잡고 있다. 주변의
모든 건축물들이 각기 자신의 존재를
드러내려고하는 것에 반하여 순천
기적의 도서관은 형태는 주변건축과
다르면서도 공원 끝자락에서
나즈막히 엎드려 있다.

순천 기적의 도서관이 입지하는
근린공원은 여타의 신도시들이
양산하고 있는 상투적인 공원을
닮았다. 나는 이런 공원들을
'공문서와 같은 공원'이라고 부르고
싶다. 최소한의 법적 시설 기준을
간신히 만족한 모습이 차가운
공문서와 같아 보이기 때문이다.

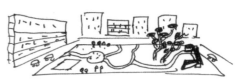

아파트단지와 단독 주거지 사이에
기적의 도서관이 있어서 아이들은
걸어서 온다. 어린이 도서관의
최상의 입지는 주거단지의 중심에
있는 것이 바람직하다.

이렇게 말하며 서 있다. '얘들아, 나는 책을 먹고 사는 건물이다. 내 얼굴을 봐라.
책꽂이같이 생기지 않았니? 그리고 이 안에는 아주 신기한 것이 많이 들어 있단다.'
큰 바위, 작은 바위, 작은 것보다 더 작은 바위, 위층, 아래층, 아래층보다 더 낮은
아래층, 비행기 같은 공간, 끝없는 미로 등 많은 것이 있다는 것을 곡면으로 된
덩어리들이 암시하듯 넌지시 말하고 있다. '우리 다같이 바위들 틈 속에서 놀지
않을래?'라고 말을 건네듯이. 서측은 파출소와 여러 시설물들을 마주하고 있어
향후 증축을 고려하여 특별하게 의미를 두지는 않았다. 그냥 내부의 공간이
정직하게 외부로 드러나게 했을 뿐이다. 배치에서 또한 제일 중요한 것 중의 하나는,
주차 영역과 도서관 영역을 대나무 숲으로 분리하는 것이다. 그렇게 하면서
금당공원과 동명초등학교 앞길을 연결해주는 통로가 되기도 하고 도서관 진입
안마당으로 기능할 수도 있다.

배치도

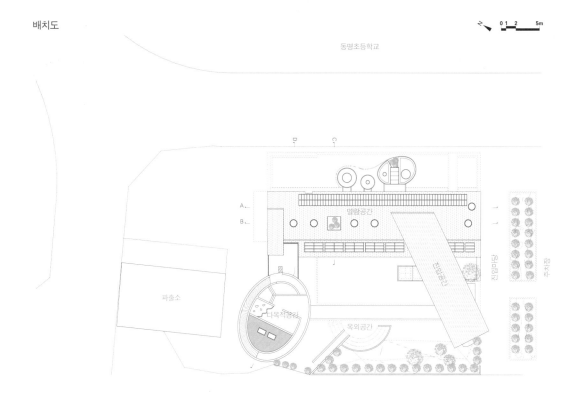

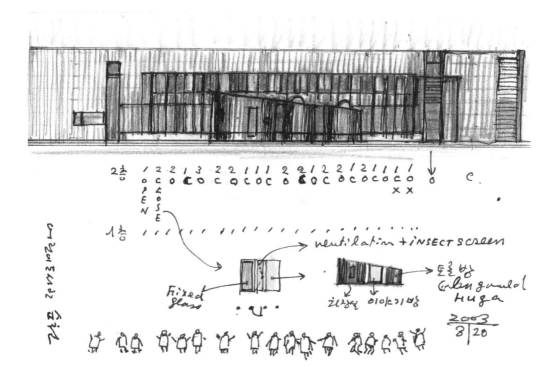

대로 건너편, 도서관 맞은 편에
동명초등학교가 있다. 이 아이들은 초등학교
1학년 때부터 졸업할 때까지 6년 동안
도서관을 보면서 지내야 한다. 그래서
초등학교 아이들이 언제 도서관을 바라보아도
'가고 싶은 집'처럼 보이게 하고자 했다.
건축은 '단순히 바라보는 것'도 건축을
사용하는 일이다. 오히려 바라보는 시선보다
더 중요한 일이 있을까 하는 생각이 든다.

남쪽 공원에서 본 입면과는 달리 동쪽의
진입 입면은 확연한 차이를 보인다. 두 개의
경사면이 교차되는 부위로 주 출입구가
나 있다. 전체 이미지는 따뜻한 목재로
마감하였고 크고 작은 유 리표면은 외관
진체의 리듬을 만든다.

순천 기적의 도서관

1층 평면도

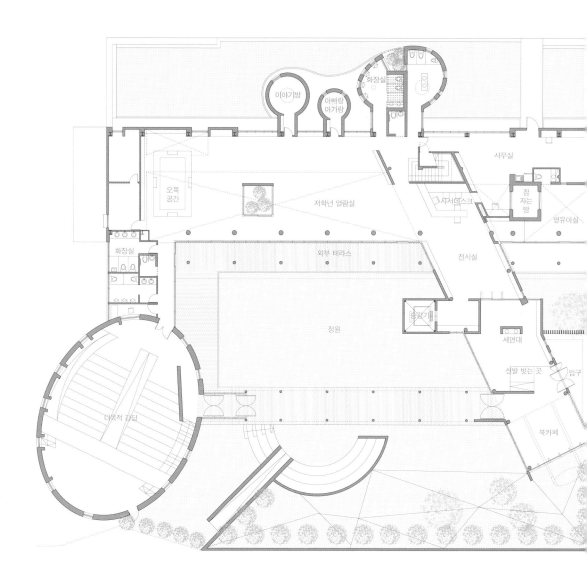

이야기방
아빠랑 아가랑
화장실
오목 공간
저학년 열람실
사무실
서서데스크
잠 자는 방
영유아실
화장실
외부 테라스
전시실
정원
충전기
세면대
다목적 강당
신발 벗는 곳
입구
북카페

남측 입면도

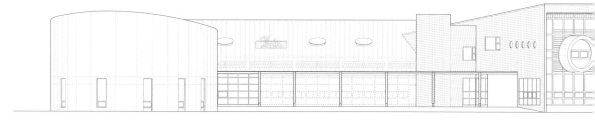

동측 입면도

순천 기적의 도서관

새로운

건축풍경 만들기

순천 어린이 도서관은 건축 매스에서는 일종의 대비법을 차용한 셈이다.
남쪽으로 난 진입공간은 직사각형 형태이고 그 상부에는 별나라로 가는 원형의
창이 대비를 이루고, 또한 긴 직사각형은 타원형의 다목적강당과도 큰 대비를
이룬다. 그것은 여전히 북쪽 도로에 면한 긴 파사드와 타원형의 화장실, 원형으로 된
'아빠랑 아가랑'의 집중독서공간의 매스와 큰 대비를 이룬다. 그렇게 해서,
새로운 주택단지 내에 사각형으로만 단조롭게 반복되는 도시경관 속에서
조그마나마 차이를 만들어내고자 한 것이다. 그런 점에서 순천 기적의 도서관은,
순천 신도시 내의 연향지구에 새로운 건축풍경 만들기이기도 하다. 이 도서관은
보행자 시선의 높이에서만 바라보는 것이 아니라 아파트에서도 내려다보기 때문에
조금은 특별할 필요도 있다.

　이 세상의 모든 건물들은 두 가지 종류로 나눌 수 있다. 누가 뭐라 하든
세상에 홀로 존재하느냐, 아니면 주변과 특별한 관계 맺기를 하느냐로 나눌 수
있다. 순천 어린이 도서관은 금당 제2근린공원 블록의 북쪽에 위치하면서 전체와
긴밀한 관계를 맺고, 나아가서는 건너편 동명초등학교와도 관계를 맺게 설계되었다.
도서관은 공원의 일부분이면서, 조금은 느슨한 공원의 북쪽으로 열린 공간을
조붓하게 마무리한다.

2층 열람실 끝을 뚫고 나온 비행기
모습의 '별나라 여행' 공간은 평범한
건축적 풍경은 아니다. '세계인'으로
태어난 아이들을 또 다른 상상의
세계로 이끌기 위해서는 건축도 그에
상응할 필요가 있다.

서측 입면도

북측 입면도

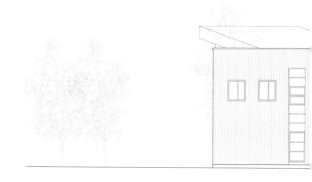

단면도 A

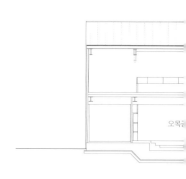

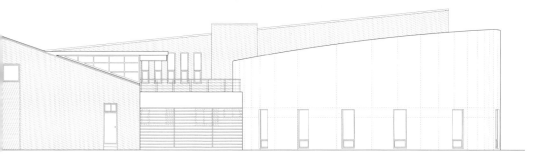

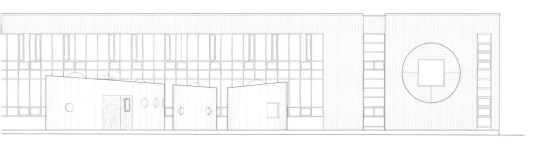

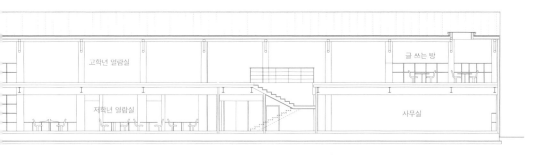

고학년 열람실

글 쓰는 방

저학년 열람실

사무실

순천 기적의 도서관

순천 기적의 도서관을 설계하면서 가장 심혈을
기울인 부분은 북쪽 입면이다. 금당초등학교
큰길에서 바라보이는 도서관의 얼굴이다.
창문은 책꽂이와 같이 수직으로 분할하였으며
그 중 세 부분의 창을 마치 '3권의 책'처럼
돌출시켜 신간서적을 아이들에게 홍보하는
장치로 활용하도록 하였다. 그리고 빛에 따라
변화하는 3개의 원통형 공간을 긴 직사각형
몸통에 대비되게 배열하여, 바위같이 서
있는 세 덩어리의 매스는 초등학교와 주변의
단조로운 건축적 풍경을 새롭게 규정한다.

도서관을 운영하는 사람들은 큰 돈
들이지 않고 건물과 조화를 이루면서도
아이들에게 상상의 날개를 달아주는
조형물을 설치하였다.

외부 이미지 : 건물을 바라보는 것도 건물을 사용하는 것이다

우리는 어떤 건물이든 밖에서 건물을 바라보는 순간 즉각적으로 건물의 이미지를 파악하게 된다. 그 아주 짧은 순간 '건물이 왜 이래. 이거 어린이 도서관 맞아?' '아, 집이 근사하다' '이 건물 어디로 들어가는 거야?' '집이 왜 이렇게 작아?'라는 식으로, 사람들은 즉각적으로 건물에 대해 판단하는 능력을 가지고 있다. 그때의 판단에 영향을 미치는 두 가지 중요한 요소가 있는데, 하나는 외관에 사용하는 자재이고 또 하나는 건물의 형태와 스케일이다. 원래부터 순천 기적의 도서관은 어른들은 물론이고 어린 아이들에게 첫째, 따뜻하게 보이게 하고, 둘째, 모든 것이 감추어져 '저 속에 무엇이 있을까' 하는 궁금증을 유발하게 설계되었다. 마치 요술 상자같이…… 순천 어린이 도서관은 속으로 들어가지 않는 한 그 안에서 무슨 일이 일어나는지 짐작하기 어렵다. 다만 가까이 가서 외부로 난 창에 눈을 대고 열심히 쳐다볼 때만 안에서 일어나는 것을 알아차릴 수 있다.

외부세계에서 어린 아이들이 만나는 공간이라곤 학교 아니면 학원밖에 없는데, 어린이 도서관이란 어떻게 생겨먹었는지 아이들이 알 길이 없다. 그래서 제일 중요한 것은 바깥에서 도서관을 바라볼 때 탐험하고 싶은 욕구, 호기심이 가득하게 하는 것이었다. 대신에 딱딱하고 위협적이고 위엄을 부리는 건물이 아니라 하루 어느 순간에도 빛이 어린 아이들을 따뜻하게 맞이할 수 있는, 그런 집으로 태어나게 했던 것이다. 건축은 다 그런 것이지만 건축을 구성하는 크고 작은 요소들을 건축가는 하나도 소홀히 할 수 없다. 지금 정하는 모든 것들은 세월이 가도 사라지지 않고 건물에 끊임없이 남아 있다. 특히 외장재의 결정은 많은 요소를 고려해야 한다. 그중에서도 세월, 시간, 계절 등 보이지 않는 것들을 감안하고 배려해야 한다.

기적의 도서관 건축을 위한 논의에서 제일 먼저 우리가
합의하였던 것은 도서관 이용을 위해 모두 신발을 벗고 들어오게
한 것이다. 마치 집에서처럼 낯설지 않고 바닥은 온돌마루로
만들어 어디서든지 편안하게 책을 읽을 수 있도록 배려한 것이다.
이것이 '한국형 어린이 전용 도서관'의 중요한 특징이기도 하다.

책을 보기 전에 손을 닦는 것은
책에 대한 예의이다. 도서관에
들어서면서 신을 벗고 가장 먼저
만나는 것은 사서데스크가 아니라
세면대이다.

나의 집과 같은

도서관 만들기 :

책도 만나고 세상도 만나고

순천 기적의 도서관뿐만이 아니라 모든 기적의 도서관의 출입구 중간쯤 세면대가 있는 것은 대단히 기능주의적인 일이다. 도서관 설계를 위한 워크숍을 하는 과정에서 이구동성으로 나왔던 이야기가 한국의 어린이 도서의 내구 연한은 일본에 비해 많이 떨어진다는 것이다. 그 이유는, 한국의 어린 아이들이 바깥에서 흙과 함께 놀다가 도서관에 들어와 책장을 넘기는 관계로 재미있는 책은 1년만에 걸레가 된다고 한다. 그래서 도서관 입구에 손 닦는 곳을 강력히 추천하였던 것이다. 그런 다음, 신을 벗고 사용하는 도서관을 만들 것인가, 신을 신고 자연스럽게 들어가게 하는 도서관을 만들 것인가에 관해 많은 논쟁이 있었다. 여러 가지 장단점이 있었음에도 불구하고 신을 벗고 들어가는 우리들의 전통적 생활방식을 채택하였다. 이런 결정은 어린이 도서관 전체 난방 방식을 결정하는 데나 도서관을 사용하는 모든 어린이들과 어른들에게 큰 영향을 미쳤다. 아이들이 학교나 상점에 들어간 것같이 다른 장소에 들어가는 것이 아니라 자기 집같이 느끼도록 만든 것이었고, 또한 신발이 내는 소음을 차단하는 데도 효과가 있다.

마지막으로 무엇보다도 책과 만나는 행동이나 자세가 대단히 자유롭게 된다는 큰 장점을 가지고 있다. 이 점은 도서관 가구들을 결정하는 데도 중요한 영향을 미쳤다. 논의 과정에서 아이들에게 대체로 의자에 앉아 엄숙하게 책을 보게 하는 습관을 들이게 할 것인가, 아니면 늘상 하던 대로 어떤 자세에서도 책을 보게 하는 것이 아이들에게 유익한 것인가, 하는 질문을 할 수밖에 없었는데, 우리들은 대체로 자유로운 자세의 자유로운 독서가 가능하도록 선택한 것이다. 앉아서도 책을 보고 엎드려서도 책을 보고 책상에서도 책을 보고, 가장 편안하고 거침 없는 자세로 책을 만나게 하는 것은 천방지축인 어린 아이들에게 유용한 것 같다. 아이들이 의자 깊숙이 등을 대고 똑바른 자세로 앉아 두 팔을 뻗어 책과의 간격을 30cm로 유지하며 책을 읽어야 책이 머릿속에 쏙쏙 들어오고 평생의

자세도 올바르게 교정할 수 있다고 하는 주장도 있었다. 그것은 그것대로 아이들을 어려서부터 훈육해야 하는 입장에서 보면 지당한 말이다. 그러나 또 한편으로는, 아이들을 어른의 마음대로 할 수 있는 대상으로 생각하지 않는다는 게 기적의 도서관을 만든 의의이기도 하다.

　　아이들을 최대한 자유롭게 책을 만나게 하고 그들의 잠재력과 상상력에 마음껏 집중할 수 있는 것이야 말로 어른들이 진정으로 바래야 하는 것이고 또한 아이들이 원하는 것이기도 하다. 어린이 도서관은 아이들을 책으로 얽매어 지식을 습득하게 하고 또 다른 강요된 교육을 하는 공간이 아니라 각박한 이 세상에서 TV도 없고 게임기도 없고 음악도 없이 그리고 선생님도 없는, 그야말로 그들이 완전히 해방되는 공간인 것이다. 지금같이 어린 아이들을 어른들이 만든 제도와 법칙에 따라 요리하는 것이 아니라 아이들이 마음껏 꿈꿀 수 있는 공간을 만드는 것, 그것이 기적의 도서관의 목적이자 이 시대의 어른들이 아이들에게 해야 되는 윤리이기도 하다.

도서관 서측의 '오목 공간'(기존 바닥
레벨보다 단을 낮춘 공간)에는 부드럽고
쿠션이 있는 소파와 같은 가구를 설치하여
기대거나 엎드리거나 앉거나 하면서 아이들이
가장 편안한 자세로 책을 읽을 수 있다.
딱딱한 의자에 앉아 책상에 책을 올려놓고
진지하게 책을 보는 것도 필요하다. 그래서
2층 고학년 열람실에는 책상과 의자로만
배열되어 있다.

순천 기적의 도서관

진입공간 :

사회와 만나는 열린 공간

순천 어린이 도서관은 들어갈 때 두 개의 문과 만나게 된다. 하나는 어른들의 문, 하나는 그보다 작은 어린이의 문. 초등학교 아이들 같은 작은 아이들이 큰 문을 밀고 들어가는 것을 보면 나는 늘 불안하다. 그러나 그것은 얼마 되지 않아 폐쇄되었다. 여러 가지 이유가 있었겠지만 아이들이 문을 가지고 놀기 때문이라고 한다. 문이 장난감이 된 것이다. 또한 문의 정첩이 너무 빡빡해 아이들이 힘껏 밀어야 열리기 때문이기도 하였다. 어쨌든 무엇인가 새로운 시도를 하려고 하는 것들은 늘 마음대로 되지는 않는다.

문 안으로 들어가면 보통 건물로 들어갔을 때의 예측과는 다른 모습으로 보인다. 왼편으로 천정이 보이지 않는 북카페가 있고 오른편으로 현관 기능을 하는 공간이 동시에 보인다. 그리고 손 씻는 세면대가 아이들을 맞이한다. 눈을 부릅뜬 어른 안내인이 아이들을 맞이하는 것이 아니라 무엇을 하는 공간인지 선뜻 납득이 되지 않는 북카페 공간과 똑같은 크기의 신발장이 가지런한 풍경, 그리고 화장실도 아닌데 손 씻는 곳이 먼저 출연하는 것은 아이들을 조금은 당황시킨다. 조금은 어정쩡한, 그렇지만 스스로 판단해서 행동하지 않으면 안 되는 그런 공간이 어린이 도서관의 첫 번째 관문이 된다고 하는 것은 매우 중요하다. 낯설게 하기……. 도서관을 운영하는 사람들의 입장에서는 이런 상황이 그리 만족스럽지는 않지만, 두세 번 오면서 익숙해진 아이들은 곧 자기 집 드나들 듯 현관의 공간이 낯설지 않게 된다. 내가 의도한 것은, 보통 건물들이 가지고 있는 익숙한 설정을 피하는 것이 처음으로 지어지는 기적의 도서관에서 만드는 사례가 되었으면 좋겠다는 것이었다. 도서관 문을 들어서서 사서데스크가 나오기까지 아이들은 감시의 대상이 아니라 자유로운 입장객으로 예기치 못한 것들과 만나고 부닥치면서 특별한 체험을 할 필요가 있다. 애초부터 어린이 도서관은 단순히 아이들이 책만 읽는 공간이 아니라 사회화 과정을 익히는 것이 무엇보다도 중요하기 때문에 확정적이고 결정적인 기능을 미리 설정하는 것보다는 아이들이 스스로 여러 가지 다양한 자율적 체험을 할 수 있도록 도와주는 것이 필요하다.

아이들이 자유롭게 선택하고 생각하게 하고 눈치 보지 않고 행동하게 하는 것, 그리고 그런 일들이 기적의 도서관 안의 도처에서 펼쳐질 것을 암시하는 곳이 바로 현관 공간이다. 어찌 보면 크기도 하고 길기도 한 진입 과정이야 말로 내가 설계한 기적의 도서관을 관통하는 중요한 시작이다. 즉, 새로운 시작인 것이다.

그 다음, 사서데스크가 나타날 즈음 젖먹이 아이들과 초등학교 1학년 이상의 아이들은 공간적으로 분리된다. 영유아들은 어머니와 함께 오른편으로 사라지고 그 외의 아이들은 처음으로 2개 층 높이의 큰 열람실과 마주하게 된다. 물론 뒤를 돌아보면 엘레베이터가 있다. 장애인 아동을 2층 열람실로 안전하게 안내할 수도 있고 또한 2층의 도서들을 아래층으로 운반하는 수단으로도 사용한다. 엘레베이터가 살짝 숨어 있다. 그 공간은 순천 어린이 도서관을 개관하고 처음 얼마간은 자원봉사자들의 코너로 사용되기도 하였다. 사무공간은 작지만 별도의 출입구를 대로상으로 마련하여 공급 기능을 충족시킬 수 있는 최소한의 배려를 하였다.

때로는 사서데스크 주변이 책을 대출하려는
아이들로 인해 도서관다운 활기가 가득하다.

열람실에는 서가가 배열되어 있고 그 중심에
대나무가 자란다. 천정에는 등같이 자연채광을
위한 개구부가 있다. 2층 고학년 열람실은
기둥을 없애고 천정 트러스에 매달아 1층
열람실을 장애물 없이 활짝 열리게 하였다.

단면도 B

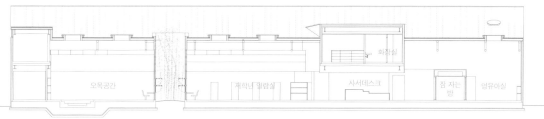

0 1 2 5m

오목공간　　　　　제학년 걸람실　　　　사서데스크　　　잠 자는 밤　　영유아실　　화장실

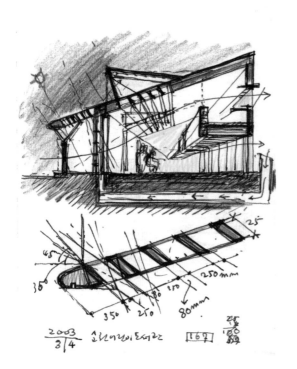

어른들의 도서관이나 어린이 도서관
건축의 가장 중요한 요소는 빛의 성질이다.
가급적이면 직사광선을 배제하면서 은은하게
실내로 빛을 실어 나르는 태양광 조절 시스템
설계는 그래서 중요한 것이다. 스케치와
똑같이 실현되지는 않았지만 처음부터 남쪽
발코니 지붕의 빛의 조절은 순천 기적의
도서관에서 중요한 부분이다.

단면도 C

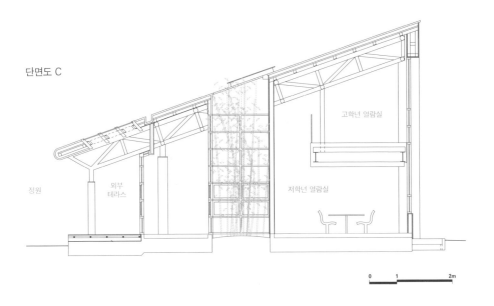

열람공간 :

골목(서가 사이)과 마당(오목 공간)과

작은 방(아빠랑 아가랑)이 어우러진 열람실

보통 사람들은 어린이 도서관이라고 말하면 모두 어린이들이 책을 보는 곳으로 인식하고 있다. 그러나 기적의 도서관은 그런 곳이 아니다. 우선 사용자들이 어린이로부터 어른들까지 넓혀져 있으며, 또한 독서 행위만 순수하게 일어나는 곳이 아니라 독후감을 발표하고, 때로는 그림도 그려 전시도 하고 동화책을 읽어주기도 하고, 때로는 조그만 미니 음악회도 여는, 어찌 보면 다채로운 어린이 복합문화공간이다.

특히 순천 기적의 도서관은 제1호관으로 공간의 구성과 내용에서 어린이 도서관이 필요로 하는 모든 것을 수용하기로 했기 때문에 다양한 공간구성을 하고 있다. 들어가는 진입공간 다음에 나타나는 사서데스크와 영유아실, 사무실이 한 그룹이 되고 나머지 열람실은 크고 깊고 넓은 공간으로 도서관의 중심이 된다. 아랫층은 저학년을 위한 공간이고 복층처럼 보이는 2층은 고학년을 위한 집중 열람실이다. 그러나 거기에는 책만 있는 것이 아니라 크고 작은 특별한 열람실들이 본체에 매달려 있고 높고 낮은 차이를 두는 공간도 있다. 열람실 한복판에는 대나무를 키우는 작은 중정이 있어 서가공간과 자유로운 열람공간을 자연스럽게 분리하기도 한다. 열람실 끝 좌측으로는 다목적강당과 연결된다.

열람실의 전체 공간은 남쪽으로 낮아지면서 외부 테라스로 연결되어 있고 북쪽은 중층으로 2개 층을 구성하고 있다. 어린이 도서관이라고 해서 공간의 크기를 전부 어린 아이에게 맞추어 작게 하는 것도 중요하지만 그보다 많은 사람이 동시에 이용하는 열람실의 공간은 충분히 시원해야 한다. 그래서 나는 중층을 떠받치는 기둥을 다 제거하고 중층의 하중을 천정의 철골 트러스에 매달았다. 그래서 실내는 특별히 기둥이 없는 무주 공간처럼 열려 있다. 물론 소음을 줄여주는 흡음제로 천정을 마감하고, 붉은 색의 텍스타일로 마감한 서측 벽을 비롯하여 열람실 전체 분위기를 따뜻하게 만들어주는 색상으로 마감했다.

천창에서 내려오는 빛은 화장실에서
재잘거리며 손을 닦는 아이들을
한순간 천사로 만든다.

아빠랑 아가랑

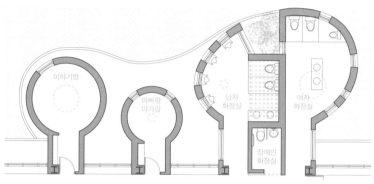

도서관의 모든 공간은 독서의
공간이다. 서가 사이야말로 책을
쉽게 꺼내어 읽고 또 다른 책을
볼 수 있는 편리한 공간이다.
고사리 같은 손으로 읽고 싶은 책을
서가에서 꺼내어 창가에 가서 읽는
순간이야말로 아이들에게 진정한
행복을 가져다줄 것이며 그것이 또한
지금까지 어느 누구도 성공하지 못한
교육개혁의 올바른 시작이다.

잠자는 아이와 책 읽는 엄마.
어린이 도서관은 어머니의
도서관이기도 하다.

서가는 도서관의 중심이 되는 책이 꽂혀 있기 때문에 어디서든지 쉽게 접근이 가능하도록 배열되어 있다. 다만 그 높이가 4단으로 1m 20cm 정도 되어 어른들의 멀리 바라보는 시선을 차단하지 않고 어린 아이들을 일별해서 보살필 수 있는 높이이다. 그리고 서가가 공간의 장애물이 아니라 중심을 구성하고, 동시에 서가와 서가 사이가 책 읽는 골목이다. 책을 고르기 전 잠깐 바닥에 주저앉아 일별하여 읽는 그 짧은 순간들의 교감이야말로 도서관에 들어온 사람들의 특권이다. 그래서 서가의 배열은 공간 전체의 동선도 유도하면서 동시에 자유로운 열람을 촉진하기도 한다.

열람실에 매달린 세 개의 둥그런 방이 북측으로 나 있다. 이중에서 계단실 쪽에 있는 것이 화장실이고 그 다음에 작은 집중독서공간(작은 방)이 두 개 있다. 모두 가운데 천창에서 빛이 들어오게 하여 아늑하지만 밝고, 시선을 집중시키는 공간이다. 아이들은 화장실에서도 밝고 청결하고 색다른 빛으로 서로를 드러나게 하는 것이 중요하다. 더 예뻐 보이고 더 생기있어 보이고 깔깔거리면서 새로운 장소에 대한 아이들만의 기억을 갖게 하는 것은 도서관에서 또 다른 휴식처로서의 기능을 담당하게 한다. 과장해서 말하자면 작은 해방의 공간이다. 그 옆에 있는 '아빠랑 아가랑'이라는 원형 공간은 특별한 사연으로 탄생하였다.

어린이 도서관을 준비하는 세미나 모임에서 한 분이 체험담을 말씀하셨다. 지하에 있는 작은 어린이 도서관에 하루는 한 아버지가 아들을 데리러 왔었다고 한다. 그 아버지는 아이들과 어머니들만 있는 도서관 안으로 쉽게 들어오지 못하고 바깥에서 기웃거리고만 있었다고 한다. 그래서 아줌마 도서관장은 억지로 젊은 아버지를 도서관 안으로 끌어들여 '애가 아직 책을 다 읽지 못했으니 오래간만에 아버님이 좀 읽어주시지요' 하자 그 젊은 아버지는 멋쩍어하면서 한 귀퉁이에서 조금씩 조금씩 책을 읽어주며 아이와 가까워졌다고 한다. 그 다음날도 계속 그 아버지가 아이를 데리러 오자 관장은 '아, 이래서는 안 되겠다. 조그만 공간을 하나 만들어주자'는 요량으로 중고 시장에서 만 원짜리 유리문을 샀다고 한다. 넓지 않은 도서관 한 귀퉁이에 의자 두 개가 들어갈 만한 유리판을 세워놓았다고 한다. 그래서 다음날부터 그 젊은 아버지가 오면 관장은 아이와 아버지를 유리 공간으로 초대하여 아버지가 책을 읽어주는 공간으로 만들었다고 한다. 그렇게 하여 아버지가 아이에게 책을 읽어주는 것이 익숙해지고 도서관의 낯선 분위기에 익숙해지면서 아버지와 아이는 호흡이 잘 맞게 되었고 아이는 정말 행복해

오목공간에서 사서데스크쪽으로 바라본 실내 풍경.

공원 쪽으로 나 있는 남쪽 테라스
공간은 깊고 넓다. 전시도 하고
마당에서 작은 행사를 할 때
무대로도 활용될 수 있다. 길게 뺀
추녀는 도서관 안으로의 직사광선을
적절히 차단한다.

순천 기적의 도서관 열람실 중
가장 인기 있는 구석은 원통형으로
되어 있는 '별나라 여행' 열람실이다.
둥근 벽에 등을 기대고 앉으면
편안하게 책을 읽을 수 있다.
비행기 실내와 같이 단장한 열람실
공간 내부는 아이들의 집중된 독서를
돕는다.

했었다고 한다.

어린이 도서관에 엄마들뿐만이 아니라 아버지, 할아버지, 이모, 누나, 형들도 드나들 수 있게 하는 것은 모두를 위해 즐거운 일이다. 특히 유리판까지 사다가 그 작은 공간을 만들려는 그 아줌마 도서관장의 배려는 감동적이다. 따라서 나는 여러 기적의 도서관에 '아빠랑 아가랑'이라는 이름이 붙은 특별한 공간을 제안하게 된 것이다. 서너 명이 들어갈 수 있는 작은 방, 어린 아이들이 숨기 좋아하고 아버지들이 남의 시선을 의식하지 않아도 되는 폐쇄된 공간은 가족끼리 또는 친구들 사이를 더욱 친밀하게 한다.

순천 기적의 도서관이 개관하고 몇 달 동안은 정상적으로 도서관 기능을 수행할 수 없었다고 한다. 하루 종일 애 어른 할것 없이 모든 사람들이 끊임없이 구경하러 도서관에 왔기 때문이다. 주민들에게, 어린이들에게 순천 기적의 도서관은 도서관이기 이전에 하나의 큰 구경거리였기 때문에, 도대체 자기 마을의 도서관이 어떤 것인지 탐험하고 탐색하고…… 그러기를 3개월 정도 하였다고 한다. 그만큼 사람들은 호기심도 많았고 궁금증도 컸었던 것이다. 특히 아파트에서만 살던 어린 아이들은 시선이 교감되는 1층과 2층의 존재에 대하여 대단한 호기심을 가진 나머지, 놀랍게도 계단은 어린 아이들 놀이터가 되었던 것이다. 끊임없이 구경하러 몰려드는 인파와 끊임없이 오르락내리락 하는 어린 아이들 틈바구니 속에서 정상적인 독서 행위는 불가능하였던 것이다. 다락이 사라지고 지하실도 사라진 아파트의 단층으로 된 공간 속에서 아이들은 또 다른 공간의 깊이와 높이와 크고 작은 체험을 제대로 할 수 없었던 것이다.

특히 2층에는 입구 쪽으로 나 있는, 어린이들이 책을 읽으며 여행하는 '별나라 여행'이 있다. 비행기 내부같이 긴 원통형으로 만들어진 공간은 편안하게 원형 벽에 등을 대고 발을 뻗고 여행하듯 책을 읽는 장소이다. '어린 아이들은 태어나면서 세계인'이라는 말뜻을 새기면서 어린이 도서관은 또한 아이들이 정말로 상상의 여행을 떠나는 곳이라는 생각에 이 장치를 고안해낸 것이다. 조금은 일상적이지 않은 비행기 몸체가 남쪽 파사드를 뚫고 외부로 돌진하듯 배치되어 있다. 그래서 '별나라 여행'으로 접근하면서 아이들은 자신이 들어왔던 북까페 공간을 내려다볼 수도 있는 것이다. 모든 공간이 시선으로 서로 연결되고, 그러면서 서서히 도서관의 실체가 아이들에게 드러나게 된다. 그렇듯 순천 어린이 도서관의 모든 구석을 아이들이 발견하게 또는 탐험하게 하는 배치로 구성되어 있다.

녹색으로 뒤덮인 파출소를
상상하면서 다목적공간 옥상에
미로를 만들었다. 그 중심에
'지혜의 샘'이 있다.

다목적실 :

미로(지혜의 샘)를 머리 위에 인,

에워싸고 에워싸이는 공간

'모여서 놀아요'라고 이름 붙여진 다목적강당은 본래 예산이 없어 보류했던 것으로, 공사 중에 최소한의 돈을 들여 짓기로 결정한 것이다. 아이들을 감싸 안는 것 같은 타원형 공간 그리고 작은 무대가 전부이지만 작은 대로 다채로운 프로그램이 진행되는 곳이다. 본래 초기의 계획에서는 도서관 기능을 멈추고 현관에서부터 곧바로 다목적강당으로 이어질 수 있는 회랑도 마련하였었다. 그러나 그렇게 따로 강당만 사용하는 경우는 드문 것 같다.

　'지혜의 방'이라고 이름 붙여진 중층의 긴 고학년 열람실을 지나면 남쪽으로 테라스가 있다. 테라스를 지나서 다목적강당 부분의 옥상인 '비밀의 정원'으로 나갈 수 있다. 이곳이 바로 '지혜의 샘'이라고 부르는 작은 연못이 중심에 있고 주변이 타원형으로 미로와 같이 구성되어 있는 공간이다. 개관하던 날 미로의 공간에서 작은 책을 페이지 별로 전시하기도 했었다. 이 공간은, 모든 것이 투명한 도시 한복판에서 잠깐 동안이라도 끝을 알 수 없는 미로를 체험하게 한다. 갑자기 시내의 소음이 사라지고 묘하게 자기 자신으로 돌아와 야릇한 공포를 느낄 수 있는 미로는, 공간이면서 또한 공간으로 쓴 책이다. 그 책의 끝에 작은 연못이 있고 하늘을 반사하는 물이 있다. 지금은 전체 벽면이 아이들이 제작한 점토 조형물로 채워져 있어 아이들이 장성하여 돌아왔을 때 어린 시절을 추억하는 곳이기도 하다. 그리고 테라스에서 아이들은 그들이 사는 주변을 새로운 각도에서 바라볼 수 있어 도서관의 외관과 지붕의 모습을 재미있게 관찰할 수 있다.

현대 건축에서 지붕은 대체로 평평한 테라스로 대체되었다. 그러나 순천 어린이 도서관의 지붕은 도처에서 바라보이는 중요한 건축적 요소이기도 하다. 하늘의 빛을 실어나르기도 하고 공기를 운반하는 개구부들을 적절히 배열하여 지붕의 의장적 효과를 강조하였다. 그렇게 해서 지붕도 때로는 즐거운 시각적 대상이 될 수 있는 것이다.

2층 고학년 열람실을 이어주는 통로.

단면도 D

0 1 2   5m

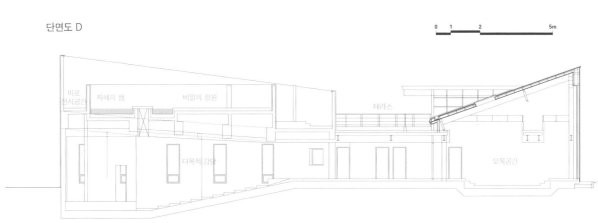

미로
전시공간 지혜의 샘   비밀의 정원   테라스

다목적 강당   오목공간

옥상에 설치한 '미로' 전시공간.
개관 때 옥상에서 하나의 동화를 장면별로
전시한 적이 있다. 하늘만 보이는 미로에서
한 발자국 내딛을 때마다 이야기가 새롭게
전개된다. 관리상의 어려움 때문에 자주
활용되지는 않지만 강당 위의 옥상공간은
아이들에게 강한 흥미를 유발한다.

어린이 도서관의 건축은 한편으로는 전체의 책이 가져다주는 의미와 즐거움을
동시에 마련하는 책과 같은 것일 수 있다. 종이에 인쇄된 책만 책인 것이 아니라,
어린 아이들에게는 지붕, 옥상, 미로, 대나무, 테라스, 마당, 회랑, 화장실 등 모든
공간들이 책의 한 페이지일 수 있다.

어느 날씨 좋은 날 순천 기적의 도서관을 방문해보니 남쪽 마당을 객석처럼
사용하고 남쪽 테라스의 공간에 스크린을 설치하여 외부에서 영화를 감상하고
있었다. 깊고 긴 테라스 공간은 전시장으로도 사용되곤 하였다. 건축까지는
건축가의 일이지만 주어진 건축을 최대로 활용하고 부족한 것까지 보완해내는
관장과 직원들의 지혜는 놀라운 것이다. 건축을 종결짓는 것은 결국 사용하는
사람들이다. 사서와 자원봉사자들, 어린 아이들, 그들이야말로 도서관의 주인이다.
그래서 언제부터인가 순천 어린이 도서관을 자주 이용하는 아이들 사이에서 이렇게
표현하는 것을 들었다고 한다. 아이들은 이제 '도서관'에 가자고 하지 않고
'우리 도서관'에 가자고 말하며 말끝마다 '우리 도서관', '우리 도서관'이라고
한단다. 순천 기적의 도서관은 이제 어린이들의 공간이 되었다.

옥상 미로의 막다른 공간은 물이 있는
'지혜의 샘'으로 설계되었다. 미로의
내부 벽면들은 아이들이 만든 도자벽화
공간이 되었다. 이 작업을 하던 아이들이
벌써 고등학생들이 되어 다시 찾아와
초등학교 시절을 그들 나름대로 추억하는
장소이기도 하다.

비밀의 정원

지혜의 샘

비밀의 정원

미로전시공간

0 1 2m

증축 : 새로운 요구들을 수용하다

순천 기적의 도서관이 1호관으로 개관하고 3개월 정도 지나서부터 본격적인 어린이 도서관 기능을 수행하기 시작하였다. 호기심에 찬 모든 사람들의 시선이 도대체 어린이 도서관이 어떤 곳인지 알아가는 탐색 기간이 지나고, 해가 거듭하면서 조금씩 자리도 잡고, 그리고 또한 여기저기 부족한 점들과 보완해야 하는 것들이 쌓여갔다. 특히 빠른 시일 안에 설계와 시공을 마쳐야 했던 현실적 제약은 지하에 여유 있는 공간의 확보를 불가능하게 하였다. 즉 공사기간을 단축하고 공사비도 절감하기 위해 그 흔한 지하공간을 활용할 수가 없었다. 따라서 본래부터 사무공간이 협소하였고 작더라도 서고공간과 창고공간도 턱없이 부족했다. 물론 모든 공간을 전부 마음껏 충족시킨다고 하는 것은 한편으로는 모순된 것이기도 하다. 여유를 많이 갖는 것과 적절한 공간을 갖는 것에는 큰 차이가 있다. 4~50평 규모로도 얼마든지 어린이들에게 사랑받는 도서관을 운영할 수도 있는 것이고 순천과 같이 거의 400평에 이르는 비교적 큰 어린이 도서관도 있는 것이다. 물론 적절한 공간배분에 따라 필요한 모든 공간들을 조금씩 쪼개서 쓸 수도 있지만 문제는 도서관 기능을 어디까지 확장하느냐 하는 결정에 따른 것이다.

얼마 지나지 않아 증축 문제가 심각하게 제기된 것은 순천 기적의 도서관이 10개의 기적의 도서관 중에서 선도적 입장을 취하면서 아동도서 전문가들을 위한 자료실 겸 연구공간을 필요로 하게 되었기 때문이다. 그러기 위해서는 어린이 책으로서 가치가 높고 연구대상이 되는 아동도서만을 수집·보관하여 명실상부한 어린이 도서관 정책을 실현할 수 있는 공간을 마련해야만 했다. 그러면서 그동안

때로는 벽을 바라보고 책에 집중할 수 있는 장소도 필요하다.

가장 갈등을 느꼈었던 본격적인 전시공간, 그리고 관장실과 어린이들을 위한 집중독서공간 등을 아울러 마련하는 계획이 세워졌던 것이다. 이런 필요성에 공감하고 순천시는 적극적으로 예산을 지원하게 되었다. 그러나 필요성은 인정되고 모두가 합의하였으나 본래 설계했던 설계자가 지속적으로 설계작업을 할 수 없다는 행정적 해석으로 한 차례 고비를 맞이하였다. 그래서 결국은 입찰에 당선된 설계업체와 협력하여 설계를 진행할 수밖에 없었다. 여러 가지 아쉬움이 남지만 거의 봉사하는 수준으로, 순천 기적의 도서관을 설계했던 건축가로서의 책임을 다하였다. 시에서도 원 설계자가 지속적으로 일할 수 있도록 배려하였으나 뜻대로 되지는 않았다. 특히 설계업무·발주에 여러 가지 불합리한 문제가 있음에도 불구하고 제도를 거스를 수는 없었다. 일은 또한 여전히 화급하여서 처음부터 끝까지 협력하기로 하였다.

그동안 여기저기 옮겨다니며 전시하던 공간도 이제 2층에 확실히 마련되었고, 집중독서 연구공간도 마련되었다. 그리하여 책만 읽는 장소가 아니라 책을 보고 표현하고 전시하고 때로는 동화 일러스트 작가들의 그림도 전시할 수 있는 그런 다목적공간이 마련되면서, 순천 기적의 도서관은 명실상부한 어린이 전문 도서관으로 거듭나게 된 것이다.

증축의 건축원칙 :

다르게 그러나 함께

증축의 건축원칙은 다음과 같았다. 첫째, 삼거리의 모퉁이에 입지하는 대지는 대각선 방향에서 오는 동선을 축선상에서 가장 먼저 눈에 띄는 장소이다. 따라서 도시건축의 입장에서 모퉁이를 완화시키면서 동시에 어린이 도서관 전체를 암시하는 볼륨을 계획하였다. 둘째, 기존의 건물과 기능적으로 접속하되 기존 도서관이 동서로 이미 충분히 펼쳐져 있기 때문에 어긋나면서 접속하는, 그렇게 해서 기존 건물의 외부공간을 ㄴ자 공간의 마당으로 조성하는 것이었다. 셋째, 기존 건물의 외관은 원래 자연적인 소재인 목재로 마감했었다. 하지만 유지·관리의

순천 기적의 도서관은 최초의 기적의
도서관으로 건립되면서 어린이 도서관에
필요한 여러 공간들을 거의 다 포함하고 있다.
그러면서 아동문학의 발전을 위하여 연구할
수 있는 공간과 귀중한 아동도서들을 비치할
수납공간이 부족하고 도서관 기능 중 중요한
전시공간이 협소하여서 기존 도서관 서측으로
새로운 건물을 증축하였다. 기존의 건물과
비슷하면서 조금은 차이를 둔 증축건물은
도서관으로서의 평균적 이미지를 보여준다.

어려움 때문에 증축 건물은 벽돌로 마감하게 하였다. 한 켜씩 벽돌을 들고나게 해서 때로는 서측 빛이 내려쬐이면서 책을 쌓아놓은 것과 같은 이미지로 보이게 하였다. 넷째, 파출소 옆 전기 관련 기존 시설들이 남측에 있어 남측 공간을 지붕이 덮은 긴 테라스 공간으로 설정하여 파출소 공간과 단절하는 일종의 전이 공간을 마련하였다. 다섯째, 그렇지만 기존의 도서관과 지붕 경사면의 각도를 맞추면서 크게는 하나의 건물로 인식되도록 배려하였다. 이런 원칙 하에 건물이 완성되었지만 상부 플러싱이 너무 과도한 크기로 시공된 것이나 여기저기 만족하지 못한 디테일들이 눈에 띄는 것은 안타깝다.

원래 기존 건물의 외장목재가 세월이 가면서 때도 끼고 조금씩 낡아 보이는 점이 있기는 하지만, 나는 그것이 그렇게 나쁘다고 생각하지 않았다. 때로는 그냥 내버려두어 대한민국 어디에서나 무조건 새것만이 좋다는, 그래서 건물은 늘 깨끗해야 한다는 이미지를 벗어났으면 좋겠다는 생각도 들었다. 물론 어린 아이들이 사용하는 건물이므로 정갈한 맛이 들어야 한다는 의견에도 동의한다. 그러나 때로는 시간의 켜가 묻은, 시간의 켜를 수용할 수 있는 자연 소재인 목재가 그리울 때도 있는 것이다.

어쨌든 증축하면서 기존 건물의 외피를 오일스테인으로 바르면서 본래 나무색보다 벽돌에 맞추어져 조금 짙어지긴 하였다. 마치 옷장에서 새옷을 꺼내 입듯 증축과 함께 순천 기적의 도서관은 새롭게 태어났다. 애초에 순천 기적의 도서관 부지를 방문했을 때 파출소 건물을 이전하거나 리노베이션 하고 그 일대를 미래의 증축을 고려하여 미리 땅을 확보하는 것이 좋겠다는 제안도 했었다. 아닌게 아니라 지금 파출소 건물은 어린이 도서관과는 조화롭지 않은 것이 사실이다. 그때는 파출소에도 여순경으로 배치하고 외관은 넝쿨식물과 같은 식재로 리노베이션 해 동명초등학교와 함께 금당공원 북측을 어린이 지대로 제안했었다. 그리고 직선화된 동명초등학교와 어린이 도서관 사이의 도로도 속도를 완화시킬 수 있도록 곡선도로를 재구성하고 초등학교 담장도 허물어 개방감을 주도록 제안했다. 다행히 순천시에서는 곡선도로 계획을 받아들이고 담장도 철거하여 도서관과 초등학교는 그래도 부드럽게 서로 연결되고 있다. 언젠가는 파출소 건물도 근사하게 고쳐서 전체가 어우러지도록 할 수 있었으면 좋겠다. 또한 공문서와 같은 공원이라고 말했었던 금당공원을 설화공원으로 만드는 것도 앞으로 큰 숙제로 남아 있다.

순천 역시 멋있고 살기 좋은 신도시를 만든 것이 아니라 주변을 제대로 관계 맺지 않은 단지계획들의 집합이다. 단지는 도시의 부분을 만드는 일이지 도시 전체를 유기적으로 병합·발전시키는 도구는 아니다. 어린이 도서관이 들어선 금당지구의 공원과 동명초등학교는 도시계획 시설 기준에 따라 설치된 이후로 특별한 보살핌 없이 시간이 흘렀던 것이다. 이젠 초등학교 담장도 허물고 어린이 도서관도 여러 해를 거듭하면서 주변에 크고 작은 영향을 미치고 있다. 이쯤에서 시는 이 지역을 특별구역으로 지정하여 공원은 물론, 가까운 주변 영역을 어린이 지대로 탈바꿈시키는 것이 좋겠다. 법적 절차에 따라 진행시켰던 단지계획을, 시민들을 위한 아름다운 도시 만들기로 전환시키는 것이다. 어린이 안전만을 위한 시큐리티 존(security zone, 안전지대)만이 아니라 어린이들이 놀고 상상하고 또 때로는 다양한 어린이 행사도 주관할 수 있는 작은 공연장이나 박물관 등이 공원 주변에 만들어져, 근린공원이 나무 몇 그루만 심어져 있고 구불구불한 길만 있으면 공원이 되는 것이 아닌, 지역 주민의 삶의 질을 한 단계 끌어올리는 공공성을 회복시킬 수 있는 계획안이 절실히 요청된다. 어떻게 보면 순천 기적의 도서관은 지역사회의 긍정적 변신을 유발하는 촉매가 될 것이다. 도시의 삶 속에서 우리들이 공유해야 하는 문화적 가치는 이렇게 해서 만들어지는 것이 아닌가 싶다.

북측 증축 입면도

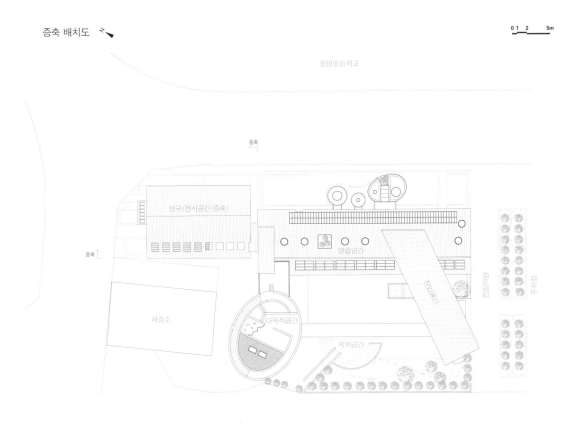

증축 배치도

동명초등학교

증축

연구/전시공간(증축)

엘람공간

다목적공간

파출소

옥외공간

0 1 2   5m

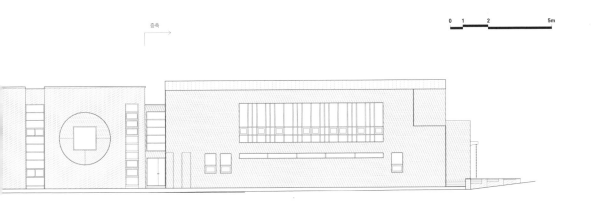

증축

0 1   2   5m

순천 기적의 도서관

귀중본 방

책 박물관

서고

오목공간

화장실

다목적 강당

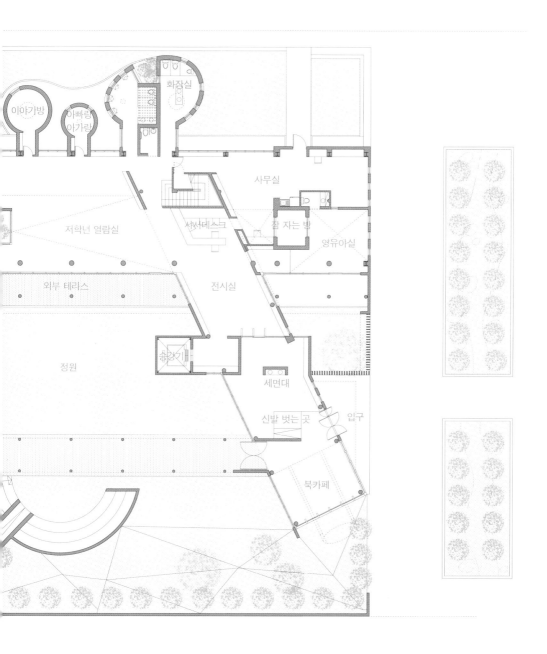

이야기방

아빠랑
아가랑

화장실

사무실

저학년 열람실

사서데스크

잠 자는 방

영유아실

외부 테라스

전시실

정원

승강기

세면대

신발 벗는 곳

입구

북카페

순천 기적의 도서관

나는 현재의 금당 제2근린공원을 두고 이 너무 느슨한 공원을 '공문서' 같다고
표현한 적이 있다. 느슨하기도 하지만 아파트 다 짓고 법적 요건을 갖추기 위해
억지로 만든 공원임에는 틀림없다. 마침 〈책사회〉에서도 그렇고 순천시청에서도
이 공원을 테마가 있는 '설화공원'으로 만들면 좋겠다는 의견이 모아졌고 그것이
어떻게 가능한지 건축가에게 타당성을 부탁하였다. 그래서 나는 작은 공원이 어떻게
재미있는 설화공원으로 만들어질 수 있는지 생각하고 또 생각한 나머지 다음 그림과
같은 계획안을 만들게 되었다. 열심히 들여다보면 여러 가지 의도를 알 수 있겠으나
워낙 여러 가지 이야기들이 혼재되고 중층되어 독해하기가 쉽지는 않다.

크게 보면, 산책하면서 설화를 재구성하는 놀이가 가능한 그런 공원이다.
이야기를 단순히 소개하는 것이 아니라 상상을 넘어서는 이야기 만들기가
진행되는 그런 재미있는 공원인 것이다. 지하에는 작은 이야기 방들이 배치되어
있고 그 속에서 아이들은 감각적으로 여러 설화와 만나게 되어 있다. 그리고
남북 도로는 등나무 터널로 만들어져 주변의 보행을 원활하게 만들었다. 마음
같아서는 지금이라도 늦지 않으니 이 그림 비슷하게라도 만들어봤으면 좋겠다.
씨줄과 날줄로 엮는 설화들이 녹아 있는 설화공원과 순천 기적의 도서관이
어우러져 어린 아이들에게 이야기의 즐거움, 이야기의 다양함을 건물 안팎에서
보여주도록 생각했던 것이다. 당시의 조충훈 순천시장이 이 안이 너무 흥미로우니
순천시 관련 공무원들에게 설명할 기회가 있었으면 좋겠다고 제안하여, 도서관과
함께 설화공원에 대해 이야기를 나눈 적이 있다. 그때 당시 사람들이 어떻게
반응했는지는 모르겠지만 당시 순천시가 이 안을 받아들여 실현했다면 어린
아이들을 진심으로 배려한 좋은 사례로 남지 않았을까 하는 허망한 생각도 해본다.

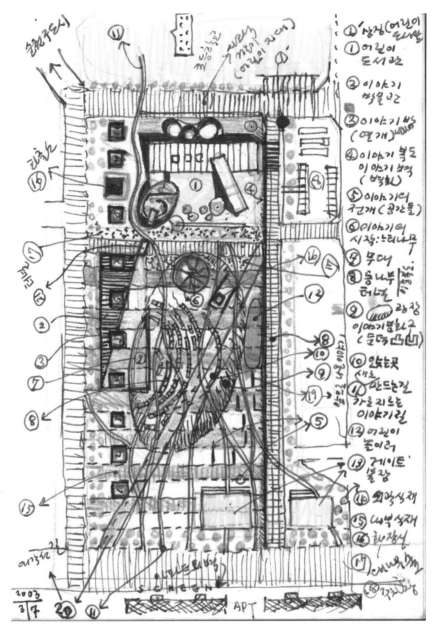

순천 어린이 도서관을 설계하면서 순천시청
관계자들과 예상하지 못한 회합이 있었다.
도서관 신축과 함께 근린공원도 변신을 할 수 없을까
고민하는 자리였다. 거기에서 나는 〈책사회〉와
논의하였던 '설화공원' 스케치를 발표했다.
실현되지 않고 꿈으로 남았지만 어린이 도서관과
설화공원이 잘 어우러질 수만 있다면 얼마나
재미있는 장소가 되었을까 생각하면 아쉽기만 하다.

순천 기적의 도서관　　　　　　　　　　　　　　**87**

짧은 공기, 적은 예산 :

그러나 모두 함께 치른 건축생산의 거버넌스 전쟁

건축공사는 건축설계도면에 명시된 것을 실현하는 행위이다. 순천 기적의 도서관도 입찰 끝에 한 업체((주)유탑엔지니어링)가 낙찰되었다. 짧은 기간 내에 TV 프로그램의 일정에 맞추어 완공한다는 것이 얼마나 어려운지는 다 알고 있었던 것 같다. 넉넉지 않은 공사비, 짧은 공기에다 일반 시공회사들이 바라보기에 복잡한 설계도면은 한마디로 시공자를 주눅들게 하기에 충분한 조건이었다. 특히 단순한 박스형의 상자 건물이 아니고 일반 시공자들이 보기에 '특이한' 형태의 건물은 시공 책임자에게 조금은 공포스러운 과제로 다가섰다. 현장소장은 도면을 열심히 검토하고 갈등에 빠졌다고 한다. 할 것이냐, 말 것이냐……. 한다고 결심하면 회사에 이익도 되고 공기 내에 근사한 작업을 마치는 기쁨도 있겠지만 모든 것이 여의치 않을 때는 공사를 담당하는 엔지니어에게는 치욕스러운 사례로 남을 것이기 때문이다. 그리고 나서 '내가 건축가 정기용 선생의 설계의도를 차질없이 실현해보겠다'고 결심했다고 한다. 그것은 담당자에게는 정말로 큰 도전인 셈이었다. 내가 바로 그 현장소장 모득풍 씨를 처음 만나 솔직한 그의 고백을 듣고 고맙기도 하고 위로를 하고 싶기도 하였다. 그러나 어쨌든 공사는 차질없이 진행되고 마무리되었다. 그의 헌신적인 노력은 그가 결심한 최초의 도전에 대한 의지로 작용하였기 때문일 것이다.

개관 전날까지 이리 뛰고 저리 뛰면서 거의 마무리가 될 즈음, 나는 '아하! 바로 이래서 기적의 도서관이라 하는 것이구나.'라고 생각하였다. 개관 보름 전쯤 조경작업을 진행하던 중 한 목수가 현장소장에게 다가와 한 가지 문의를 하였다고 한다. 모두 다 급하고 헌신적으로 일하는 것을 보고 자기도 목수 인생 수십 년에 깜짝 놀랐다고 하면서 '어떻게 이런 현장이 있습니까?' 하고 반문하였다고 한다. 어린 아이들을 위해 이렇게 수많은 사람들이 헌신하고 봉사하고 뜻을 모으는 것을 보면 눈물이 날 지경이라고 말하면서 자기 집 근처 땅에 소나무가 한 그루 있는데 그것을 자기가 옮겨다 심고 싶다며 허락해달라 부탁하였다고 한다. 막판에 그 목수도 무엇인가 어린이들을 위해 품삯을 받고 일하는 것이 아니라, 무상으로 봉사를 하고 싶은 마음이 깃든 것이다. 현장소장이 그렇게까지 하지 않으셔도 된다며 타일러 돌려보냈지만 그런 이야기들은 바쁘게 진행되던 현장의 모든 사람들에게 큰 힘이 되어주곤 했다.

그리고 현장소장은 내가 나타날 때마다 내가 또 어떻게 색다른 주문을 할지 두려워하는 것이 아니라 오히려 먼저 '무엇을 도와드릴까요? 무엇이 바뀌었습니까? 다 들어드리겠습니다.'라고 선수를 치는 것이 아닌가. 현장소장들은 준공이 다가올수록 설계한 건축가가 등장하는 것을 달가워하지 않는 것이 사실이다. 무슨 일로 또 어떻게 공기가 연장될지 걱정이 태산 같기 때문이다. 그러나 그는 오히려 반색하며 어떤 것이라도 내가 원하면 들어줄 태세를 갖추고 있었다. 나로서는 감동적이기도 하고 놀랍기도 하였다. 모든 것이 급박하게 돌아가는 상황 속에서 돈도 챙기고 공사의 품질도 챙기고 일정도 챙기고 노동자들도 관리하고 게다가 건축가가 원하는 끔찍한 요구도 다 들어준 것은 쉬운 일이 절대 아니다. 그런 와중에서 모득풍 씨와 같은 현장소장의 출현은 정말로 기적 같은 일이었다. 그가 회사에 아마 이익은 남겨주지 못한 듯하다. 그러나 그는 순천 어린이들에게 그리고 이 한국사회에 근사한 도서관을 만들어 주지 않았는가! 이 자리를 빌어 현장소장만이 아니라 순천 기적의 도서관을 위해 땀 흘려 일한 모든 사람들에게 우리 모두 정말로 감사해야 한다. 아마도 건설 노동자들과 작은 회사의 엔지니어들, 일용직 목수들, 그런 모든 사람들이 또 한편으로는 이 시대를 값있게 만들어나가는 숨은 영웅들일 것이다.

그런 점을 잘 알고 있는 〈책사회〉는 어린이 도서관 입구에 설계자, 후원자 같은 사람들의 이름만을 대문짝만큼 크게 써 붙인 것이 아니라 기적을 만든 사람들이라는 제목 하에 시공자 편에서는 목수들의 이름에서부터 설계자, 후원자 등 어린이 도서관 건립에 관여한 모든 사람들의 이름을 깨알같이 적었다. 순천 기적의 도서관 방문자는 어린 아이들이 책을 보는 풍경만으로 뿌듯해할 것이 아니라 이 사회를 바람직하게 끌어가려는 수많은 사람들의 열정과 진정성을 바라보고 느끼는 것이 더 중요하다.

그리고 젊은 어머니들의 감응……

처음에 나는 기적의 도서관이라는 말이 여러 가지로 못마땅했었다. 그러나 건물을
설계하고 시공하고 감리하는 전 과정을 통해 정말 기적 같은 일이 일어났다는
것을 느꼈고, 또 한편 도서관을 사용하는 사람들의 반응을 알고 난 다음 다시 한 번
놀랬다. 개관 3~4개월 후 어느 날 순천 기적의 도서관을 방문했을 때 자원봉사를
하는 젊은 아줌마들이 우르르 몰려왔다. "선생님이 이 도서관 설계하셨죠? 정말
고맙습니다. 우리들은요, 아침에 일어나는 것이 행복합니다. 왜냐하면 기적의
도서관에 올 수 있기 때문에요." 그래서 나는 "내가 설계는 했지만 내가 다 만든
것이 아닙니다. 정말로 많은 사람들이 협력해서 이루어진 것입니다."라고 했다.
"그러나 어쨌든 이 도서관은 아름답거든요. 매일매일 오고 싶어할 만큼 ……."
그러면서 아줌마들의 이야기는 이어졌다.

　　도서관이 들어서기 전에는 하루 종일 청소하고 빨래하고 애기 보고, 그러다
하루가 지나면 된장찌개 끓여놓고 남편 기다리며 여러 해를 보내다 우연히 어디
도서관이 생겼다고 해서 와보니, 정말로 꿈만 같았다고 했다. 특히 젖먹이도
데려와서 재울 수 있고 수유할 수 있는 공간이 있다는 사실에 정말로 만족한다고
했다. 젖먹이를 둔 젊은 아줌마들은 자주 도서관에 들렀고, 애가 울면 젖 먹여
재우고, 애가 자면 도서관이니까 하는 수 없이 책을 주워 읽게 되고, 그러다 보니까
재미있고, 재미있다 보니까 유익한 생각이 들고, 때로는 시간이 남아 도서관 일을
도와주기도 하고, 그러면서 조금씩 조금씩 일상이 변하기 시작한 것이다. 그리고
그냥 다른 책방에서처럼 책만 보는 것이 아니라 넓고 시원한 공간에서 마음대로

책을 골라 읽을 수 있는 것에 무척 만족해했다.
그래서 어느 일요일인가는 남편을 데리고 왔고,
하는 수 없이 따라온 그 남편은 '어, 우리 동네에
이런 데가 다 있었네~.'라며 놀라워했다고 한다.
　　그래서 정말로 '기적'의 도서관이 된 것을
알아차렸고 그때부터 나는 기적의 도서관이라는

어머니가 읽어주는 이야기는
어떠한 언어보다 아이들의
가슴을 울린다.

말에 거부감을 갖지 않게 되었다. 이 이야기는 또 한편 도서관 개관 후 있었던 회식 자리에서 나에게 말을 전한 순천시장을 떠올리게 한다. 기적의 도서관을 순천시에 건립하게 한 결정적 역할은 물론 당시 시장으로, 조충훈 시장의 역할이 컸다. 조 시장은 나에게 이렇게 말하였다. '정 선생님, 내가 이 어린이 도서관을 열고나서 두 번 눈시울을 붉혔습니다. 하나는 어린 아이들이 정말로 그렇게 좋아할 줄 몰랐던 것입니다. 나의 정치 여정 속에서 한 번도 어린 아이들을 특별하게 생각한 적이 없었던 것이 후회스러웠습니다. 아이들이 원하는 것을 해주고나서 아이들이 정말로 미친 듯이 좋아하는 것을 보고 눈물이 났습니다. 스스로 반성도 되고요……. 그리고 또 하나는 정말로 제가 몰랐던 사실인데, 건축이 문화라는 것입니다.' 건축이 문화라는 말에 힘주어 말하던 조 시장은 지금까지 대체로 우리 한국인 모두가 그렇듯이, 건축을 그냥 부동산의 하나로 알다가 적절한 컨텐츠를 담는 문화적 그릇으로 손색이 없을 뿐 아니라 그것이 정말로 세상 사람들이 원하는 바를 실현시킬 수 있다는 것에 놀랐다고 말했다.

그렇다. 지방자치단체장까지 어린이 도서관 건립을 통해 지금까지의 정치 인생에서 체험하지 못했던 것을 느끼게 된 것이다. 그것은 정말로 소중한 일이다. 이런 것을 두고 우리는 '어린 아이들은 어른의 아버지다.'라고 말할 수 있는 것이 아닌가 싶다. '건축 문화'라는 말이 존재하지만, 전 세계 어느 곳이나 건축이 한 사회의 문화로 작동할 수 있는 것은, 건축가의 능력 때문이 아니라 한 사회가 진정으로 원하는 것을 협력하여 건축에 투영하고, 그것을 모두가 동의하고, 그 가치를 공유할 때 건축은 '문화'가 되는 것이다.

순천 기적의 도서관은 작은 어린이 도서관이지만 다른 기적의 도서관들과 마찬가지로 그것이 파급하는 사회적 효과는 우리가 깊이 천착해야 할 것이다. 건설 공화국, 무조건 때려 부수고 아파트만 지어대는 아파트 공화국 한복판에서 일어난 작은 실험들은 우리가 잊고 살았던 또 다른 가능성들, 또 다른 가치들, 또 다른 세계에 대한 디자인인 것이다. 사회를 디자인하는 이념은 거대한 데 있지 않다. 작고 별 볼일 없지만 상식적인 일을 진정성을 가지고 모두가 동참할 때 그것이 올바른 사회디자인인 것이다.

진해는 북쪽으로 부챗살같이 퍼진 장복산이 북풍을 막아주는
요새다. 진해 기적의 도서관은 장복산 기슭에 자리 잡고
남쪽으로 열려 있다. 신흥 주택단지와 근린공원 사이에 입지하여
어린이들이 접근하기에 최적의 장소이다. 도서관 뒤쪽 아파트의
경관을 해치지 않는 범위 내에서 경사면을 활용하여 여섯 개의
기둥이 떠받치고 있는 모양을 하고 있다. 책의 작은 신전이다.

공원 속의 정자

진해 기적의 도서관

진해 기적의 도서관을 위에서
비스듬히 바라본 풍경은 연속된
주거지의 지붕의 색상과 자연스럽게
어우러져 있다. 특히 골목과 같이
긴 진입공간이 돋보이고 도서관 남쪽
마당이 널찍하게 자리잡고 있다.
이 공간은 옥외행사 때 요긴하게
사용된다.

위성사진으로 본 진해.

도서관 위쪽으로 초등학교가 있고
도서관은 주거지 한복판에 자리를
잡고 있다.

터(대지) : | 이 세상의 모든 터는 하나이고,

DNA를 갖는다

하나의 작은 건축을 위해 때로는 도시 전체의 지형적 조건을 살펴볼 필요가 있다. 진해 기적의 도서관이 바로 그러한 경우다.

　진해는 북쪽이 요새처럼 에워싸고 있고 남쪽으로는 바다가 조붓하게 에워싸여 잔잔한 내항을 가지고 있다. 그야말로 전략적 요충지임을 누구라도 한눈에 알아볼 수 있는 그런 땅이다. 백두대간 한반도 남쪽으로 달려오다 무주 덕유산 자락에서 주춤하며 한 가닥은 지리산까지, 또 다른 한 가닥은 가야산을 거쳐 낙동강 남쪽으로 해안선을 따라 동쪽으로 뻗어나온 정맥이 있으니 이름하여 낙랑정맥이라 한다. 바로 낙랑정맥의 동쪽 끝자락에 진해 뒷산인 장복산과 웅산이 펼쳐져 있다. 진해 북쪽에 병풍처럼 펼쳐진 장복산과 웅산은 바다를 굽어보며 진해를 감싸 안는다. 그 기슭 동쪽에 새로이 벚꽃마을(석동택지개발지구)이 들어섰고, 바로 그 한가운데가 진해 기적의 도서관의 터다. 과장해서 이야기하자면 이 터는 백두대간에서 달려온 기운을 마지막으로 모으는 장소다. 아무리 보아도 높은 장복산 밑으로 펼쳐진 낮은 아파트단지 사이, 기적의 도서관은 백두대간의 정기를 숨쉬고 있다고 해야 맞다.

　도서관 건축의 배치와 큰 개념은 모두가 이런 지형적 조건과 잠재력을 기반으로 출발한 것이다.

외부공간계획도 | 건축이다

그래서 어린이 도서관은 우선 장복산과 웅산의 정기를 둥근 기둥으로 이어받는 신전이다. 어린 아이들이 꿈꾸고 상상하는 공원 속의 정자다. 새로운 마을의 중심을 잡아주는 장소다. 느티나무다. 어른이 되어서도 기억 속에 거주할 집이다.

　순천 기적의 도서관이 공원과 연속된 면 위에 건축되었지만 옥외공간을 충분히 활용할 여지가 충분하지 않았다. 그에 반해 진해 기적의 도서관의 터는 경사면으로

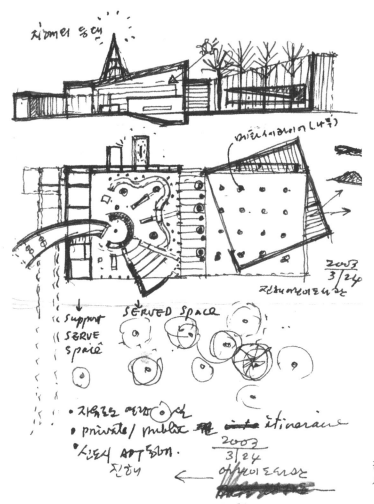

SERVED SPACE

← support
SERVE
space

• 자유로 연결이 안[ ]의
• private / public ~~[ ]~~ ~~into~~ itinerance
• 신도시 ART중심. 2003
진입 3/24
← 아카이 도서관

2003
3/24
진천어린이도서관

진입공간과 열람실 공간을 이어주는
사이에 지혜의 등대를 삽입하였다.

도서관 옥외공간의 모든 시설들도
'또 다른 의미의 책'이다. 나무, 물,
물고기, 벤치, 마당, 이런 것들이
모두 아이들의 감성을 자극하는
책들이다. 한동안 작은 연못에 살던
금붕어들은 아이들의 사랑을 듬뿍
받았다고 한다.

근린공원과의 영역 구분이 충분히 되어 있어 적극적으로 외부공간을 활용할 수 있었다. 특히 건축공간이 제1호관인 순천의 약 절반 정도(718m², 217평) 규모여서 옥외공간은 훨씬 더 여유가 있다. 그래서 진해 기적의 도서관은 적극적으로 외부공간을 쓸모 있게 계획할 근거를 갖게 된 것이다. 첫째, 작지만 아이들이 가장 즐거워할 수변공간을 마련하고, 이어서 열람실 남쪽으로 행사마당이 있다. 행사마당 주변으로는 다소 불규칙하지만 앉을 자리들이 이어져 있다.

따라서 이렇게 디자인된 옥외공간은 건물 외부영역을 다채롭게 꾸며주고 외부공간이 단순히 건물의 밖이 아니라 일정하게 영역화한 특질을 갖는 장소로 만들어진 것이다. 여러 가지 나무들이 적재적소에 배치되어 정원의 요소도 갖추었다. 처음 대지를 찾았을 때 진입하던 도로변에서 마주친 해당화들은 묘한 감동을 주었다. 그래서 도서관 서측 도로변 쪽으로는 해당화를 군식으로 심었으면 하였다.

외부의 동측 벽체도 ㄷ자로 접어서 지붕 없는 작은 방을 만들었다. 야외 독서공간으로 마련되었던 것들은 지금은 작은 다목적홀을 증축하면서 사라져버렸다.

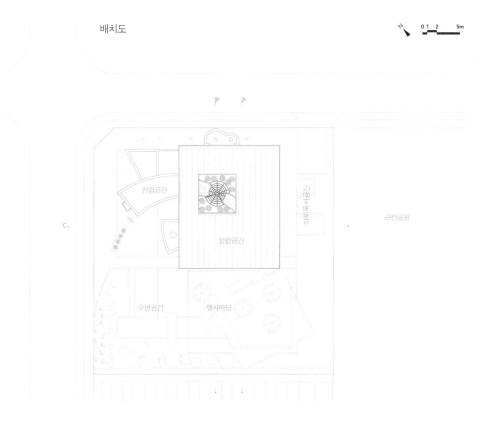

배치도

근린공원

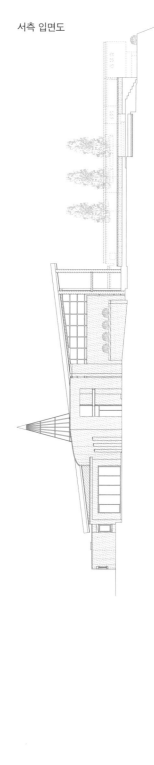

서측 입면도

2층 평면도

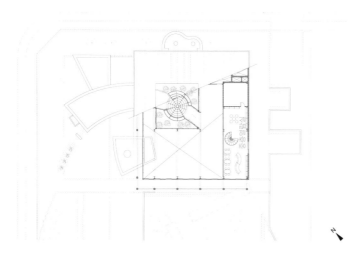

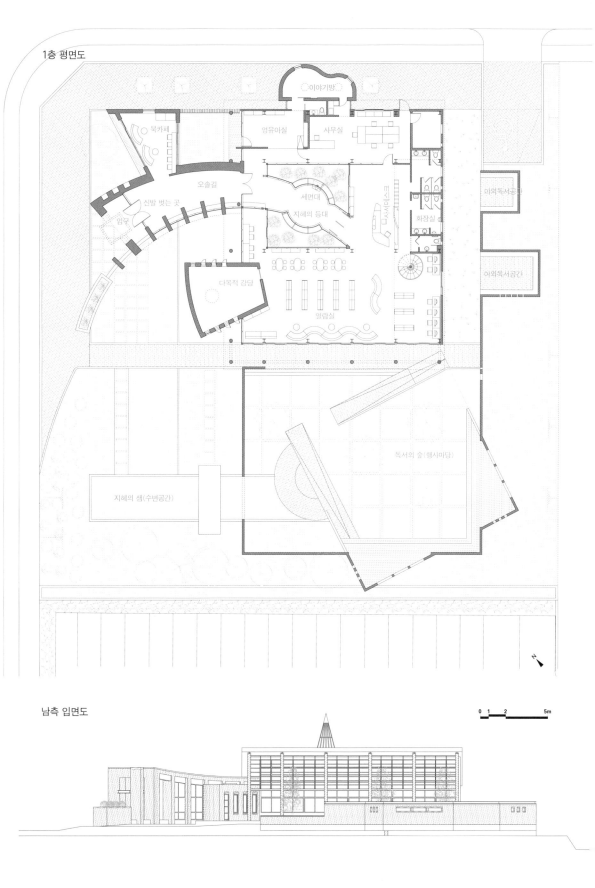

1층 평면도

이야기방
영유아실
사무실
북카페
오솔길
세면대
야외독서공간
신발 벗는 곳
지혜의 등대
화장실
입구
야외독서공간
다목적 강당
열람실

독서의 숲 (행사마당)

지혜의 샘 (수변공간)

N

남측 입면도

0 1 2   5m

진입 :　모든 사람들은

밖에서 안으로 들어간다

도서관 입구는 서측 도로에 면해 있다. 남측으로 완만하게 경사진 도로를
올라오면서 자연스럽게 우회전하듯, 또 마치 골목으로 들어가듯 휘어져 있다.
도서관 안으로 들어가기 위해서는 긴 '오솔길'을 지나야만 하는 것이다. 마치 웅산
기슭 그 어디인가 옛날에 있음직한 것으로 보이는 그 오솔길을 지나면 밤낮으로
빛을 전달하는 지혜의 등대가 있다. 그곳을 통해서만 비로소 먼 바다로 열린 크고
자유로운 열람실에 도달한다. 가는 길에 북카페(만남의 카페)에서 동무를 만나고
영유아들의 작은 마당에서 뛰어노는 동생들을 바라보고 복도의 전시실에서 내가
그린 그림일기를 만나게 된다.

　　그리고 여기에서도 어린이 도서관을 설계하면서 기본 원칙으로 설정하였던
첫 번째 원칙을 지켰다. 즉, 사서데스크가 출입구로부터 되도록 멀리 떨어지게
하는 것이다. 그 과정에서 신발도 벗고 카페도 들르고 전시도 보고 영유아실도
기웃거리는 여유를 갖고 지혜의 등대 아래서 손을 씻어야 비로소 사서데스크가
나타나는 것이다. 건물 지붕이 북측으로 경사지면서 낮아진 사이를 뚫고 '지혜의
등대'가 설치된 것은 여러 가지 의미를 내포하고 있다. 하나는 야간에 '지혜의
등대'같이 빛을 밝히는 상징성을 가지며, 또 다른 하나는 '오솔길'을 지나 열람실로
들어가는 것을 암시하는 문턱 같은 역할을 하는 것이다. 잠시 동안 수직으로 서
있는 원뿔로 시선이 향하면서 하늘을 바라보게 되고, 그러는 사이 책과 만나는
의식을 자연스럽게 치르게 되는 것이다. 그렇다. 우리는 일상적인 어느 곳으로
스치고 지나가는 것이 아니라 마음먹고 아주 특별한 장소로 들어가는 것이다. 바로
책들이 있는 세계로.

도서관의 진입구.

신발 벗는 출입구 풍경.

지혜의 등대 외부에는 녹색 공간이 마련되어 있고 이 전이 공간에서 아이들은 공간의 결절점을 각자 나름대로 인식할 수도 있을 것이다. 그래서 먼 훗날 어른으로 성장하여 높은 지혜의 등대가 그렇게 크지 않았다는 것을 알아차릴 것이다.

젊은 어머니들은 유모차를 끌고 영유아와 함께 어린이 도서관에 들어올 수 있다. 도서관 내에 영유아실이 별도로 마련되어 있기 때문이다. 아기에게 책도 읽어주고 젖도 먹이고 재우기도 하고 시간이 나면 어머니는 책을 볼 수 있다. 때로는 자원봉사도 한다.

사서데스크 주변 풍경. 사서데스크는 곡면으로 휘어져 있고 어른과 아이들의 눈높이에 맞춰져 있다.

진해 어린이 도서관은 진입공간과 열람실
사이에 원추형으로 만든 '지혜의 등대'가 있다.
주변 아파트에서 지혜의 등대에 불이 켜져
있을 때 도서관이 아직도 문을 열고 있는 것을
알 수 있을 것이다. 그것은 단순히 신호가
아니라 지혜의 상징탑이다.

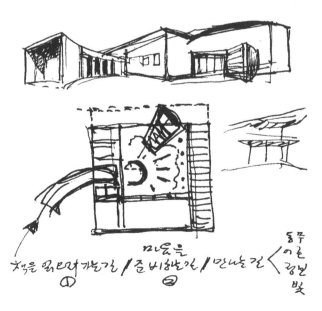

진입통로는 도시와 도서관을 연결하는 길이다.
동무도 만나고 어른도 만나고 정보도 만나고
빛도 만나는 길에서 책을 만나기 위한 마음을
준비하는 곳이다.

건축은 필연적으로

주변과 관계를 맺을 수밖에 없다

건축은 주변과 관계를 맺는 일이다. 주변과 관계 맺는 방식이 때로는 건축 그 자체보다도 중요할 때가 있다. 진해에서와 같이 밀집해 있는 아파트 주거지 한복판에 건축한다고 하는 것은 바로 아파트 주민들과, 또 아파트 건축과 필연적으로 관계 맺지 않을 수 없는 상황을 의미한다. 그래서 관계 맺기를 위해 가장 중요하게 배려한 것은 도서관 건물의 덩치가 너무 크지 않게 하는 것이다. 즉, 북쪽 아파트의 주민들이 도서관을 바라보면서 시선의 장애물로 여기지 않도록 하는 것이다. 그런 이유로 지붕을 북쪽으로 낮게 경사지게 하여 아파트 쪽에서 바라본 건물의 높이를 1층 정도로 만들었다. 그래서 남쪽은 2개 층, 북쪽은 1층 정도로 낮아져서 결과적으로 아파트 앞쪽에서는 도서관이 마치 단층집같이 보이도록 한 것이다.

보통 사람들의 시선은 늘 정확하여서 자로 재지 않고도 눈에 거슬리는 건물을 식별할 줄 안다. 이 능력은 보통 사람들이 보편적으로 갖고 있는 본능적인 것이다. 사람들은 감각적으로 조금 비뚤어진 것, 수평이 맞지 않는 것, 너무 큰 것, 너무 작은 것, 그리고 때로는 건물의 중심을 대충 알아맞힐 수 도 있다. 이런 능력은 학습의 결과라기보다는 선험적인 것이다. 보통 우리들이 건축에 있어서 주변과 조화로운 관계를 중요하게 생각하는 것은 시선을 자극하지 않는 부드러운 흐름을 선호하기 때문이다. 그것은 다만 시각적 관계의 평화로움만을 추구한 것이 아니라 사람들이 공통적으로 갖고 있는 감각을 존중하기 때문이다.

이런 개념으로 건물의 큰 덩어리가 만들어졌다. 그리고 건물의 큰 틀로서의 형상이 정해지면 이는 곧 바로 내부공간 조직에도 영향을 미친다. 그래서 북쪽에 면한 낮은 공간은 높은 천정고를 필요로 하지 않는 실들로 구성된다. 북카페, 영유아실, 사무공간 등이 배치되어 도서관 운영을 원만하게 하는 보조공간으로 대응한다. 특히 사무공간의 공급동선을 도로로부터 곧바로 연결하기 위한 것이기도 하다. 한마디로 곡면의 오솔길 덩어리와 열람공간의 사각형 매스는 서로 대비되면서 경사면에 안정적으로 자리 잡는다. 이렇게 해서 남쪽으로 쳐든 지붕은

6개의 원기둥으로 떠받치고 자연스럽게 '책의 신전'과 같은 이미지를 만든다. 다만 6개의 기둥은 열람실 공간으로부터 남쪽으로 적정한 거리를 두고 그 사이에 길게 옥외 테라스 공간을 마련한다. 이 옥외공간은 바깥마당에서 일어나는 여러 행사나 이벤트를 가질 수 있게 한다.

빛에 대하여

그러나 남쪽의 직사광선이 열람실로 바로 들어오는 것을 차단하기 위하여 기둥과 기둥 사이에는 햇볕을 거르는 루버가 수평적으로 촘촘히 설치된다. 은은한 빛은 열람실 분위기를 결정하는 가장 중요한 요소이기 때문이다. 사람들은 실내를 자연채광으로 밝히기 위해 창을 둔다. 그러나 빛은 창을 통해 직접적으로 들어오기도 하지만 많은 빛은 마당과 외부의 바닥면, 기둥, 추녀밑의 넓은 면들을 통해 난반사되어 들어오기도 한다. 본래 한국 전통건축의 옛집들은 직사광선들이 마당과 뜰에 떨어진 빛이 난반사되어 툇마루와 방으로 실어 나른다. 따라서 진해 기적의 도서관도 깊게 내민 추녀, 바깥의 테라스 그리고 마당으로부터 난반사된 빛들이 실내를 균질하게 밝게 한다. 직사광선으로 인해 도서관 실내에 떨어질 수도 있는 빛과 그림자의 콘트라스트는 도서관 열람실을 혼란스럽게 한다. 그리고 도서관 실내의 조도는 균질하여 눈의 피로감을 덜어주어야 한다.

　　도서관의 분위기는 건축적 요소보다 빛의 성질이 결정한다고 해도 지나친 말은 아니다. 도서관을 1년 내내 이용하면서 여러 시간대의 빛을 체험한 사람들만이 도서관의 실체를 알 수 있을 것이다. 내가 설계한 어린이 도서관들이 이런 점에서 전부 완벽하게 성공했다고 할 수는 없겠지만 어떻게 해서든 실내의 빛의 질을 순도 높게 하기 위해 여러 가지 노력을 기울였다. 때로는 건축 자체의 단면계획에서, 때로는 부분적 디테일을 통해 빛의 문제를 해결하려고 하였던 것이다. 이 점에서 진해 기적의 도서관도 예외는 아니다.

도서관의 남측면은 직사광선을 막기 위하여 수평 루버를 설치하였다. 철골조의 색상을 적갈색으로 선택한 것은 주변을 에워싸는 벽돌벽과도 조화를 이루고 또 한편으로는 우리나라 목조건축에서 흔히 사용되는 색상을 차용한 것이기도 하다.

주열람실에는 원래 메자닌층이 없었다. 그러나 제일 먼저 지어진 순천 어린이 도서관보다 공간이 협소하여 공사 중에 중층을 추가하였다. 그런 나의 제안에 대하여 이이효재선생님은 너무 반가워하셨다.

단면도 A

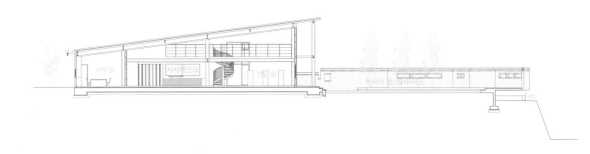

단면도 B

단면도 C

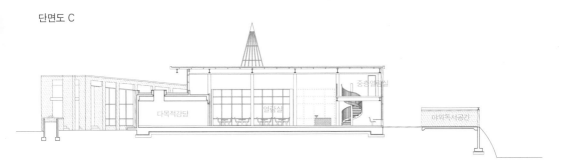

진해 기적의 도서관

도서관이 활발하게 사용되기 직전,
2005년의 열람실 풍경은 세월이 흐르면서
맹렬하게 활용한 흔적을 여실하게 보여준다.

세월이 지나면서 도서관 실내는 책과
그림과 아이들로 가득 찼다. 어느 한 구석도
버려진 곳이 없이 100% 공간을 활용하고
있다. 결국 도서관 수용능력의 임계점에
도달한 것 같다. 계속 증축을 하는 것보다는
진해에 또 다른 곳에 어린이 도서관이
새롭게 신축되는 것만이 해결책이 아닌가
싶다.

영유아실에서 동화읽기 프로그램이
진행되고 있다. 어린이 도서관의 중요한
기능 중 하나는 영유아와 함께 어머니들이
도서관을 즐겨 찾게 하는 것이다. 그렇게
해서 어머니들이 가사노동에만 매달리는
것이 아니라 잠시라도 해방되어 책의 세상과
이야기의 세계를 부담없이 접하고 젖먹이
아이와 함께 자아실현을 기획할 수 있는
순간들을 만드는 일이다.

색채계획 :

어른들이 선호하는 어린이 색은

도서관이 원하는 색이 아니다

기본구조를 철골조로 선택하면서 철골조의 외피 마감과 색채 문제가 대두된다. 기본적으로 내화피복을 입혀 화재 시 두 시간 이상을 견딜 수 있도록 처리하는 것 이외에도 마지막으로 건물구조의 색채는 별도로 선택해야만 한다. 건물 남쪽의 입면을 구성하면서 지붕을 떠받치고 있는 여섯 개의 기둥과 보의 색상은 건물의 전체 이미지를 결정하는 중요한 요소이다. 그래서 최종적으로 벽돌조로 된 벽체의 색상과 어우러지면서 동시에 한국 고건축을 회상시키는 적갈색을 선택하였다. 마치 신전과 같이, 조금은 신성한 느낌이 들도록 한 것이다.

대체로 어린이 관련 건축물들의 외관 색상은 늘 노랗고 파랗고 빨간 원색들이 강조되고 있다. 어린이들이 좋아하는 색상이라기보다는 초등학교 이전의 유아들에게 선호되는 자극적인 의미가 있는 색상들이다. 어린이 도서관은 영유아에서부터 초등학교 6학년까지의 아이들이 대상이며 또한 어른 가족들도 사용하기 때문에 너무 영유아 시절의 탁아소 분위기를 강조할 필요는 없다. 여기저기 유치원이나 탁아소에서 사용되는 현란한 원색들은 딱히 아이들이 가장 좋아하는 색상이라기보다는 어른들이 관습적으로 생각하는 '어린 아이들 색'일 뿐이다. 또한 한국 어린이책의 표지들은 거의 하나같이 울긋불긋하기 때문에 건축의 색상은 안팎에서 책이 주인공이 되도록 슬며시 물러나 있는 것이 바람직하다. 특별하게 강조해야 되는 부분을 제외하고는 말이다.

진해 기적의 도서관의 외관은 보는 사람들에 따라서는 사용자들의 연령대와 무관한 중성적인 색상을 하고 있다. 그렇다. 때로는 덜 자극적이고 밋밋한 건축공간에서 아름다운 책 표지를 만났을 때 아이들의 기쁨은 배가될지도 모른다. 기본적으로 건축공간은 '색'이기 이전에 사람들의 행위를 자연스럽게 하고 또 사람이 주인이 되게 하는 배경인 것이다. 건축이 주체가 아니라 도서관에서는 주체가 사람이고 또한 책인 것이다. 사람과 책이 형상이라면 건축은 배경인 것이다.

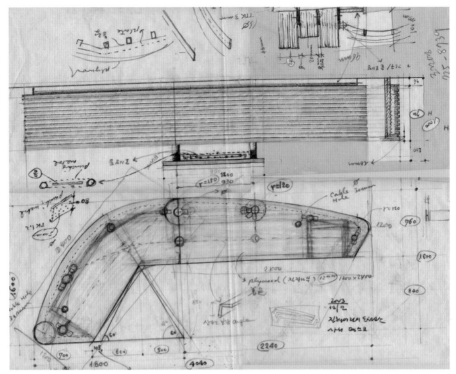

순천 어린이 도서관의 사서데스크는 독지가로부터
기증을 받은 셈인데 내 마음에는 썩 들지 않았다.
그래서 진해에서는 다른 것은 몰라도 사서데스크만큼은
제대로 설계하기로 작정을 하였다. 사서데스크는 넓고
길수록 좋고 어린이 눈높이에 맞추어야 한다.
책을 켜켜이 쌓아놓은 것 같이 자작나무 합판을 이용하여
디자인하였다. 값도 그렇게 비싼 것 같지는 않다.

이제 진해 어린이 도서관은 만원이다. 특별히
전시공간을 갖지 못한 나머지 열람실은 전시 공간까지
겸하고 있다.

어린이 도서관의 계단은 직통계단보다
한두번 꺾는 것이 아이들에게 보다 안전하다.
공간이 협소할 때 적절한 크기의 돌음계단도
활용할 수 있다.

110

다만 진해 기적의 도서관에서 예외적으로 순도 높은 원색이 사용된 곳이 있다. 사서데스크 뒷면의 무지개색상의 작은 벽면이다. 화장실과 사서데스크 영역을 나누면서 양쪽 면에서 똑같이 신선한 분위기를 만들어내려는 의도에서 선택한 작은 강조점이다.

'작은' 큰 열람실

열람실은 서쪽의 작은 다목적실과 연계되어 있다. 그리고 2층은 고학년 어린 아이들의 공간으로 배려하였다. 그러나 개관한 지 4년여가 지나면서 큰 문제가 대두되었다. 모든 사람들이 열람실 공간이 절대적으로 협소하다고 생각하는 데 있다. 그동안 도서관 운영을 너무 잘해서 이용자가 지속적으로 급증하고 특히 흥미로운 프로그램이 진행될 때마다 너무 많은 사람들이 찾으면서 규모의 문제가 대두된 것이다. 내가 마지막으로 방문했었던 2009년 7월 중순 진해 기적의 도서관은 포화상태라고밖에는 달리 표현할 방법이 없었다. 그만큼 사용자에 비해 규모가 턱없이 작은 것처럼 드러난 것이다. 진해 기적의 도서관은 원래 순천 기적의 도서관보다 절반 규모로 결정되었다. 대체로 250평 이내가 운영하기에 적절할 것으로 모두가 판단하였기 때문이다. 그리고 가용예산이 많지 않은 상태에서 선택할 수밖에 없었던 해결책이었다. 그리고 이용자가 많아졌을 때는 진해의 또 다른 곳에 도서관을 하나 더 신축하는 것이 바람직하다고 생각하기도 했다. 그러나 새로운 도서관이 신축되지 않으면서 현재의 도서관은 여러 가지로 비좁게 된 것이다. 그렇지만 비좁은 만큼, 비좁은 대로 어린이 도서관은 각별한 친근감을 갖고 있다.

진해 기적의 도서관은 신축한 지 1년이 지나지 않아
작은 다목적강당의 필요성이 지속적으로 커졌다.
그래서 시는 강당증축 예산을 배정하여 어린이 도서관
운영자들의 염원을 실현시켰다.
이 작은 공간은 자원봉사 어머니들의 교육공간이기도
하고 구연동화를 하거나 북스타트 운동을 진행하면서
어린이들이 꿈꾸는 공간이기도 하고 때로는 아이들의
연주공간이기도 하다. 40평 남짓의 이 작은 공간은
어린이 도서관 운영에 필수적이다.

작은 다목적실 증축 :

절실히 요구된 소통과 이벤트 공간

순천 기적의 도서관과 진해 기적의 도서관은 너무 열정적으로 운영한 나머지 아이들과 어머니들이 주체할 수 없이 몰려들었다. 도서관이 책만 바라보는 엄숙한 데가 아니라 아이들이 책도 보고 구연동화도 듣고 때로는 독후감을 그림으로 그리고 전시회에도 참여하면서 유익하고 즐거운 곳이라는 입소문이 퍼졌다. 그렇게 1년을 지나면서 새로운 소통과 이벤트의 공간이 너무나 절실히 요구되었던 것이다. 특히 진해는 별도의 큰 다목적공간이 없어 운영에 지장을 주었다. 물론 열람실 서쪽으로 붙어 있는 작은 방이 그런 기능을 하긴 하였으나 너무 작았다. 도서관 설계와 시공을 〈책사회〉에서 여러 개 동시에 진행하면서 예산배정에 큰 어려움을 겪었었다. 실은 진해도 강당이 필요한지 알면서도 예산상의 이유로 생략되었던 것이다. 그러나 이렇게 빨리 다목적실로서의 강당을 신축하려는 요구가 발생할 줄은 몰랐다.

건축가, | 자기모순과 만나다

건축가들은 본래 몇 가지 모순을 가지고 있다. 첫째, 아직 오지 않은 미래를 위해 건축의 모든 것을 지금 결정해야만 한다. 물론 반복적이고 단순한 삶의 공간을 위해서는 그렇게 큰 문제가 되지 않지만 심한 변화가 예측되는 건축물을 설계할 때는 참으로 어려운 선택을 강요받는다. 즉, 미래를 지금 판단해야만 하는 것이다. 이런 모순과 함께 두 번째 모순은, 건축가들은 건물이 완성된 다음 거의 모두가 자기가 설계한 집에 살지 않는다는 것이다. 그래서 완공 후에 자기가 설계한 건물에서 무슨 일이 일어나는지, 어디에 얼마만큼의 어려움이 있는지 없는지 알지 못한다. 다만 건축가들은 사용자들이 좋아하는지 또는 투덜대는지 소문으로만 알 뿐이다. 그리고 준공식 날은 건축가들에게 가장 슬픈 날이기도 하다. 왜냐하면 더

메자닌 층에서 바라본 열람실.

어린 아이들 중에는 '책벌레'들도 있다. 자유접가식 도서관에서의
큰 기쁨은 연관된 주제의 책들을 한꺼번에 책상 위에 쌓아놓고
비교하면서 읽을 수 있는 것이다.

때로는 의자에 앉아서 때로는 바닥에 주저앉아 함께
책을 보는 것은 사회성을 학습하는 것이기도 하다.

아이들의 모습이 진지하다.

이상 그 건축의 현장에서 할 일이 없기 때문이다. 전쟁터와 같은 건축현장을 도면을 싸들고 돌아다니면서 보살피던 곳에서 별 볼일 없이 사라져야 하는 것이 건축가의 운명이기 때문이다.

그런데 나는 기적의 도서관을 설계하고 나서 오히려 왠일인지 공사 중 현장을 방문하는 것보다 더 많이 다녀와야만 했다. 그러면서 아주 놀라운 사실을 발견하게 된 것이다. 심혈을 기울여서 설계한 건물 곳곳에 어린 아이들과 어머니들이 예기치 못한 태도와 자세로 책을 보고 만나고 하는 모습들은 상상했던 것을 넘어서고 있었다. 특히 도서관 관장들이 쏟아내는 수많은 새로운 프로그램들이 도서관 구석구석에 펼쳐지면서 미처 구상하지 못했던 점들을 보완해서 활용하기도 하는 것이었다. 옥외 테라스에서 영화상영도 하고 전시도 하고, 또 도서관 실내에서 점토작업도 하고, 옥상에서는 아이들이 벽화도 그리고, 북카페에서는 이리저리 진열대를 옮기고 자리 잡으면서 그들만의 고유한 영역을 만들어내고 있었다. 사용자들이 건축가의 상상을 넘어서서 거의 무한대로 활용하는 장면들은 감동적이다. 기존의 건축을 손상하지 않고 주어진 공간을 최대로 활용하는 그들의 지혜는 놀랍기만 하다.

개관 후 기적의 도서관들을 방문하면 할수록 놀라움이 가득한 나는 오히려 또 다른 어린이 도서관을 머릿속에 그리고 있었던 것이다. 완공 후에 이렇게 여러 번 방문할 기회가 주어졌던 것은 또 다른 어린이 도서관을 설계할 때 참조하라는 명령으로도 들렸고 완벽하지 못한 건축가들의 모순된 직업을 새삼 반성하게 만들었다. 솔직히 말해서 때로는 사용자들이 건축가의 상상력을 능가할 때가 있다. 그런 것을 속으로 발견하는 것은 큰 기쁨이다. 변화무쌍한 기적의 도서관이야말로 이런 건축가의 어려움을 표출하기에 아주 적절한 모델인 것 같다.

작은 강당의 증축을 위해 도서관 관계자들과 시청은 서로 논의한 끝에 약 155m²(46평) 규모로 확정하고 도서관 동측으로 증축하였다. 진해시의 이해 속에 진행된 증축설계는 작지만 바람직한 도서관 상을 만드는 일이다.

반원형의 평면으로 몇 개의 단을 두고 내려가면 작은 무대가 있고 양쪽으로 음향실과 창고도 좌우로 배치하였다. 3~40명을 수용하는 다목적실에서는 자원봉사자들의 교육도 하고 음악회도 열고 당연히 구연동화도 하면서 도서관의 기능을 배가시켰다. 때로는 북스타트 운동의 일환으로 영유아들에게 책을 가까이 하게 하는 행사도 벌이면서 다목적실의 용도는 나날이 많아졌다. 그 사이에 자원봉사자들 간에 친목도 다져지고 소통이 원활하게 이루어지면서 '여성들의 작은 혁명'이 일어난 것이다.

이이효재 선생님의 기쁨

이 나라 여성학의 대모인 이이효재 선생님은 진해 기적의 도서관 자원봉사자이면서 고문 역을 맡으셨다. 도서관을 개관하고 아이들이 몰려들어 책을 보는 모습에 감동한 선생님은 늘 기쁨을 가누지 못하시고 너무 기쁜 나머지 눈가에는 눈물이 맺혀 있었다. 가부장제 사회를 극복하고 양성평등 사회를 위해 교육자로서, 때로는 실천하는 지식인으로서 평생을 몸 바친 선생님은 기적의 도서관을 통해 어린 아이들의 젊은 어머니들이 조금씩 변화해가는 모습을 바라보며 마치 평생의 목적을 달성한 것처럼 감격해 하셨다. 그래서 선생님은 내가 도서관을 방문할 때마다 나의 손목을 꼭 잡고 보는 사람마다 이렇게 나를 소개하였다. "이 사람을 보라! 이 사람이 이 도서관을 설계했다. 이 사람이 우리들의 도서관을 근사하게 만들어주셨다."고 큰 소리로 외치다시피 하였다. 선생님의 그런 태도는 기적의 도서관의 탄생에 대한 남다른 애정의 표현이며 이 땅에서 시민들의 힘으로 이루어낸 작은 혁명에 대한 몸짓이었다. 젊은 어머니들이 집안 살림에서 해방되어 아이를 데리고 도서관을 드나들면서 조금씩 그들의 삶이 바뀌기 시작하였다. 각기 다른 전공을 하였던 어머니들은 그들의 전공을 살려 자원봉사를 시작했던 것이다. 미술대학을 나온 사람은 아이들에게 그림을 지도하고, 영문과를 나온 사람은 영어를 가르쳐주기도 하고, 음대를 나온 사람은 아이들에게 음악을 지도하면서 자원봉사의 영역을 넓혀나갔다. 매일매일 이런 어머니들과 마주친 이이효재 선생님은 자기 일같이 정말로 행복해하셨다. 파란만장한 고난의 길을 지나서 그 말년에 노학자는 작은 희망을 발견한 것이다. 그것을 다른 데가 아니라 어린이 도서관에서 발견했다는 것에 대하여 큰 의미를 둔다.

어린 아이들은 이 땅의 미래다. 그들이 스스로 책을 읽기 시작하고 그들의 어머니들이 서로 도와가며 그들만의 평화로운 공동체를 만들어가는 그 속에 희망이 아니고 그 무엇이 있을 수 있단 말인가! 이런 것이 아마도 작은 혁명이라고 말할 수 있다. 나는 이이효재 선생님의 이런 미소를 잊을 수가 없다. 그것은 나만 그런 것이 아닐 것이다. 진해 기적의 도서관의 초대 관장인 이종화 선생님이야 말로 누구보다도 이 말 뜻을 가장 잘 이해하실 것이다. 이종화 선생님은 진정한 교육자이며 어린이 도서관을 누구보다도 훌륭하게 이끌어온 분이다. 이종화 선생님과 이이효재 선생님이 콤비가 되어 도서관 운영을 이중주의 음악을 연주하듯 아름답게 이어나갔다. 이분들의 헌신적인 봉사정신은 어린이 도서관을 다니던 아이들과 어머니들의 가슴 속에 길이길이 살아남을 것이다.

기적의 도서관이 몰고 온 사건 중 하나는 어머니들 대신
'아빠들'이 일요일에 아이와 함께 도서관을 방문하는
것이다. 아빠가 책을 읽어주면 어린 아이들은 또
다른 친밀감을 느낀다. 조금씩 어린이 도서관은 '가족
도서관'의 기능을 수행하고 있다. 책을 매개로 하여
가족관계가 새롭게 거듭나고 있는 것이다.

북측 증축 입면도

증축 ←

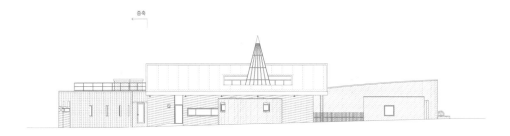

증축 배치도

증축 →

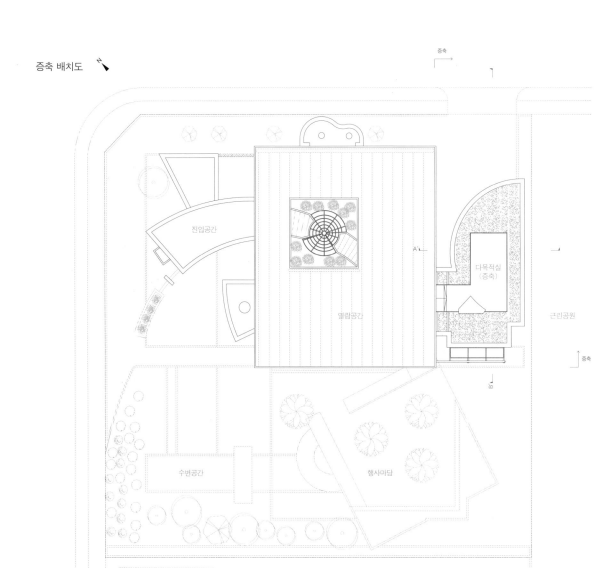

진입공간

열람공간

다목적실
(증축)

근린공원

수변공간

행사마당

0 1 2   5m

동측 증축 입면도

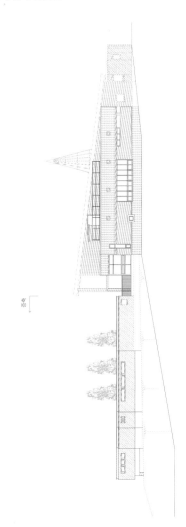

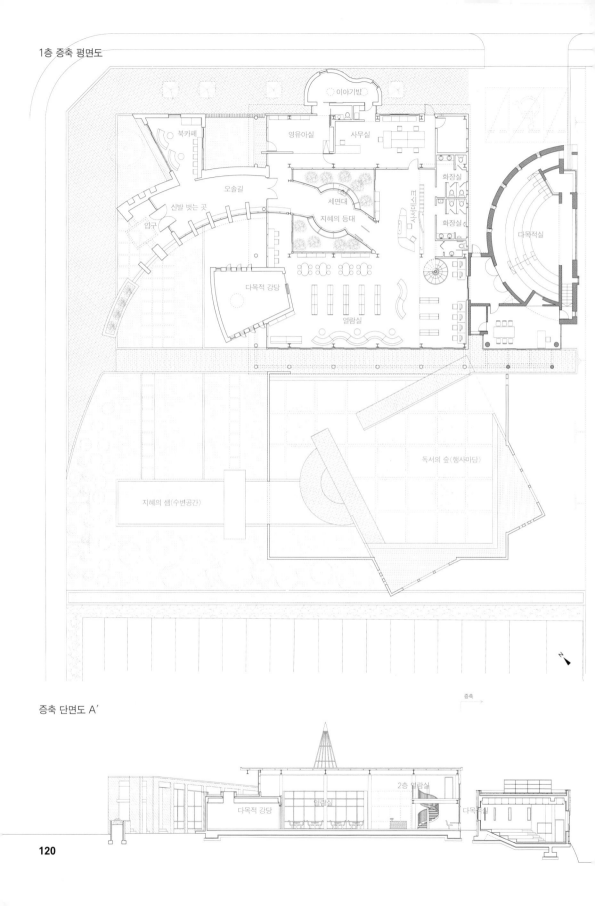

1층 증축 평면도

이야기방

영유아실　　사무실

북카페

오솔길

신발 벗는 곳

입구

세면대

지혜의 등대

화장실

화장실

다목적실

다목적 강당

열람실

독서의 숲(행사마당)

지혜의 샘(수변공간)

증축

증축 단면도 A′

2층 열람실

다목적 강당

열람실

다목적

증축 단면도 B′

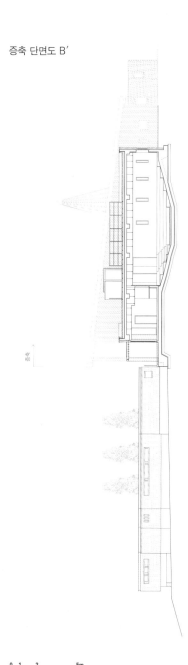

0 1 2 5m

건축의 기본 원리는 어떻게 해서든지 주변 동네를 압도하는
것이 아니라 기존 동네의 단독주택들이 집합된 풍경과 공존하는
것이다. 가급적이면 낮게, 그러나 분절된 여러 개의 공간으로
분화시키면서.

풍경과 정원

제주 기적의 도서관

동네 한복판, 평범한 땅, 조절된 풍경

제주 기적의 도서관은 다른 기적의 도서관들의 입지에 비해 아주 평범한 동네의
초입에 위치한다. 구 제주시의 거의 중심이다. 서쪽으로 500m 지점에 시청이
있고 동측으로는 산지천에 면하고 있다. 산지천은 모든 제주의 천과 마찬가지로
건천이고 본래 한라산 중산간 지대를 지나 제주대학 쪽에서 발원하여 남쪽으로
흐르면서 산지내로 불리다가 제주항으로 진입하면서 산지천이 된다. 천변에는
현무암 사이로 풀들이 자란다.

제주를 동서로 이어주는 동광로(1132번 도로)를 지나 남쪽으로 내려가면
좌측으로 동부경찰서가 눈에 띄고 우측으로 산지천을 가로지르는 가령교가
슬며시 나타난다. 그렇게 기적의 도서관의 터는 산지천을 끼고 있는 것을 제외하면
조용하고 별 특징이 없다. 가령교를 지나면서 시청로라는 작은 길이 보인다.
말이 시청로이지 단독주택이 펼쳐져 있는 동네 한복판에 난 골목에 불과한 길이다.
그 모퉁이가 기적의 도서관의 건립될 예정지였다. 다만 대지 남쪽으로 제주시
노인복지회관이 미리 자리잡고 있었다.

이런 동네 한복판에 비교적 덩치가 큰 도서관이 들어선다면 동네 경관은
크게 교란될 것이 분명해 보였다. 아무리 어린이를 위한 시설이라고 하지만
공공건축이 입지하면서 조용하던 동네가 한순간에 큰 변화를 겪을 생각을 하면서
어떻게 건물을 배치하고 주변에 따라 어떤 대응관계를 설정할지 고민이 되었다.
서측으로는 자잘한 단층집들이 줄지어 있고, 남측으로는 2층집 노인복지회관이
가로막고 있으며, 북측으로는 2층집 연립주택이, 동쪽으로는 낮은 경사면 끝에
산지천이 있다. 따라서 주변의 상황을 잘 살펴보면 땅이 분명한 해답을 마련해주고
있었던 것이다.

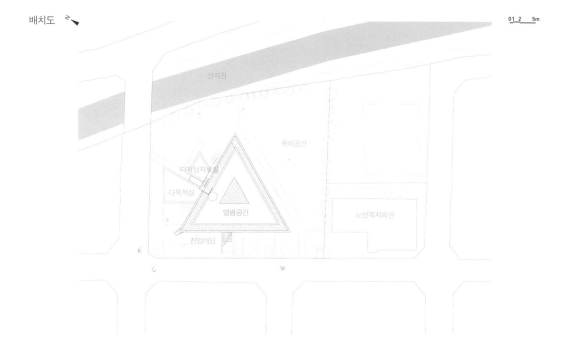

배치도

산지천

옥외공간

디지털자료실

다목적실

열람공간

노인복지회관

진입마당

01 2   5m

제주 기적의 도서관은 구 시가지의 북쪽 이도2동 단독주택 지역에 위치하며 도서관 북동쪽으로는 산지천이 지나고 있다. 도서관의 배치는 세 가지 주변요소에 의하여 결정되었다. 하나는 산지천을 건너는 다리와 대지의 관계, 두 번째는 단독주택지와 나란히 면하는 부분, 그리고 끝으로 남동쪽으로 열려 있는 오픈스페이스와의 적극적인 관계 맺기에 의거한 것이다. 그 결과 삼각형이 기본형이 된 셈이다. 기존 도시조직에 최대로 적응하면서 도서관 기능을 적절히 향에 맞도록 조절한 결과이다.

제주 기적의 도서관

산지천을 건너는 다리 쪽에서 바라본 도서관은
여러 개의 매스로 분절되어 있으면서 각기
다른 색상으로 분절이 강조되어 있다.
특히 도서관의 기반이 되는 부분은 제주도의
토속적인 흑색 현무암을 상징적으로 환기시키는
것이다.

대지에 대한 해석 :

동서남북, | 하늘과 땅과 대응하기

동쪽 : 바닥이 드러난 산지천

동쪽으로 진입하는 사람들은 가령교를 지나면서 조금은 아래편으로 시선이
옮겨진다. 도로면보다 다소 낮은 산지천변이 드러나기 때문이다. 다리 쪽에서 왼쪽
대각선으로 던져진 시선에 마주하는 면들이 마중나오듯 대응하는 것이 필요해
그에 상응하는 건축면이 설정되었다. 그러나 동네로 진입하면서 눈에 들어오는
작은 집들의 매스와 너무 크게 충돌하는 것은 자제하였다. 따라서 다목적실과
디지털 동화실들을 북동쪽에 작은 볼륨으로 배치하고 주 열람실의 큰 덩어리로부터
생성되는 모습을 하게 된다.

건천인 산지천은 비올 때를 제외하고는 짙은 회색을 띄고 있다. 그래서 건축의
외관이 어떤 자재라 하더라도 제주도의 주조색인 현무암과 어떻게 조화를 이룰
것인지 깊이 생각해야 할 필요가 있다. 물론 다수의 제주도 건축들이 풍토적인
목적으로 현무암을 선호하는 것은 당연해 보인다. 땅과 건축의 외관이 동일한
현무암으로 되어 있어 사람들은 자연스럽다고 느낄 것이다. 그러나 꼭 그렇지만은
않다. 현무암을 건물에 부착시키는 면적이나 규모나 방식에 따라 편차가 크고,
특히 현무암의 면적이 증가할수록 현대식 창호의 자재나 색상과 기하학적 패턴이
부조화를 이룬다. 눈을 찌른다. 제주 기적의 도서관도 산지천의 현무암이 건물의
기초 부분과 어떤 표정으로 만날 것인가 고려하지 않을 수 없었던 것이다. 그리하여
산지천과 면한 낮은 면은 마치 건물의 기단과 같이 모두 진회색 색상으로 처리하고
크고 작은 건물의 면들은 밝은 황색과 밝은 연두색과 베이지색으로 확실하게
대비시켰다. 대비된 색상들은 서로 어우러져 건물 초입 분위기를 생기있게 만든다.

북쪽 : 연립주택에 대한 화답

대지 북쪽의 연립주택은 시청로와 나란히 남쪽으로 펼쳐져 있다. 연립주택
사람들은 하루종일 도서관을 내려다볼 것이다. 따라서 연립주택 쪽으로는 가급적
창을 내지 않고 서로 시선이 교차하지 않도록 배려하였다. 주민들의 프라이버시를

다리를 지나 입구가 나타나기 전 북서쪽 입면도 세 개의
덩어리로 연결되어 있다. 주 열람실에 다목적실(노란색
부분)과 디지털자료실이 매달려 있다.

주택지로 들어오면서 길은 좁아지고 입구가 나타난다.

남동쪽 입면이 제일 높고 북쪽으로 가면서 건물 전체의
높이는 낮아진다.

존중하기 위한 것이다. 그러나 다목적실을 조금이라도 도로에 평행하게 대응하여
가로면의 연속성(street wall)을 이어준다. 도서관에서 북쪽으로는 바라볼 것이
연립주택밖에 없고 열 손실을 막기 위해서도 창문의 면적은 최소화할 수밖에
없었다.

서쪽 : 조용한 집들에 대한 배려

서측 입면은 도서관의 주 출입구이다. 그리고 서측 도로는 남쪽으로 조금 경사져
올라간다. 도서관의 주 출입구를 위해 도로 앞쪽으로, 그러니까 단독주택 쪽으로
비교적 넓은 공지를 마련하였다. 빈번한 사람들의 출입을 원활하게 하고 주택의
입구와 조금이라도 거리를 두려는 목적에서이다. 그리고 중요한 것은 열람실의
서측 입면을 남쪽으로는 2개 층으로 높이고 북쪽으로는 도로의 경사면을 쫓아
1층으로 낮추어서 스케일을 동네에 맞게 조절한 것이다. 결국 조용한 동네와
대응하는 가장 중요한 건축의 원칙은 도서관 건물이 압도적으로 보이지 않아
동네와 평화로운 풍경을 만들어가는 것이다. 서로 다른 시간대에 지어진 건축들이
각자 부분으로 따로 노는 것이 아니라 전체가 하나의 풍경으로 다가서게 하는 일은
신축 건물들이 지켜야 하는 중요한 법칙이다. 그것은 우리들의 눈을 자극하지 않는
평화로운 공존의 도시건축을 위한 윤리이다.

남쪽 : 2층집 노인복지회관과 어깨를 나란히 하다

남쪽은 열려 있고 오른쪽으로 노인복지회관이 보인다. 멀리 남동쪽으로 가령교가
있다. 도서관 남쪽은 진해에서와 마찬가지로 옥외열람실을 재미있게 꾸몄다. 실내의
평면이 똑같이 바깥에서도 반복되게 디자인하였으나 예산 관계로 생략되었다.
지금은 텅 빈 마당만 있지만 언젠가는 원래의 의도대로 실현되기를 기대해본다.
　　도서관의 전체 평면이 삼각형으로 된 것은 중요한 향과 대응하면서 발생한
자연스러운 것이었다. 그중에서 2층으로 높아진 남쪽 면은 밝은 빛을 실내로
운반한다. 북측으로 낮아진 천정 면이 마당의 반사광선을 실내로 다시 반영한다.
길게 직사각형으로 되어 있는 남측 입면은 멀리 떨어져 있는 가령교 쪽으로 열려
있는 셈이다. 그래서 노인복지회관과 합쳐서 공공영역을 구성한다.

남동쪽 입면은 다른 쪽의 입면과는 전혀
다르게 산지천과 오픈스페이스로 열려 있다.
옥외마당에 설치하려던 시설은 예산 관계로
삭제되었다.

제주 기적의 도서관

원래 옥상은 현무암, 눙이와 흙을
섞어 정원처럼 만들 생각이었다.
제주도의 억새를 심어 기적의
도서관이 동네의 작은 정원이 되기를
바랬던 것이다. 그래서 천정의
구조도 격자로 강화되었고
배수 문제도 고려하였으나 역시 예산
관계로 실현되지 못했다. 지금이라도
누군가 마음만 먹으면 얼마든지
실현 가능하다. 억새가 아니면
다년생 풀들이 돋아나서 이웃에 있는
연립주택의 주민들이 콘크리트가
아니라 녹색의 정원을 바라보게
했으면 정말로 좋겠다.

옥상정원을 위해 강화된 천정의
와플구조는 부분적으로 자연채광을
하면서 도서관 내부에 분위기를
부드럽게 한다. 구조가 빛이 되고,
옥상정원을 지지하는 틀이 되고,
단조로울 수 있는 천정을 다채롭게
한다.

하늘과 만나기 :

마을의 정원

제주 기적의 도서관의 터를 처음 방문하고 떠오른 이미지는 마을의 정원이었다.
나는 건축을 조용한 마을에 덧붙이기보다는 작은 정원을 만들어주고 싶었다.
산지천에 이어지는 동네의 작은 쌈지공원은 그럴듯해 보이기도 하고 주민들에게
적절한 휴식공간을 마련해줄 수 있다고 생각하였기 때문이다. 그래서 북쪽의
연립주택 옥상에 올라가 도서관 터를 내려다보면서 나는 도서관의 지붕이 전부
녹색의 생명으로 덮여 있는 것을 상상했던 것이다. 그래서 초기 스케치에는 전부
지붕이 풀로 표현되어 있다. 마을 한복판의 작은 정원은 현무암과 제주도 흙
그리고 송이를 덮어 그 위에 제주도의 억새를 자라도록 고안했다. 이런저런 하중을
지탱하도록 도서관의 지붕구조는 격자구조(waffle 구조)로 보강되었다. 그러면서
열람실의 천정은 격자로 된 삼각형 모양이 연속되면서 일종의 장식적 효과도
거두고 있다. 또한 북측으로 작게 열린 삼각형 천창은 상대적으로 자연광의 조도가
낮은 열람실 북측을 밝혀준다.

　이를테면 동네 한복판에 마치 언덕과 같은 경사면 위로 억새가 자라면서 봄,
여름, 가을, 겨울의 계절을 마을 사람들에게 알려줄 것을 생각하면 얼마나 즐거운
일인지 모르겠다. 그러나 이 작은 소망도 예산 부족으로 끝까지 실현되지 못했다.

도서관의 입구는 단독주택들의
스케일과 거의 같다. 다만 제주도의
폭우를 생각해서 지붕의 경사면을
따라 물길을 만들고 입구 왼편으로
빗물을 받는 수조를 고안하였다.
비가 쏟아지는 날 도서관으로
들어서는 아이들은 제주 기적의
도서관의 '특별한 소리의 책', '빗물
폭포' 소리를 들을 것이다.

지금이라도 제주시의 뜻있는 사람들이 힘을 합쳐서 뜻을 이루었으면 좋겠다.
왜냐하면 억새를 키우기 위한 모든 것이 이미 고려된 건축물이기 때문에.

　　　건물은 하늘의 일을 피해갈 수 없다. 경사진 지붕이든 수평면이든 비를 맞는다.
제주 기적의 도서관도 삼각형 면 위로 비가 내린다. 작은 면적이지만 제주도의
폭우는 상상을 초월한다. 따라서 도서관에 내리는 빗물들을 작은 홈통으로
처리하기보다는 북쪽으로 경사진 면을 통해 폭포수같이 떨어지도록 지상에
물받이 공간을 마련하였다. 커다란 수조인 셈이다. 비오는 날 사람들은 '폭포'를
지나 도서관으로 진입한다. 빗물을 다시 한번 상기하면서, 제주도를 다시 한번
생각하면서…….

북측 입면도

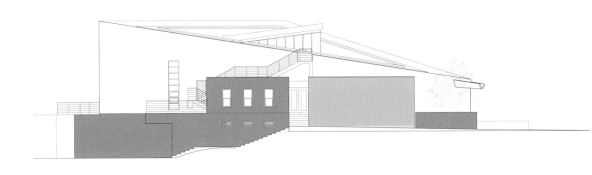

2층 평면도

0 1 2　　5m

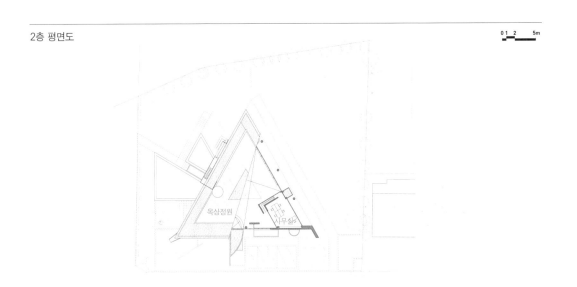

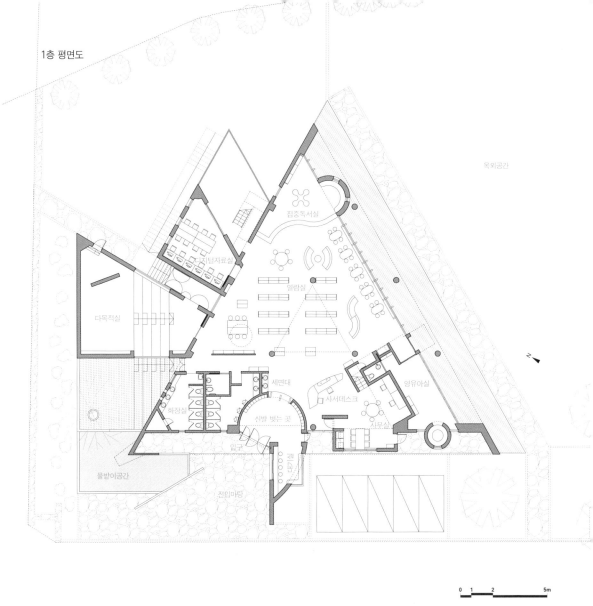

다목적실

디지털자료실

집중독서실

옥외공간

열람실

세면대

화장실

영유아실

신발 벗는 곳

사서데스크

입구

사무실

물받이공간

진입마당

0 1 2   5m

다른 도서관에서와는 달리 제주 기적의 도서관으로 들어가는 길목은 짧다.
북서쪽으로 난 문을 열고 들어가면 신을 벗는 낮은 반원형 공간이 나타나고, 이어서
오른편으로 작은 대기실이 있다. 북카페라고 하기에는 너무 작아 어머니들 몇이
아이들을 기다리는 정도로 마련하였고 북쪽으로 난 창을 통해 진입하는 사람들을
바라볼 수도 있다. 북쪽으로 난 창은 도서관 몸체로부터 도로 측으로 뻗어 나온
벽면 위에 마련되었는데 이 벽체는 바로 도서관에 들어오는 사람들을 입구로
안내하는 역할을 한다. 이 벽면은 기적의 도서관의 이름표가 부착되고 작은 북카페
공간을 만들어 준다.

　　출입구의 공간은 마치 작은 쉼표와 같아서 신을 벗고 또는 머무르고 하면서
큰 괄호처럼 열려 있는 열람실을 매개한다. 여기서 열람실로 완전히 발걸음을
옮기기 전에 도서관을 들어오면서 목격한 대출도서 반납상자의 풍경을 짚고
넘어가야 되겠다.

도서관 입구 오른편에는 대기실 겸 만남의 공간이
마련되어 있다.

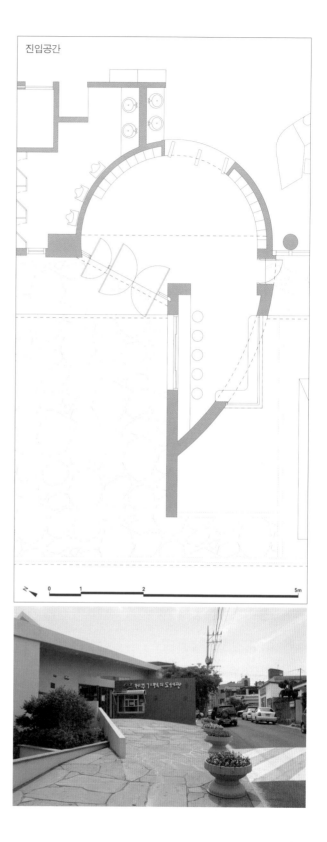

진입공간

너무나 쉬운 해결책 :

녹색 플라스틱

도로에서 작은 경사로로 올라오다 보면 오른편으로 진입유도 벽면이 있고 대기실의 창이 언뜻 보인다. 그런데 누가 그랬는지 지금은 대기실 창을 막고 대출도서 반납상자를 설치하였다. 상자 위에 경량철골을 대고 그 위로 초록색 플라스틱을 채양같이 덧씌웠다. 언제부터인지 우리나라에는 옥외공간에 비를 막으려는 목적으로 설치한 '간이지붕'이 경량철골과 투명한 초록색 플라스틱으로 구성되어 있다. 만든 솜씨가 투박한 것은 물론 녹색으로 어른거리는 인공적인 색은 주변과 동떨어져서 마치 불량식품같이 전국에 독버섯처럼 여기저기 삐죽 내민 모습은 주변 전체의 분위기를 인공적으로 만든다. 참으로 싫어할 수밖에 없는 색이다. 그렇지만 아마도 설치비가 싸고 효과가 확실한 것으로 이것보다 나은 해결책을 사람들은 발견하지 못했나 보다. 투명한 플라스틱은 금세 먼지가 끼어 외면하는 듯하다. 그리고 동네의 값싼 철공소에 주문하면 후딱 해치우기 때문에 편리한 구석도 있을 것이다. 그러나 어찌되었든 이런 해결책을 수용할 만한 장소는 별도로 있는 것이 아닌가 생각한다. 여기 제주 기적의 도서관 입구는 초록색 플라스틱을 받아들일 수 없는 장소다. 왜냐하면 어디에도 경량철골과 플라스틱에 어우러질 만한 재료들을 발견할 수 없기 때문이다. 도서관 건물의 입구와는 맞지 않는 참으로 괴팍한 풍경이 눈을 찌르고 있는 것이다.

만남의 공간을 도서반납공간으로 활용하면서 어울리지 않는 '녹색 플라스틱'을 동네 철공소에서 주문한 것 같다. 필요에 의해서 만든듯하지만 언젠가는 도서관 품위에 맞도록 수정하는 것이 마땅해 보인다. 필요하다고 아무것이나 되는대로 덧붙이는 것은 도서관의 이미지를 깎아내리는 것이기도 하고 시간이 가면서 건물의 생명을 단축하는 시발점이 될 수도 있다. 보잘것없고 작은 것에 대한 섬세한 배려가 절실해 보인다. 그것은 다만 건물을 예쁘게 보존하려고 하는 것이 아니라 부분과 전체가 유기적으로 되어있는 건축을 하나의 생명체로 바라볼 것인가 아닌가의 문제이기도 하다.

도서관을 사용하는 사람들은 그때그때 필요에 따라 건물 자체를 원래의 의도와는 상관없이, 아무런 개념도 없이 변형하거나, 첨가하거나 왜곡한다. 참으로 안타까운 일이다. 어떤 것들은 충분히 이해가 되어 당연히 수용할 수밖에 없다. 그러나 어떤 것들은 건축의 원래 개념과 너무나 동떨어져 눈을 찌푸리게 한다. 대출도서 반납상자의 풍경이 딱 그런 모습이다. 이런 것이 아주 작고 사소한 일이라고 생각할지 모르지만 반듯해야 할 출입구의 이미지를 크게 훼손하고 있음을 부정할 수 없다. 아무리 작은 변화라고 하더라도 필요하다면 얼마든지 건축가와 상의할 수도 있는 일이었을 텐데 번거로워서 그랬는지 알 수가 없다. 언젠가 때가 되면 서로 협의하여 조정할 수 있기를 기대해본다.

남쪽 빛으로 열린 | 열람실

진입공간이 작은 쉼표라면 열람실은 넓은 괄호다. 열람실은 어떤 변화도 담아낼 수 있는 '보자기'다. 활짝 열려 있고 싸기 편한 '삼각형 보자기'인 셈이다. 항상 서가와 책상의 배열을 필요에 따라 바꿀 수 있다. 때로는 중심 공간을 비워 이벤트 공간으로 활용할 수도 있다. 변화를 수용할 수 있는 가변적인 열람실이야말로 열람실 시스템이 완전히 정착하기 전, 초창기 도서관에는 필수적이다.

낮게 북서쪽으로 진입하면서 남동쪽으로 높게 열려 있는 열람실의 분위기는 밝고 크다. 열람실 좌우의 끝이 한눈에 포착되지 않아 처음 방문한 사람들은 좌우를 두리번거리게 된다. 우측으로는 영유아실, 사무실, 사서데스크가 차례로 배열되어 있고 좌측으로는 다목적실, 디지털자료실을 만나게 된다. 사서데스크 옆쪽 계단을 타고 2층으로 오르면 사무공간이 연속되고 2층 메자닌 층에서 열람실 전체를 조망하게 된다. 2층 사무실의 아래층이 영유아실로 모두 남향을 하고 있고, 그러면서 2개 층 높이의 남쪽면을 적절하게 활용한다.

밝은 열람실의 여유로운 실내 풍경은
진해 어린의 도서관의 실내 밀도와 대비를
이룬다.

사서데스크에서 바라본 서가.

서가 옆이야말로 최상의 독서공간이다.

제주 기적의 도서관도 여러
해 운영되면서 운영자에 따라
서가배치나 가구배치에
변화를 준다.
모든 것은 고정될 필요가 없다.
오히려 변화에 적응할 수 있도록
열람실 공간은 특별한 제약이
없도록 설계되었다.

열람실에서 2층 상부공간과
사서데스크 영역이 보인다. 사무실
계단 밑 왼편으로 영유아실 입구가
있다.

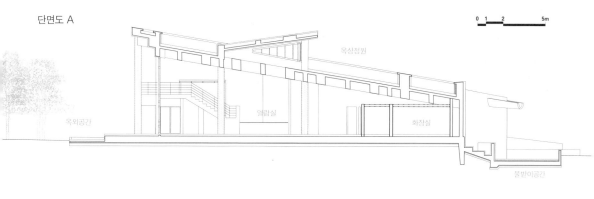

단면도 A

0 1 2 5m

옥상정원

옥외공간

열람실

화장실

물받이공간

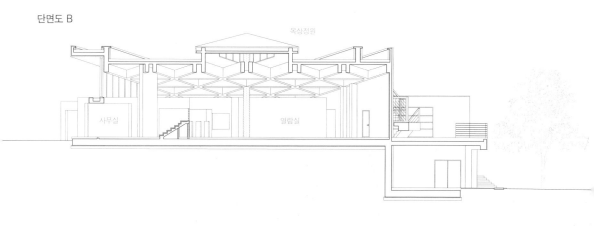

단면도 B

옥상정원

사무실

열람실

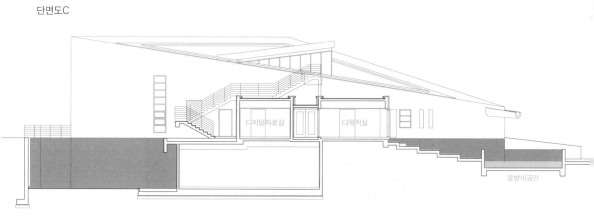

단면도C

디지털자료실

다목적실

물받이공간

열람실의 경사지면서 삼각형
격자로 된 천정은 제주도
기적의 도서관의 건축적
특징이다. 다만 아쉬운
것은 이렇게 강력한 구조를
만들면서 구상하였던 옥상
조경이 실현되지 못한 것이다.

열람실에는 부분적으로 공간을
분절하는 벽감(niche)이
있다. 커다란 열람실과 접해
있는 움푹 패인 공간은
사람들에게 안정감을 준다.

영유아실의 한쪽 코너는 작고
아담하고 아이들의 호기심을
유발한다. 이곳에서 젖먹이
아이들은 최초로 어머니와 함께
이야기 여행을 떠날 것이다.

삼각형 천창

열람실은 북동쪽으로 층고가 낮아지면서, 그리고 북쪽으로 화장실과 다목적실, 디지털자료실들이 돌출되면서 상대적으로 자연채광의 면이 축소되어 있다. 따라서 자연채광의 조도를 높이기 위해 천정에 삼각형 모양으로 천창을 두게 되었다. 천창은 북쪽 빛을 받아들이고 반사하여 은은하게 실내로 빛을 모은다. 열람실 천정은 격자구조로 짜여져 하루 종일 외부의 반사하는 빛에 따라 음영의 깊이를 더하고 열람실 공간 전체를 짜임새 있게 연출한다. 삼각형 천창의 빛과 난반사되어 격자구조의 천정을 어루만지는 빛은 실내공간을 풍요롭게 한다.

세 개의 벽감(壁龕, niche)

서양 건축에서 자주 사용되는 건축벽면의 장식요소로서 벽감이 있다. 벽감이란 연속되는 벽면을 움푹 들어가게 만든 다음 조각이나 장식품을 앉히는 공간을 일컫는다. 긴 벽면에 리듬감을 주고 또한 장식성을 높여주는 기능을 한다. 열람실 남동쪽에 벽감과 같은 공간을 바깥으로 돌출시켜 남측 입면에서도 변화를 주고 실내에서는 반원형 벽면으로 에워싸인 따뜻한 공간을 만들었다. 그 속에서 독서의 집중도를 높인다. 벽감은 바닥보다 두 단 정도 높이 올라간 작은 무대와 같은 단과 연속선상에 있다. 그렇게 해서 넓은 열람실 평면에 변화를 준 것이다. 동일한 공간 속에 차별화된 장소는 둥근 벽감의 곡선과 함께 구석진 공간을 특별하게 한다. 사실 열람실 평면을 자세히 들여다보면 쉼표라고 명명한 진입공간도 바깥에서 보면 큰 벽감이고 영유아실, 원형 독서실도 벽감인 셈이다.

이렇게 제주 기적의 도서관은 크게 보자면 세 개의 곡면으로 된 벽감과 사각형으로 된 큰 벽감식 공간이 두 개(다목적실, 디지털자료실)가 더해진 건물이다. 기하학적으로 보자면 큰 삼각형을 기본으로 하되, 원형과 사각형이 첨가되면서 다면체의 건축물이 된 셈이다. 한눈에 파악되지 않고 조금씩 발견해가면서 드러나는 공간은 사람들에게 호기심을 준다. 제주 기적의 도서관도

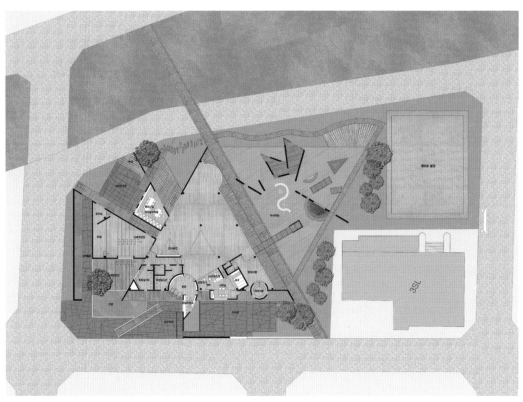

제주 기적의 도서관 전체 배치도:
제주 기적의 도서관 안팎은 서로
비슷하면서 다르게 설계되었다. 특히
옥외공간에 크고 작은 조형물같이
배치된 속에서 독서할 수 있는 작은
정원을 만들었으나 실현되지 못했다.
그리고 주변과 여러 가지로 관계
맺는 길들을 염두해두었으나 하나도
실현되지 못했다. 결국 제주 기적의
도서관은 구상한 것의 반 정도가
실현되었다고 할 수 있겠다.

일면 단순해 보이면서도 경사진 지붕과 삼각형에 매달린 벽감공간들로 인해 열람실 전체를 다양하게 만들면서도 공간의 각 부분을 특별하게 한다.

아직 실현되지 않은 │ 계획들

건축이란 원래 구상한 대로 다 실현되지는 않는다. 그렇지만 아무리 그렇다고 하더라도 제주 기적의 도서관은 아쉬운 점이 너무 많다. 제주 기적의 도서관은 아직도 미완성의 건물이고 실현되지 않은 본래의 계획들이 여러 가지가 있다.

　우선 지붕 면의 녹화작업이다. 지붕 면은 현무암과 송이 그리고 흙으로 덮어서 제주의 억새풀을 키우도록 고안되었다. 녹색 지붕이 이도2동 동네 한복판의 작은 정원이 될 것이다. 그리고 도서관 남쪽 마당에 본래의 스케치에서 구상하였던 '책 읽는 방들'과 몇 가지 조형물들이 실현되어 옥외공간을 환경조형물로 완성할 수도 있다. 또한 옥외 마당공간은 산지천을 동서로 이어주는 작은 다리와 직접 연결되면서 마을 동선을 다채롭게 할 것이다. 이 세 가지 중에 어느 하나라도 실현에 옮길 수 있다면 제주 기적의 도서관은 또 다른 가능성을 만들어나갈 것이다. 물론 시와 주민들과 협의하면서 또 달리 보완할 점들도 있을 것이다. 지금 당장 실현에 옮기지 않더라도 조금은 여러 가지로 미진한 부분들을 함께 논의하는 계기로 삼았으면 좋겠다.

어린이 도서관의 운영 프로그램은 정말로 다양하다. 때로는 그림으로 읽은 책의 독후감을 표현할 수도 있고 점토로 조형물을 만들 수도 있다. 읽는 것만큼 중요한 것이 아이들 내면의 세계를 겉으로 표현하는 것이다. 손과 머리가 협동하여.

서귀포 기적의 도서관은 동홍동 문부공원 끝자락에 위치한다.
소나무 숲이 우거지고 땅은 남쪽을 향해 경사져 있다.
처음 대지를 답사하였을 때, 시 관계자는 노인들을 위한 크리켓
운동장 옆으로 도서관을 지어야 하는데 소나무들이 열댓 그루가
있어서 소나무들을 제거한 다음 그 자리에 건립하면 된다고
말했다. 나는 "소나무를 베지 않고 설계하겠다"고 말했고
사람들은 그것이 어떻게 가능한지 의아해했다.

지혜의 오름

서귀포 기적의 도서관

제주도에서 집짓기

제주도에서 건축을 한다는 것은 늘 설레는 일이다. 왜냐하면 아름다운 땅
제주도에다 집을 짓는 일이기 때문이다. 제주도는 섬 전체가 정말로 꿈같은 곳이다.
물론 가난의 역사와 슬픈 세월들이 겹겹이 스치고 지나간 상처가 많은 땅이긴 해도
어디를 둘러보아도 제주도는 여전히 그 특별한 풍경을 펼치며 그렇게 한반도 남쪽
바다에 떠 있다.

그래서 한라산이 한눈에 보이는 서귀포에서 건축한다는 것은 기쁘고 고마운
일이다. 한편으로는 제주도 땅을 생각하면서 설계할 수 있는 일이 기쁜 일이고 또
한편으로는 그런 기회를 갖게 해준 도정일 선생님과 〈책사회〉에게 고마운 일이다.

터 : 한라산이 바라보이는
소나무공원 끝자락

서귀포 기적의 도서관의 터는 서귀포시 북쪽에 새로 개발된 주택가 한가운데에
있다. 서귀포가 한라산 정상을 향해 완만한 경사를 지으며 오르다 동홍동 즈음에
소나무가 가득한 문부공원이 있다. 문부공원 북쪽 끝으로 제주도를 동서로 잇는
해안도로(동일주도로)와 만난다. 남쪽으로 서귀포가 살짝 내려다보이고 북쪽으로
한라산 자락이 보이는 요지이다. 다만 아이들이 도서관까지 걸어오기에 조금
시간은 걸리지만 기적의 도서관이 들어서기에는 적절한 터이다.

도서관의 터를 처음 방문했을 때 우리는 문부공원 밑에서부터 올라가기
시작하였다. 소나무가 우거진 경사진 공원을 밑에서부터 천천히 올라가면서
대로(동일주도로)가 출현하기 직전에 멈춘 곳이 바로 도서관의 터였는데, 그곳에는
솔밭공원답게 불규칙하지만 적게나마 소나무 열댓 그루가 자리하고 있었다. 그때
시에서 나온 관계자가 소나무를 가리키며 "여기가 바로 집 지을 터입니다."라고
말하면서 소나무들을 제거하면 훌륭한 터가 될 것이라고 말했다. 나는 깜짝

타원형 화분같이 계획된 기적의
도서관은 남쪽으로는 공원,
동쪽으로는 운동장, 서쪽으로는
절벽, 북쪽으로 대로와 만난다.
공원과 도시 사이에 있다.

한라산과 공원의 중심축선상에
도서관이 배치되었다. 한라산의
경사면은 제주도 건축을 명령한다.
소나무를 에워싼 어린이 도서관
스케치.

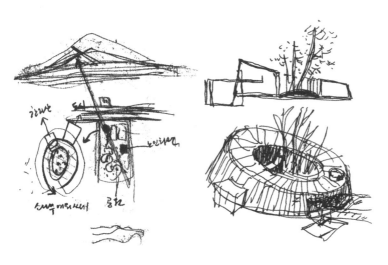

서귀포 기적의 도서관

배치도

0 1 2 5m

N

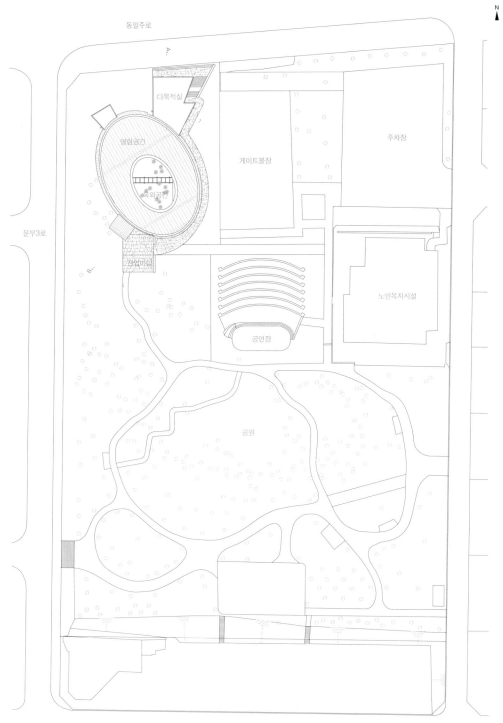

동일주로

A

다목적실

열람공간

옥외공간

게이트볼장

주차장

점심마당

공연장

노인복지시설

문부3로

B

공원

놀랐다. 소나무를 베어버리고 그 위에다 도서관을 짓는다는 말에 언뜻 납득할 수 없었기 때문이다. 가만히 살펴보니 공원 내에는 노인복지시설과 야외공연 공간 그리고 노인들을 위한 그라켓 운동시설 등이 있었다. 아주 전망이 좋은 터에 소나무들이 있는 것을 빼놓고는 나무랄 데가 없는 좋은 자리였다. 공원의 널찍한 오픈스페이스는 아파트로 에워싸인 다른 도심에 비해 개방감이 충분하였다. 그래서 나는 소나무를 베지 않고도 건물을 앉힐 수 있는 방법을 순간적으로 상상해보았다. 그러면서 소나무를 살리면서 도서관을 지을 수 있는 배치가 그렇게 어렵지 않다는 것을 알게 되었다. 그것은 소나무를 중심에 두고 건물을 마치 도너츠처럼 에워쌈으로써 얼마든지 가능한 일이었다. 정말로 순간적인 생각이었지만 속으로 참으로 다행한 일이라고 생각했다. 그때 시에서 나온 관계자는 다시 나에게 이렇게 묻는 듯했다. "소나무를 그냥 두고 어떻게 하려는 것입니까?" 나는 다 해결책이 있다고 애매하게 답하면서 머릿속으로 조금씩 설계를 시작하였다.

나무와 건축 :
건축은 늘 나무를 필요로 하지만
나무는 건축을 필요로 하지 않는다

건축을 할 때마다 우리는 나무와 만난다. 새로 심어야 할 때도 있고 또는 제거해야 할 때도 있다. 이미 집 지을 터에 나무가 있는 경우 어떻게 해서든지 나무를 살릴 수 있으면 그것보다 더 좋은 일은 없다. 그러나 가만히 보면 건축주나 설계를 직업으로 하는 건축가들에게 나무는 때로는 거추장스러운 존재가 될 때가 있다. 이때 모든 사람들은 말 없는 나무를 쉽게 잘라버리는 것으로 문제를 해결한다. 특히 최근 아파트 재건축을 하면서 30여 년 전 아파트 신축과 함께 심었던 작은 나무들이 큰 숲이 된 것을 가차없이 지워버리는 것을 종종 보곤 한다. 아파트 평수를 조금 더 늘리기 위해 30~40년 자란 나무들을 무자비하게 처형하는 일은 너무나 끔찍하다. 아파트는 해가 지나면서 조금씩 노후화하지만 나무는 나이를 먹을수록

공원 남쪽에서 소나무 사이로 도서관이 보인다.

늠름하고 아름답다. 건축은 시간의 켜가 먼지처럼 쌓이지만 나무는 시간의 켜가 나이테로 자라기 때문이다. 성장하는 것과 쇠잔해가는 차이가 나무와 건축의 차이이다. 그래서 건축은 늘 나무를 필요로 하지만 나무는 늘 건축을 필요로 하지 않는다. 나무가 우리들의 삶을 윤택하게 하지만 건축은, 인간의 욕망이 넘쳐나는 건축은, 오히려 나무를 죽인다. 나무와 건축이 평화롭게 공존하고 서로가 서로를 보듬어주는 것은 불가능한 일이란 말인가? 나무들 사이에 건축이 들어섬으로써 나무를 더 푸른 생명이 넘치는 나무답게 하고 건축이 더 건축다워지는 일이란 불가능한 것이 아니라 조금만 생각하면 아주 쉬운 일이기도 하다. 그것은 우선 말을 할 수 없고 움직일 수 없는 나무를 존중하는 것으로부터 출발하면 되는 것이다.

서귀포 기적의 도서관의 기본개념이 중정에 소나무를 심은 것처럼 보이게 된 것은 바로 '공원의 본래 주인'인 소나무들을 보살펴준 결과이다. 그것은 설계의 결과가 아니라 나무를 존중하는 태도의 결과이다. 때로는 '태도' 또는 '관점'이 건축을 결정하기도 한다. 아니 항상 그럴지도 모른다. 건축가의 직업은 그래서 위험한 직업이라고밖에 이야기할 수 없는 것이다. 자연과 이웃과 사회와 역사에 대해 어떠한 태도와 관점을 갖느냐에 따라 건축은 이렇게 될 수도 있고 또 저렇게 될 수도 있다. 나무를 죽일 수도 있고 살릴 수도 있고 자연을 치유할 수도 있고 죽일 수도 있고 이웃과 소통할 수도 있고 담을 칠 수도 있고 사회와 결별할 수도 있고 사회를 풍요롭게 할 수도 있고 역사를 욕되게 할 수도 있고 역사를 바로 세울 수도 있는 것이 건축가의 일이다. 이렇게 보면 건축의 일이란 건축가의 일만은 아닌 것이다. 건축은 이 시대에 우리 모두의 일이 되어야만 한다. 작은 도서관을 설계하면서 다시 한번 느끼게 되는 것은 소나무 하나를 살리느냐 죽이느냐 하는 것의 문제가 아니라 건축가가 도대체 어떠한 직업가의 윤리로 자신의 작업을 대해야 하는지 하는 질문들이다.

자연 속에서 건축을 할 때 우리가 우선 건축허가를 신청해야 하는 것은 시청과 같은 관이 아니라 자연이다. 우선 자연에게 물어보아야 한다. 때로는 나무 한 그루에게 건축허가를 묻는 태도가 습관화될 때 나무와 자연은 우리들의 주변을 보살펴줄 것이다.

오름 : 소나무를 심은

타원형의 큰 화분

소나무가 심겨져 있는 터를 보자마자 생긴 교감으로 도서관의 평면이 결정되었다. 모든 것은 소나무가 자라고 있는 부분을 도서관의 중정으로 삼으면서 생성되었다. 열댓 그루의 소나무는 건물로 에워싸이면서 보호되고, 따라서 중정을 에워싸고 있는 도서관 내부에서는 어디에서든 소나무를 바라볼 수 있는 그런 건축이 된 것이다. 건물의 중심 영역이 소나무를 위해 비워지면서 건물의 전체 덩어리는 마치 오름처럼 되었다. 오름 중에서도 제주도의 산굼부리에서와 같이 중심부가 비어 있다.

중심을 비운 형상은 또한 제주도 해안가의 '빨래팡'같기도 하다. 제주도 해안가로는 용천수가 바닷물 사이를 뚫고 나오며, 제주도 아낙들은 이 물을 이용하여 빨래를 한다. 때로는 아이들을 씻기기도 하고 목욕도 하기 위해 용천수 주변을 둥글게 돌담으로 에워쌌다. 이를 빨래팡이라고 하며 별도로 문을 낸 것이 아니라 두 벽면을 어긋나게 맞물리게 하면서 마치 '올레'와 같은 전이 공간을 두었다. 때로는 남정네들이 기웃거리다 야단을 맞곤 했다고 한다. 속이 들여다보이지 않도록 만든 작은 올레 모습은 서귀포 기적의 도서관 입구 부분에도 그대로 적용된 셈이다. 어쨌든 빨래팡이나 오름과 같은 그릇 속에서 나무가 자라는 형상이 바로 멀리서 바라본 기적의 도서관이다. 그것은 마치 큰 화분 속에 심은 나무와 같다. 이렇게 조금은 억지로 둘러대자면 서귀포 기적의 도서관은 우연히도 제주도 지역의 풍토가 만들어낸 공간들을 재현하고 있다. 오름과 올레와 빨래팡.

동측 입면도

0 1 2 5m

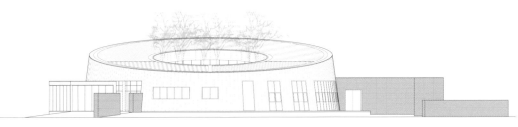

열댓 그루 소나무는 중정에 의해 보호되고
어린이 도서관은 소나무들을 에워싼다. 도서관
중심에 돈 안 들이고 소나무 정원을 갖게 된
셈이다. 남쪽으로는 가급적 창을 작게 하고
동쪽과 북쪽으로는 창들이 열려 있다. 물론
실내에서는 중정을 향해 채광창들이 숨어 있다.

남측 입면도

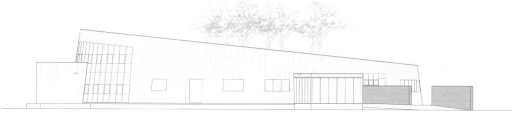

1층 평면도

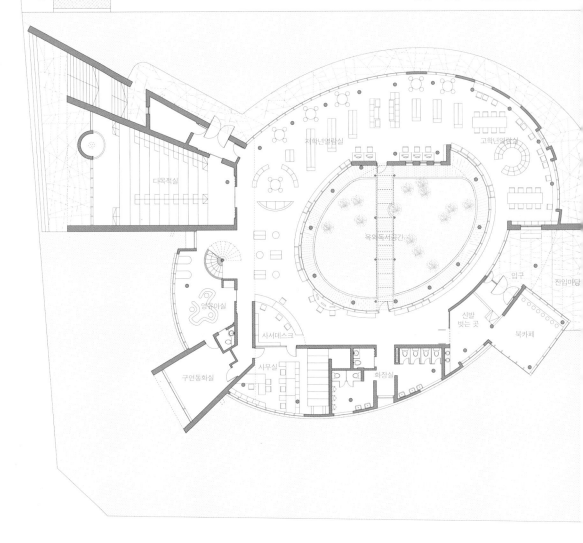

다목적실

저학년열람실

고학년열람실

옥외독서공간

영유아실

사서데스크

구연동화실

사무실

화장실

신발
벗는 곳

입구

진입마당

북카페

단면도 A

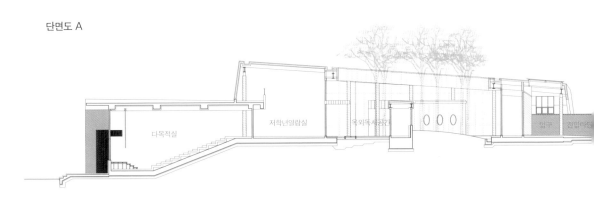

다목적실

저학년열람실

옥외독서공간

입구

진입마당

2층 평면도　　0 1 2　　5m

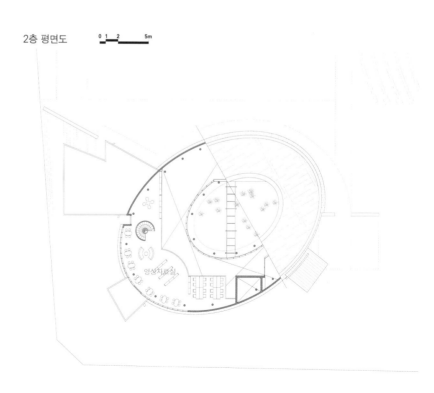

영상치료실

공원 남쪽에서 소나무 사이로
도서관이 보인다.

도서관 진입부 동쪽에는
출입구로 사람들을 유도하는
낮은 벽체가 서 있고 서측에는
만남의 장소 겸 북카페가
돌출되어 있다.

도서관 입구에서 바라본
북카페의 표정.

진입공간

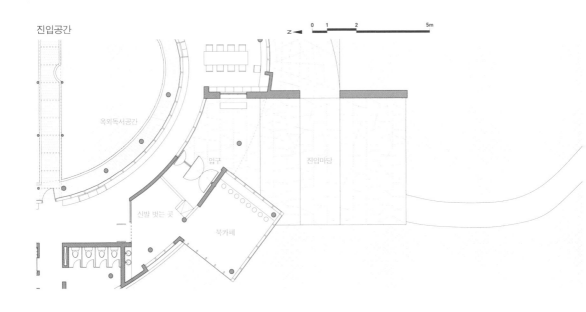

옥외독서공간

입구

진입마당

신발 벗는 곳

북카페

도서관과 공원을

연결하는 올레

도서관 진입구의 공간은 올레가 매개하고 있다. 공원과 도서관 사이에 아주 짧은 순간이지만 전이 영역을 가지고 있다. 오른편으로 입구를 유도하는 담장이 있고 왼편으로 비스듬히 북카페가 투명하게 유리로 되어 있다. 유리면과 현무암으로 치장한 낮은 유도벽면 사이에 노란 기둥이 입구의 표정을 만들고 있다. 멀리서 보면 타원형의 몸체로부터 뻗어나온 현무암의 회색 벽과 가운데 노란 원형기둥 그리고 입구와 나란히 있는 유리면은 서로 대비되면서 도서관을 들어가는 아이들의 호기심을 유발한다.

공원 끝자락이라고는 하지만 도서관 밖은 수시로 사람들이 사용하고 이런저런 행사도 가끔 열리면서 때로는 소란스러운 소음이 방해를 주기도 한다. 따라서 입구 부분은 문만 열면 외부의 소음이 쉽게 들어가는 곳이 아니라 시선은 연결하되 소음은 차단하는 그런 방식으로 올레와 같은 작은 골목을 채택한 셈이다.

도서관을 처음 방문하는 사람이든 아니면 자주 사용하는 아이들이든 입구의 분위기와 표정은 중요하다. 도서관의 얼굴이기 때문이다. 그렇다고 너무 많이 화장을 하는 것은 적절치 않다. 차분하면서도 단순하고 확실히 영역을 구분해주면 입구의 1차적인 목적은 달성하는 것이다. 그러나 아주 작지만 즐거운 표식이 하나 정도 있는 것은 바람직하다. 그것이 바로 서귀포 기적의 도서관에서는 건물을 떠받치는 노란색의 기둥이 그 일을 해내고 있다. 사람들은 건축을 배우거나 공부하지 않았어도 기둥이 있어야 할 때 기둥이 있고 벽이 있어야 할 때 벽이 있고 그리고 창이 있어야 할 때 창이 있는지 없는지를 식별해내는 능력을 가지고 있다. 입구 중앙부에 있는 둥근 기둥은 건물 전체의 구조 기둥을 암시하고 있으며 바로 입구의 표정을 즐겁게 한다.

대로상에서 본 도서관의 입면 스케치.

동일주도로에 면한 도서관 북측 입면은 공원
쪽과는 전혀 다른 표정으로 서 있다. 공원으로
올라오는 계단과 다목적강당이 도로변에
연속된 가로 풍경을 암시한다. 어린이
도서관이 도시와 만나는 장소다.

도시를 연속시키는

빨간 기둥

입구의 반대편은 급한 경사면으로 광폭의 동일주도로와 만난다. 도서관 터의
북쪽이 비교적 급한 경사면이라면 서쪽은 거의 절벽에 가깝다. 그래서 주변의
도로(서측의 문부3로와 북측의 동일주도로)와 도서관이 어떻게 만나는 것이
적절할 것인지 고민이 되었다. 북측은 거의 4m 정도의 차이가 나고 서쪽은
5~6m 이상으로 높은 고저차가 나기 때문에 북쪽으로만 도서관의 일부분을 도로
쪽으로 내밀게 하였다. 그러니까 동일주도로 건너편에 사는 아이들이 도서관으로
오기 위해서는 공원을 빙 둘러오는 것이 아니라 건널목을 지나서 곧바로 도서관
레벨로 올라오게 하기 위해 계단을 마련하고 계단 옆으로 다목적실을 배치하였다.
다목적실은 무대 쪽을 향하여 계단식으로 오르기 때문에 도로와 공원 안에 있는
도서관 레벨을 자연스럽게 극복할 수 있기 때문이다. 즉, 지형을 이용해서 타원형의
열람실 몸체로부터 대로를 향해 뻗어난 다목적실은 자연스럽게 계단식으로 내려갈
수 있었던 것이다. 공원 끝자락 언덕에 타원형의 볼륨으로 쌩뚱하게 서 있는
것을 완화하기 위해 다목적실, 구연동화실, 그리고 입구의 북카페 등이 타원형의
몸체로부터 직선으로 돌출하여 대비를 이룬다. 특히 다목적실은 도서관이 도시로
손을 내밀면서 작은 부분이지만 도시와 적극적으로 만나게 한 것이다. 대로변에
길게 면한 공원 영역은 도로 자체가 35m로 워낙 넓기도 하고 나무가 많지
않아 빈약해 보인다. 그래서 다목적실 입면은 도로면에 리듬을 주면서 공원의
단조로움에 변화를 준다.

사라질뻔한 소나무들이
도서관의 중정에 옛날처럼 서 있다.
도서관 실내 어디에서도
아이들은 소나무와 만난다.
외부 소음으로부터 차단된 중정은
또한 옥외 독서공간이기도 하다.

서측 입면도

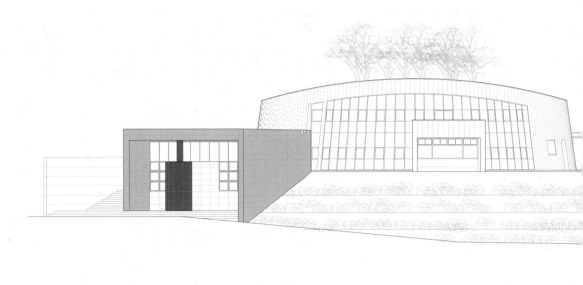

북측 입면도

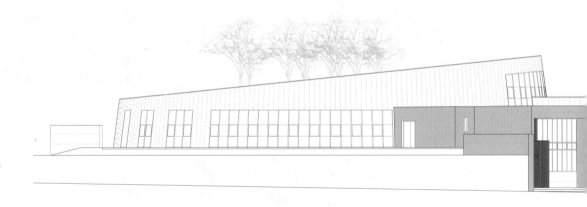

다목적실 평면도

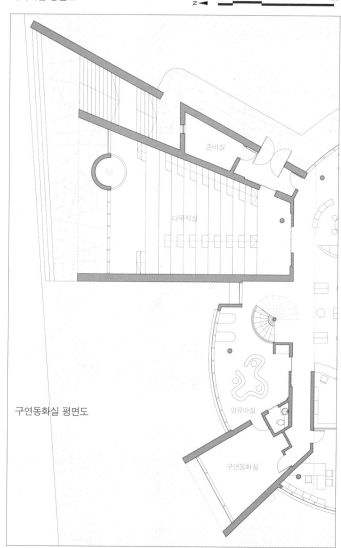

준비실

다목적실

영유아실

구연동화실 평면도

구연동화실

서귀포 기적의 도서관

어떻게 해서든 어린이 도서관을 도시 속에서 인식시키는 것은 중요해 보인다. 공공도서관이 도시와 만나게 하는 것처럼 자연스러운 것은 없다. 만일 다목적실이 도로 쪽으로 내려오지 않았다면 어린이 도서관은 공원 언덕 위에 외딴섬같이 보였을 것이다. 관계 맺기, 도서관과 도시의 관계를 맺게 하는 것은 서로가 서로에게 의미를 만들어 주는 일이다. 사람들은 어떤 것을 보고 잘 모를 때 늘 이렇게 질문한다. "이게 도대체 무슨 의미가 있는가요?"라고. 많은 경우 건축에서의 의미는 그 건축의 내재적 의미에서보다 주변과의 관계 맺음에서 생성되고 증폭된다. 그래서 우리는 문제가 되는 건축을 제대로 읽기 위해 건물의 여러 요소들이 주변과 왜 어떻게 얼마만큼 적극적으로 관계를 맺었는지 아니면 관계를 단절하였는지 탐색하는 것을 통해 건물의 의미를 알아낼 수 있다. 특히 모든 건물들이 도로를 따라 연속되는 건축 면들은 개별적 건축의 단순한 집합이면서 동시에 하나의 이미지를 생성하는 문장으로 읽힌다.

　　도시건축에서 건축의 연속성은 중요하다. 서귀포 기적의 도서관에서와 같이 도로에 면한 다목적실은 문장이 끊어진 공원의 경계면에 '하나의 단어'를 삽입한 셈이다. 그것은 마치 순천의 도서관 건축이 새롭게 조성되고 도시에 대입되면서 기대했던 효과와 같은 것이다. 도로가 너무 넓은 나머지 이런 의도가 잘 드러나지는 않지만 다목적실이라고 하는 단어는 돌출한 빨간 기둥으로 인해 밑줄 친 단어처럼 돋보인다. 짙은 회색의 현무암 가운데 빨간색은 남쪽 입구의 노란 원기둥과 함께 도서관 외관 이미지를 채색한다. 아주 사소한 것들이지만 건물이 지어지지 않았던 땅에 건축을 하기 위해서는 건물의 기능도 중요하지만 도시와 관계를 맺으면서 어떤 발언을 할 것인지 생각하는 것도 필요하다. 바로 건물이 의미를 생성해내기 위해서.

　　서귀포 도서관의 평면이 짜여진 의미를 자세히 들여다보면 '올레'라고 하는 씨앗(열람실 몸체)에서 싹(다목적실, 영유아실, 북카페)이 움트는 모양을 하고 있다. 보기에 따라서는 타원형의 완벽한 기하학적 덩어리에 구차스럽게 덧붙인 것 같지만 실은 필요에 의해 중심으로부터 증식하고 생성된 유기체라고 할 수 있다. 다목적실은 도시와 손을 잡기 위해 생성되었고 영유아실은 한라산 풍경으로 다가서기 위해 뻗어났고 북카페는 아이들을 맞이하기 위하여 마중 나간 것이다.

타원형 오름의 생성

서귀포 도서관의 평면은 소나무들을 보존하기 위해 14그루의 소나무들을
에워싸면서 둥근 모습을 할 수밖에 없었다. 문제는 원형공간이란 늘 중심이 이미
결정되어 있기 때문에 다루기가 그렇게 쉬운 형태는 아니다. 생각하기에 따라선
오히려 단순하고 곡선적이어서 부드럽다고만 생각할지 모르지만 꼭 그런 것만은
아니다. 여러 가지 부분에서 건축적 해결은 조금씩 부담을 준다. 따라서 나는
완벽한 원이 아니라 순천 기적의 도서관 다목적실에서와 같이 타원형의 공간을
선택하였다. 타원형은 두 개의 중심을 갖고 있어서 두 점을 잇는 장축과 장축의
중심을 직각으로 교차하는 단축이 설정된다. 따라서 원형과 달리 타원형의 장축
방향은 완만한 곡면을 형성하면서 어떻게 보면 굽은 길과 같이 보일 수도 있기
때문이다. 그러나 타원형의 공간은 그에 부수되는 여러 문제들을 해결해야 한다.
우선 소나무 정원의 작은 타원과 건물 전체 외곽의 큰 타원을 중심에 일치시키지
않고 어긋나게 하였다. 그래서 보다 넓어진 타원 영역의 천정고를 높여 2개
층으로 만들고, 남쪽으로 천정고가 낮아지는 경사면을 두어 어린이 도서관 건축의
기본원칙 중에 하나인 '에워싸는 건축'을 실현시켰다. 그리고 평면의 동선이
상대적으로 길어지는 것을 완화하기 위해 소나무 정원 중정을 가로지르는 지름길도
만들었다. 그곳은 정원으로 진입하는 통로이기도 하다.

단면도 B

0　　1　　2　　　　　　5m

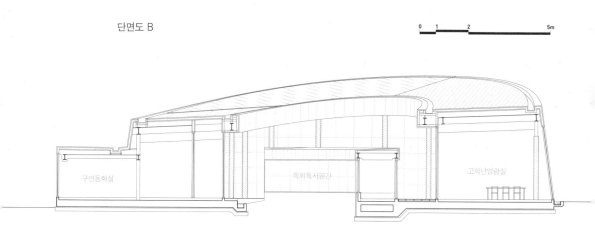

구연동화실　　　　　　　　옥외독서공간　　　　　　　고학년열람실

서귀포 기적의 도서관도 본래 우리들이 정한
원칙에 따라 경사진 지붕을 하고 있다.
높은 쪽은 한라산을 향하여 2층의 고학년
공간이 마련되어 있고, 남쪽으로는 천정고가
낮아지면서 저학년 열람실로 이어진다.
이 사진은 2층 열람실의 난간과 1층의
사서데스크, 그리고 다목적실 주변의 넓은
공간을 보여준다.

중정을 향하여 부분적으로 큰 그림책들을
배열하여 그 자리에서 열람할 수 있도록 한
모습이 재미있다.

서귀포 기적의 도서관

사서데스크로

다가서는 올레

다른 도서관에서와 같이 신을 벗고 도서관 안으로 들어왔지만 그 순간 왼편으로 북카페만 보이지 도서관의 이미지라곤 찾아볼 수 없다. 10여 미터 안으로 들어가면서 오른편 쪽으로 소나무 정원을 바라보게 된다. 안으로 들어왔는데 밖인 듯하다. 그러니까 아직까지도 사람들은 입구에서 시작한 올레를 지나고 있는 것이다. 사서데스크가 마주보이면서 그 위로 2층이 바라보이는 순간 우리들은 다른 곳이 아니고 바로 도서관에 들어왔음을 확인하게 된다. 입구에서부터 조금은 긴 듯한 올레를 걸으면서 사람들은 마음의 준비를 하게 되는 것이다. 그리고 뒤편 소나무 정원 쪽으로 낮은 서가들에 책들이 진열되어 있어서 비로소 여기가 본격적으로 도서관임을 알아챌 수 있다. 입구에서부터 사서데스크까지 다다르면서 천정의 높이는 점점 커져 사서데스크가 있는 영역은 2개 층 높이의 천정고를 가지고 2층 고학년 열람실, 사서데스크 뒤의 사무실과 영유아실 그리고 원형 계단실을 지나 다목적실이 나타난다. 진입하면서 다목적실까지는 곡면이 사라지고 직선의 수직 벽으로 연속되어 있다. 물론 소나무 중정을 에워싸고 있는 창호들은 타원형을 그리고 있지만 그 반대편의 서측과 북측 벽면은 반듯하게 세워져 있다. 그렇게 전체 공간은 대비를 이루며 에워싸여 있다.

타원형 곡면을 따라 서가들이 부드럽게
배열되어 있고 중정 창문 쪽으로 열람 책상들이
배치되어 있다. 밝고 넓은 실내공간은
도너츠처럼 이어져 중정을 중심에 두고
아이들은 멈추지 않고 도서관 전체를 한바퀴 돌
수도 있다. 그러면서 아이들은 도서관 공간의
각 부분들을 흥미롭게 체험할 것이다. 한눈에
들어오는 직사각형이나 정방형의 공간이
아니라 서귀포 어린이 도서관의 도너츠 모양의
공간에서는 한 발자국씩 이동할 때마다 새로운
풍경이 나타난다.

서귀포 기적의 도서관

훈육의 공간에서
자유로운 공간으로

에워싸고 에워싸임이 서로 교차하면서 온전히 동글기만 하지도 않고 그렇다고 오로지 직선 면으로 경직되고 긴장되지 않고, 내부공간은 적절히 서로 양보하듯 안정감을 이룩하고 있다. 공간의 느낌, 말로 다 표현할 수 없는 공간의 총체적 느낌은 크게는 1차적으로 공간의 물리적인 높이, 넓이, 길이와 같은 치수들이 큰 얼개를 정하지만 그 외에도 빛과 같이 변화하는 재료, 색상, 질감 등 건축의 부분적인 여러 요소들과 전체가 어우러져 만들어낸다. 서귀포 어린이 도서관은 외관에서 타원형을 이루고 있지만 그 전체 모습이 보이진 않는다. 그냥 완만한 곡면의 연속일 뿐이다. 그런데 자세히 보면 외벽이 수직으로 서 있는 것이 아니라 위쪽으로 가면서 살짝 경사가 져 있다. 즉 곡면의 외벽은 동시에 비스듬히 경사져 있는 것이다. 그 미세한 경사가 내부에서도 인지되면서 터널 같은, 튜브와 같은 공간이 아니라, 삼각텐트의 내부같이 '실내공간'을 살짝 덮어주고 있는 듯하다. 바로 이러한 미묘한 차이들이 전체 공간을 부드럽게 마련한다. 그 속에 책들이 있고 어린 아이들이 있다.

서가가 있는 동측 면으로 진입하면서 우리는 도서관의 평범한 풍경을 만난다. 완만한 타원형 때문에 서가들은 조금씩 어긋나게 줄지어 있다. 그 모습이 일부러 변화를 준 듯 자연스럽다. 그리고 천정고는 남쪽으로 내려가면서 조금씩 낮아지고 다시 한번 공간이 우리들을 에워싼다. 중간쯤 중정 쪽으로 밖이 보이지 않는 벽면을 만들어 독서대로 삼았다. 반대편 창가(동측)로 배열한 책상들과 함께 작은 변화를 만든다. 어떻게 해서든 어린 아이들이 다양한 공간 속에서 책과 만날 수 있도록 하는 것은 중요하다. 아이들은 늘 '감시와 처벌'의 표상과 같은 학교건축의 획일적인 '훈육의 공간'으로부터 조금이라도 해방시켜주는 것이 필요하기 때문이다.

어린이 도서관은 아이들이 싫어하는 공부를 강요하는 곳이 아니라 아이들이 책이라고 하는 이름의 친구를 자발적으로 만나는 특별한 곳이다. 초등학교는 아이들이 의무적으로 가야 하는 곳이라면 도서관은 자유롭게 드나들 수 있는

전체 공간이 너무 완벽하게 타원으로 이루어지지 않도록 동측 공간의 한 부분은 직선 벽면을 삽입하여 변화를 주었다. 그것은 서가 옆으로 열람 책상을 배열하는 데에도 도움을 준다. 중정으로 난 창도 원형으로 만들어 다른 창들과 대비시켰다.

같은 반 친구들끼리 함께 모여 독후감 숙제를 하는 듯한 아이들의 모습 속에서 밝은 미래를 본다.

발을 쭉 뻗고 편안한 자세로 그림책을 보는 아이의 모습이 어른스럽다.

아이들은 어떠한 장소, 어떠한 가구에서도 보통 사람들이 하듯이 행동하지 않는다. 그들 나름대로 가장 편안한 자세를 만들어낸다.

서귀포 어린이 도시관에서도 이제 아빠들이 보인다.

글을 읽을 줄 모르는 영유아들에게 들려주는 어머니의 음성은 그 어떤 효율적인 교육 프로그램도 대신할 수 없다.

장소이다. 제도적 공간이 아니라 아이들이 즐겁게 찾아오는 공간이어야 하기
때문에 그곳에는 책을 꼭 지식으로만 습득하지 않고 상상력의 날개를 펴고 여행을
떠날 수 있는 그런 환경이 조성되어 있어야 한다. 꿈꾸는 공간, 가고 싶은 공간,
머무르고 싶은 공간, 매일매일 새롭게 발견되는 공간, 한눈에 쉽게 다 포착되지 않는
공간, 그런 것들이 아이들이 학교에서 체험하기 어려운 공간인 것이다. 초등학교
학교건축이 아직도 벗지 못한 일제시대의 잔재를 청산하려면 시간이 더 있어야
될 것 같다. 그래서 어린이 도서관이 밀린 숙제를 하듯 아이들에게 자유로운
공간을 맛보게 했으면 좋겠다. 그렇다고 물론 어린이 도서관 건축을 규정하는
법은 없다. 건축가마다 어린 아이들에 대한 애정을 가지고 풀어나가는 방법밖에
없을 것이다. 사실 조금은 지루할 정도로 자세하게 내가 설계한 기적의 도서관들을
탐방하듯 설명하는 이유도 앞으로 지어지는 도서관들이 내가 설계한 것보다 훨씬
더 근사하고 아이들이 좋아하며 유지ㆍ관리하는 사람들의 사랑을 받았으면 하는
마음에서다.

건축 외관의 색은 어떻게 정하는가?

서귀포 도서관의 외관은 조금 짙은 회색이다. 도서관의 기본 골격은 철골조다.
따라서 건물의 외관은 건식공법으로 마감하고 건물의 외피는 알루미늄 복합패널로
선택하였다. 알루미늄의 색상을 결정해야만 했다. 이런 경우 건축의 색을 결정하는
일은 생각처럼 그렇게 쉬운 일은 아니다. 건축과 마찬가지로 색상 선정의 당위성은
물론 누구나 납득할 만한 개념을 가지고 있어야 한다. 그러므로 색상의 결정은
건축 전체의 의미를 살릴 수도 있고 약화시킬 수도 있다. 한번 결정한 색상은
건물을 리노베이션 하지 않는 한 바꿀 수가 없다. 이런 경우 가장 쉬운 해결책은
자연의 소재를 그대로 활용하는 것이지만 산업제품이 알루미늄 패널과 같은
복합재료를 사용할 경우에는 문제가 간단치 않다. 나는 그래서 무채색을 선택한
것이다. 다소 짙은 회색은 제주도의 현무암 색상과도 잘 조화를 이루고, 특히

소나무공원(문부공원)의 녹색이 배경으로서 뒷받침해주고 있기 때문이다. 서귀포 도서관 건물은 멀리서도 가까이서도 너무 뚜렷하게 건축으로 인식되기보다는 회색빛 현무암의 작은 언덕같이 보였으면 했기 때문이다.

공원 속에서 노인복지회관은 아주 완벽한 건물로 자기 모습을 드러내고 있다. 공원의 배경이 아니라 공원의 주인처럼 서 있다. 게다가 한국의 노인복지회관이라기에는 다소 어설픈 서양식 외관을 하고 있다. 이런 환경 속에서 또 다시 어린이 도서관마저 건축의 존재감을 강조하고 서 있기보다는 눈에 잘 띠지 않도록 사람과 나무와 주변풍경의 배경으로 물러서 있는 것이 바람직해 보였다. 결과적으로 회색 계열이 선택되었지만 반대로 지붕면은 제주도의 흔한 화산재 '송이'를 흩뿌려놓은 듯 적갈색으로 마감하였다. 회색과 적갈색의 대비는 시각적으로 잘 드러나지는 않지만 그래도 때에 따라서 건물을 전체적으로 생기있게 만든다. 때로는 질그릇의 화분처럼.

자연 속에서 색이란 시간과의 함수관계에 있다. 자연의 색은 계절 따라 시간 따라 날씨에 따라 끝임없이 변하기 때문에 일정하지가 않다. 그런 자연 속에 건축은 늘 동일한 색상의 표정을 하고 있다. 물론 최근 야간의 외관을 조명과 특수재료를 통해 변화시키는 경우도 있지만, 건축에서 일단 정해진 색상은 통상적으로 바꿀 수 없다. 그렇다고 하더라도 일단 결정된 건축 외관의 색상이 늘 동일한 색으로 보여지는 것은 아니다. 볼륨을 가지고 있는 건축은 빛과 그림자의 효과를 통해 같은 회색이라도 남쪽과 북쪽의 색상이 달라진다. 이런 색상의 미묘한 스펙트럼은 변화하는 자연의 색과 잘 조화를 이루게 된다. 그중에서도 은은한 회색이야말로 도시 속에서 슬며시 사라지기 가장 적절한 색이다. 본래 외관의 알루미늄 색상을 짙은 빨간색으로 고려한 적도 있었다. 적색은 소나무의 녹색과 보색대비를 이루면서 강렬해 보일 수는 있지만 나는 강렬함보다 은은함을 선택한 것이다. 언뜻 보면 아주 진부해 보이는 서귀포 기적의 도서관의 외관은 이런 이유들로 해서 결정되었다.

서귀포 기적의 도서관의 지붕 경사는
제주도 땅의 경사면을 닮았다.

여타 도시들과 같이 정읍도 수성동 주변에 새로운 단지를
조성하고 신도시의 꿈을 꾸고 있다. 그러나 아직도 빈터가
여기저기 을씨년스럽게 드러나 있다. 그런 한복판에
기적의 도서관이 끈질기게 남아 있는 비닐하우스와 같은 형태로
건축되었다. 앞으로 신도시 활성화를 촉진할 수 있는 매개공간이
될 수도 있고 특히 주변의 아파트에 사는 아이들의 관심을
끌 수도 있겠다. 아직은 출발점에 서 있으면서 한산하지만
제2세대 기적의 도서관이 본격적으로 가동될 때 정읍 신도시도
살아날 것이다.

무지개와 달팽이

정읍 기적의 도서관

정읍 도서관은 내가 이미 설계한 순천, 진해, 제주, 서귀포에서의 기적의
도서관들이 개관을 하고 건축가 조건영 씨가 설계한 제천, 청주, 금산, 울산에서의
기적의 도서관이 모두 개관한 다음 몇 해 시간을 두고 나서 계획되었다. 이미
기존의 기적의 도서관이 9개나 신축 · 운영된 다음의 일이라 당연히 많은 부족한
점들이 보완되어야 했고, 나아가서는 상식적으로 지금까지의 도서관들보다 좀
더 훌륭한 건축이 이루어져야 한다는 부담감도 있었다. 그렇다고 지금까지와는
획기적으로 다른, 차별화를 위한 차별화가 아닌 범위 내에서 풀어야 하는 숙제가
주어졌던 것이다. 〈책사회〉에서도 이번에 하는 설계는 기적의 도서관의 제2세대를
탄생시키는 일이라고 강조하였다. 그래서 이런저런 문제들을 합리적으로 풀어내기
위해 나는 기존 도서관들의 건축적 해법들과 기능들에 대해 세밀한 분석을 하였다.
특히 '건축공간'들의 생성과 관련해서 감추어져 있는 내용을 자세하게 살펴보았다.
그렇게 분석 · 종합된 결론을 가지고 새로운 접근을 시도하였다.

달팽이 공간과 무지개 공간 :

숨은 공간과 꿈꾸는 공간

공간형태론의 입장에서 분석해보면 내가 설계한 4개의 도서관들은 묘하게도
달팽이 공간과 무지개 공간으로 압축되는 것을 알게 되었다. 달팽이 공간이라 함은
각 공간이 연속성을 가지고 연결되어 있으면서 그 끝에는 막다른 골목에서처럼
무엇인가를 숨겨놓은 듯한 공간을 총칭하며, 무지개 공간이라 함은 공간이
통상적으로 직육면체로 제한된 것과 달리 보이지 않는 것을 의미한다. 보통
직육면체의 공간은 두 면이(예를 들어 천정과 벽면 또는 바닥과 벽면) 직각으로
만나는 반면, 무지개 공간에서는 경계면이 강조되지 않고 연속되는 특징이 있다.
달팽이 공간과 무지개 공간의 공통점은 '공간의 연속성'이다. 두 공간의 차이가

있다면 하나는 조금씩 조금씩 발견되는 공간이고, 또 다른 하나는 부드럽게 에워싸는 공간이다. 예를 들어서 순천 기적의 도서관의 다목적실 옥상에는 달팽이 공간에 가장 부합되는 미로가 있다. 사실 입구로부터 다목적실에 이르는 공간은 크게 보아서 달팽이 공간이라고 해도 과언이 아니다. 진해 기적의 도서관도 입구에서 시작하는 작은 통로는 열람실이 드러날 때까지 몇 개의 공간의 결절점을 통과하게 되어 있다. 신발을 벗고 지혜의 등대를 지나 사서데스크가 출현하고 열람실이 나타나며 그 마지막에 작은 독서공간이 숨겨져 있다. 서귀포의 도서관에서도 올레를 지나 열람실이 나올 때까지를 비유하자면 거의 완벽한 달팽이 공간이라고 말해도 지나치지 않는다.

그리고 순천 기적의 도서관의 2층 '별나라 여행' 공간에서는 완벽하게 비행기 내부와 같은 무지개 공간을 만나게 된다. 부드럽고 따뜻하게 에워싸는 그런 공간은 진해나 순천의 다목적실 또 여러 도서관에 비슷하게 숨어 있는 원형의 집중독서실들이 무지개 공간에 근접한다. 본래 달팽이 공간이라든가 무지개 공간이라든가 하는 것처럼 형태의 구체성을 가지고 설계했던 것은 아니다. 다만 정읍 기적의 도서관을 설계하기 전 분석 작업을 통해서 드러났을 뿐이다. 이것은 아마도 나의 무의식 속에 내재하고 있는 '숨은 공간'과 '꿈꾸는 공간'들이 어린이 도서관에 투영되어 나타난 것이 아닌가 생각된다. 어린 아이들을 위한 최상의 공간은 아이들이 숨을 수 있는 공간과 무한대로 꿈꾸는 공간이 아니겠는가? 모든 도시들은 아파트로 가득 차기 시작하면서 어린 아이들을 위한 공간이라고는 규격화되어 있는 어린이 놀이터밖에 없다. 술래잡기 놀이를 할 곳도 마땅치 않고 숨어서 사라질 만한 공간도 별로 없다. 옛날처럼 어린 아이들이 자발적으로 주변의 공간을 마음대로 활용하면서 놀 수도 없다. 늘 자동차들이 위협하거나 어른들의 시선이 감시한다. 따라서 어린 아이들의 특권인 '숨고 꿈꾸는 권리'를 보장해줄 의무가 어른들에게 있다.

기적의 도서관은 책을 보는 곳이지만 동시에 숨고 꿈꿀 수 있는 체험을 제공할 수도 있다. 놀면서 책을 보고, 책을 보면서 놀 수도 있다. 어린이 도서관에서는 어린 아이들이 엄숙하게 책만 읽는 것이 아니라 같은 또래의 친구들이 책을 보는 것을 바라볼 수도 있고 또 하늘이나 정원에 시선을 던질 수도 있다. 작은 나무를 볼 수도 있고 자기보다 나이가 어린 아이들의 표정을 관찰할 수도 있다. 때로는 이웃집 아주머니도 만나고 사서로부터 야단도 맞을지 모른다. 이런 모든 것들이

정읍 어린이 도서관의
주제는'달팽이와 무지개'이다.
달팽이처럼 느리게 자라고
무지개처럼 꿈꿀 수 있는 그런
도서관을 생각한 것이다.
그래서 도서관 한켠에서는
달팽이들을 키우고 있는 모습을
볼 수 있다.

정읍 어린이 도서관 초기 스케치.

도서관이라고 하는 공간에서 이루어지다보면 거기에는 당연히 아이들이 선호하는 곳과 기피하는 장소들이 있기 마련이다. 그것은 아무도 모르는 일이다. 어린 아이들만 알 것이다. 그래서 어른들은 어린 아이들이 좋아할 만한 공간들을 만들어주어야 한다. 아파트나 학교에서는 만날 수도 찾을 수도 없는, 평범하지만 흥미로운 장소를 애정을 가지고 준비할 때 아이들은 도서관을 '나의 집'으로 간주할 것이다.

소통의 건축 :

| 말하는 건축, | 말을 거는 건축 |

정읍 기적의 도서관은 설계 초기부터 '달팽이와 무지개'라고 하는 주제를 갖게 되었다. 기존의 여러 도서관들을 분석하고 얻은 결론이었지만, 또 한편 본격적으로 건축이 세상에게 말을 하고 말을 거는 건축을 염두에 둔 것이다. 다시 말해서 어려운 건축이 아니라 쉬운 건축, 즉 소통의 건축을 전제로 생각한 것이다. 본래 〈책사회〉와 도서관 건축에 대해 논의하던 중 많이 거론되었던 모델이 이를테면 '디즈니랜드'식과 흡사한 것들이었다. 어린 아이들의 상상력을 자극하고 그러면서도 쉽게 소통할 수 있는 그런 이미지의 건축을 상정했었던 것이다. 디즈니랜드식 건축이란 이미 보편화되어 있어서 세계 어디에서도 소통에 어려움이 없는 것이 사실이다. 그런데 문제는 막강한 월트디즈니 프로덕션이 생산해낸 수많은 이야기들 속에 등장하는 캐릭터들이 상품이 되어 너무 진부해진 감이 없지 않고 또한 디즈니랜드 모델은 새로움이 없다는 점이다

　도서관 설계를 같이하게 되었던 건축가 조건영 씨나 나는 오히려 디즈니랜드식 이미지와는 정반대되는 대척점에 있는 건축을 제안했던 것이다. 즉 '창고와 같은 건축'을 제안하면서 특수해(解)로서의 기존 모델보다는 오히려 가변적일 수도 있는 '보편적 공간'을 제시했다. 어린이 전용 도서관 건축이 모두에게 낯설고 처음이기 때문에 건축가들은 어떠한 경우도 수용할 수 있는 보자기 같은 건축을 떠올렸고, 〈책사회〉의 관계자들은 아이들의 호기심을 자극하고 누가 보아도 상상의 날개를

개념이 없이 그어진 획일적인
단지계획은 새 도시를 단조롭게 만든다.
그 틈바구니에서 어떻게 건축이 도시를
만들 수 있을까 하는 것이 기적의
도서관을 설계하면서 느낀 생각이다.
'건축이 빈 필지를 수동적으로 채우는
것이 아니라 풍부한 공간을 만들어내는
도시건축의 가능성을 탐색하였다.'

정읍 기적의 도서관은 다른
기적의 도서관들과 달리 '무지개와
달팽이'라는 테마를 가지고
설계되었다. 지금까지 설계되었던
기적의 도서관들의 공간을
심층적으로 분석한 결과 이상하게도
공통된 특질을 발견하였다. 그
하나는 공간이 내면화되는 '달팽이
공간'이고 또 다른 하나는 꿈꾸는

'무지개 공간'이었다. 이들 공간의
미묘한 조합이 기적의 도서관들을
이루고 있었던 것이다. 그래서 그
공간의 테마를 적극적으로 정읍
기적의 도서관에서 적용한 것이다.
기적의 도서관 지붕 위로 달팽이가
기어간다. 낮에는 노란색, 밤에는
무지개색으로 변모하면서 어린
아이들의 눈길을 붙잡는다.

펼 수 있는 모험적인 건축을 생각했던 것 같다. 그러나 결과적으로 건축가들이
제안한 안들이 거의 수정없이 수용되면서 아홉 개나 실현된 것이다. 그래서 나는
지금까지의 건축에 대한 생각을 조금 넘어서 일반 사람들도 쉽게 동의할 수 있는
주제를 선택하였으며, 동시에 기존 건축의 일반 해법을 병치시켰다. 그렇게 해서
정읍 기적의 도서관이 탄생한 것이다.

비닐하우스 :
흙으로 채소를 키우는 비닐하우스와
책으로 아이들을 자라게 하는 도서관

전 국토의 풍경은 이제 둘로 나뉜듯하다. 하나는 아파트이고, 또 다른 하나는
비닐하우스다. 농촌만이 아니라 신도시 언저리에서도 비닐하우스는 쉽게 발견되고,
또한 박공지붕에 경량철골로 된 축사들이 이 땅의 대표적인 풍경이 된 것이다.
때로는 무질서해 보이지만 비닐하우스는 축사들처럼 최소한의 재료를 가지고
최대한의 공간을 합리적으로 만든 것이다. 생산을 위해 이렇게 간이구조물들이
넘쳐나는 모습은 예사스럽게 보이지 않는다. 아마도 값싸고 실용적이고 내구성이
있기 때문일 것이다. 그런 비닐하우스들이 정읍 기적의 도서관 터의 주변에도 여러
개가 있다. 많지는 않지만 새로 개발된 정읍의 신도시격인 수성동 일대의 나대지에
산재해 있는 것이다. 아직은 건축된 땅보다는 건축 이전의 나대지가 훨씬 많아서
비닐하우스와 함께 조금은 을씨년스런 풍경이다. 북쪽으로는 전주지방법원지원
건물이 우뚝 솟아있고 동서쪽으로는 조금 멀리 아파트들이 들어차 있는 중심에
기적의 도서관 터가 위치해 있다. 언제 모든 집들이 지어져 도시의 면모를 갖출지
아무도 모른다. 사람들 얘기로는 아직도 한참 더 기다려야 한다고 말한다. 그렇다면

비닐하우스에서는 채소나 과일이
자라고 정읍 어린이도서관에서는
아이들이 자란다.

어린이 도서관이 주변의 비닐하우스와 비슷한 모습으로 세워지는 것이 바람직해 보였다. 물론 언젠가는 주변의 비닐하우스들이 사라질지도 모른다. 비닐하우스는 반원형의 형태로 무지개와 같아 보이고 또한 그 속에서 흙으로 채소들을 키우듯 책으로 아이들을 키우는 곳을 상기시킨다. 비닐하우스의 기본 형태는 아닌게 아니라 무지개의 기본형과 닮은꼴이다. 그래서 도서관은 주변과 자연스럽게 어울린다.

꿈꾸면서 | 느리게 자라기

커다랗게 건축의 형태가 설정된 다음 남은 것은 이제 달팽이 공간과 달팽이의 상징을 어떻게 건축과 만나게 할 것인가 생각해보는 일이다. 그래서 나는 불현듯 '무지개를 올라타고 있는 달팽이'를 상상하였다. 무지개는 색깔이 곱지만 순간적이고 달팽이는 자기 집을 지고 느릿하게 움직인다. 요새 세상같이 빨리빨리 자라나서 빨리빨리 입시 준비하고 빨리빨리 대학에 가야 하는 숨가쁜 아이들에게 '제발 천천히 자라고 느리게 성장'했으면 하는 생각이 든다. 왜냐하면 빨리빨리 자라라고 하는 것은 빨리빨리 죽으라는 말과 같이 들리기 때문이다.

어린 시절을 최대로 늘려 살게 하는 느림의 삶이 요청된다. 달팽이는 바로 그런 상징으로 제격이다. 또 한편 무지개는 어린 시절의 희망과 꿈의 상징이다. 그래서 어느 날 나는 제천간디학교 기숙사 준공식을 마치고 돌아오는 차 안에서 「달팽이와 무지개」라는 짧은 동화(?)를 구상하였다. 달팽이들이 무지개를 타고 오르는 이야기다. 아주 순식간에 구성된 이야기지만 정읍 기적의 도서관의 설계 개념으로 삼았다. 그렇게 해서 큰 달팽이가 반원형의 지붕 위를 기어가게 된다. 아주 느리게, 아주 느리게. 낮이나 밤이나 달팽이 조형물(길이 5m)은 정읍 기적의 도서관의 상징이 되었다. 조각가 안규철 교수의 헌신적인 노력에 의해 제작된 달팽이는 아이들에게 말을 건다.

누구나 쉽게 인지할 수 있는 형태지만 누구나 상상할 수는 없는 '지붕 위의 달팽이'는 낯설면서도 호기심을 자아낸다. 달팽이는 늘 그 자리에 있으면서 사람들과 소통을 시작한 것이다.

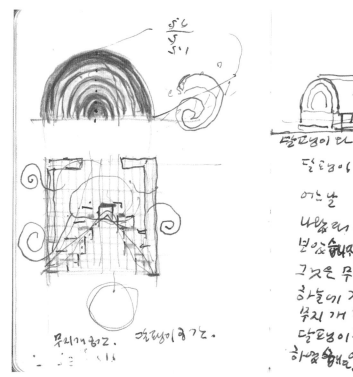
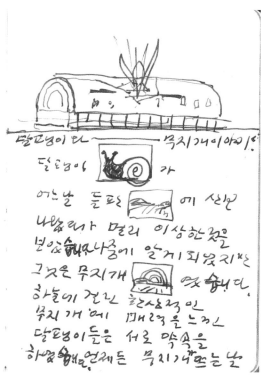

무지개 위에 달팽이가 기어가는 이미지. 그것이 정읍
어린이 도서관이다. 아이들은 이제 느리게 자라게 하고
책을 읽으면서 무지개의 꿈 속으로 빠져들게 하자.
천천히 그러나 확실하게 아이들을 아이들답게 키우자.

달팽이와 무지개 이야기 - 정기용

달팽이가 어느 날 들판에 산보 나왔다가 멀리 이상한 것을
보았습니다. 나중에 알게 되었지만 그것은 무지개였습니다.
하늘에 걸린 환상적인 무지개에 매력을 느낀 달팽이들은 서로 약속을
하였습니다. 언제든 무지개가 뜨는 날, 양쪽 마을의 달팽이들이
무지개를 타고 올라 하늘에서 만나기로 하였습니다. 그러던 어느날
마침 무지개가 떴고 달팽이들은 약속대로 양쪽에서 무지개에 오르기
시작했습니다. 양쪽 마을에서 달팽이들은 무지개를 다리 삼아
서서히 오르기 시작했고, 서로 저 높은 하늘 위에서 만날 생각을
하니 모두 가슴이 설레었습니다. 그런데 갑자기 큰 일이 생겼습니다.
조금 오르기도 전에 무지개색들이 옅어지며 서서히 사라지는 것이
아니겠습니까! 그때 앞장섰던 달팽이가 긴급히 신소를 보냈습니다.
서로 서로가 더듬이로 떠받혀주기로. 그렇지 않으면 전부 땅으로
떨어질 것이니까요. 어느덧 무지개는 사라지고 하늘에는 그 대신
달팽이들이 만든 홍예가 생겨났습니다. 그 다음에 올라오던 녀석들이
계속 무지개를 타고 오르던 달팽이의 등을 타고 다시 올라 결국
무지개의 형상을 완성한 것이었습니다. 그렇게 해서 처음으로
달팽이들은 그들이 오랫동안 살아오던 땅을 내려다 볼 수 있었습니다.
서로 서로 어깨를 맞대고 자신들의 힘만으로. 달팽이들은 감격스럽게
오래오래 그리고 샅샅이 아래를 내려다보았습니다. 그리고 서서히
땅으로 돌아가기 시작했습니다. 하늘로의 여행이 언제 끝날지는
아무도 모릅니다. 그들은 천천히 서로의 등을 타고 내려오면서 서로의
더듬이를 다치게 해서는 안 되기 때문에 보통 때보다도 열 배는
느리게 내려오다보니 그들은 지금도 내려오는 중입니다. 대신 언젠가
다시 나타날 무지개를 생각하며, 위에서 내려다본 땅의 경이로운
풍경을 조금 더 음미하며 그들이 살아온 땅이 하늘과 붙어 있음을
깊이 깊이 깨달았습니다.

(제천 간디중학교 기숙사 현장을 다녀오면서, 2007. 2. 27)

양쪽마을의 달팽이들이
무지개를 타고 올라 하늘에서
만나기로 했대요. 그러던 어느날 마침
무지개가 떴고 달팽이들은 약속대로

양쪽마을 무지개에
오르기 시작 했대요. 양쪽 마을
에서 달팽이들은 무지개를
다리삼아 서서히 오르기 시작
했고, 서로 하늘위에서 만날
생각을 하니 가슴이 설레었습니다.
그런데 갑자기 모두 큰 일이 생겼습니다
조금 오르기 전에 무지개

색色들이 엷어지며 서서히
사라지는 것이 아니겠습니까!

그때 앞장섰던 달팽이가 긴급
해산호를 보냈어요. 서로 서로 가 떠나
해 주기로. 그렇지
않으면 큰 일 땅으로 떨어
진 것이니까요. 이느 무지개는
사라지고 하늘에는 그대선
달팽이들이 만든 무지개가
생겨났어요. 그다음에 온라온으로
여성들이 계속 무지개를 타고
오르면 달팽이의 등을 타고 올라

평소 무지개의 형성을
분명히 것이냐 습니다. (그리고
그럼에해서 처음으로 달팽이
들은 그들이 삶 앞으로
올랐으니

땅을 내려다 볼수 있었습니다.
서로 서로 어깨를 맞대고
자신들의 힘 만으로
달팽이들은
감격 스럽고 오래 오래
그리고 서서히

서서히 땅으로 돌아 가기시작했습니다
언제 끝날지는 아무도 모릅니다.
하늘로의 여행이)
그들은 천천히 서로의 등을타고
내려오면서 서로의 더듬이를
다치게 굴러서는 안되기 때문에
보통때 보다도 열배는 느리게
내려오다보니 그들은 지금도 내려오는
중입니다. 대신 언젠가 다시
나타날 무지개를 생각하며, 위에서
내려다 본 땅의 경이로운 풍경을
조금이 음미하며 그들이 살아온
자랑이 힘들과 불이 있음을
굳이 같이 깨달았습니다.
처럼
강연학교 길느시련길을
멀리 오면서...
2007
2/27

1층 평면도

0 1   2   5m

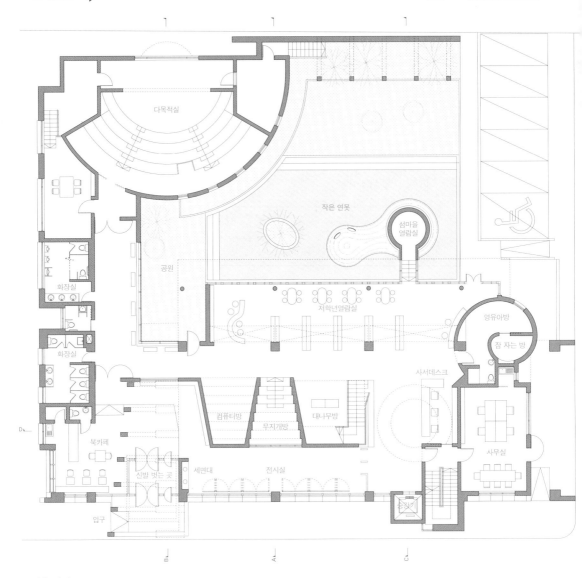

다목적실

작은 연못

섬마을
열람실

공원

저학년열람실

영유아방

잠 자는 방

화장실

화장실

사서데스크

북카페

컴퓨터방

무지개방

대나무방

사무실

신발 벗는 곳

세면대

전시실

입구

서측 입면도

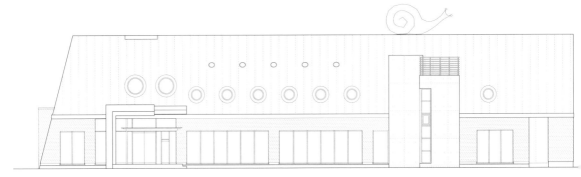

190

남측 입면도

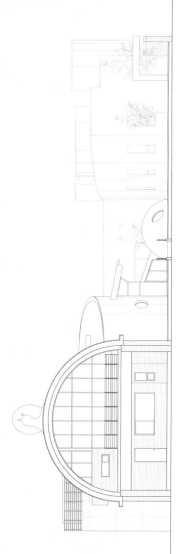

2층 평면도

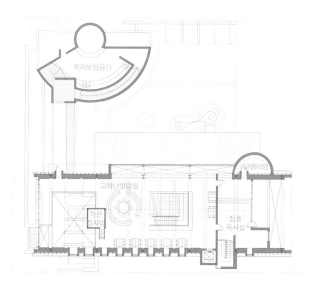

0 1 2   5m

옥외모임공간

달팽이방

고학년열람실

작은
전자방

집중
독서실

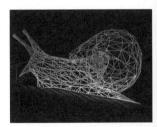

야경 : 밤에 달팽이가

지붕 위를 걷다

집을 짓지 않고 빈땅이 더 많은 정읍 수성동 일대의 단지는 밤에는
어둡고 한적하다. 그 속에서 언제까지인지 모르지만 도시가 완성될
때까지 버텨야 하는 어린이 도서관은 다소 외로워 보인다. 도시
여기저기 현란하게 채색된 네온사인이나 쇼윈도의 불빛이 제거된
야경은 수성동의 밤을 칙칙하게 한다. 그래서 지붕 위의 달팽이는
무지개빛을 받으면서 주변의 시선을 모은다.

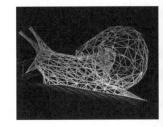

특히 밤에는 무지개빛으로 변신하면서 사람들에게 말한다. '내가
걷고 있는가 아니면 서 있는가' 알아 맞춰보라는 듯이. 작은 도시에서
야경은 너무 강렬해도 의심스럽고 너무 어두워도 답답하다. 정읍
수성동 사람들이 어떻게 생각할지는 모르지만 오늘밤도 달팽이는
지붕 위에서 어쨌든 사람들에게 말을 걸고 있다. 그것이 어떠한
말인지는 보는 사람마다 다를 것이다. 조금씩은 각기 다른 해석을
낳게 하는 한 일단은 성공이다. 왜냐하면 달팽이에게 귀를 기울이게
하였기 때문이다. 서로간의 소통은 주목함으로써 시작된다.

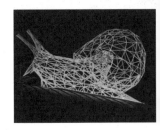

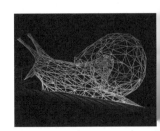

무지개 : 건축의 소통을

쉽게 하는 언어

무지개의 일곱 가지 색은 프리즘을 투과한 태양빛의 색과 동일하다.
과학적으로 설명하자면 빛의 굴절과 파장의 결과라고 할 수
있지만 우리들은 어려서부터 분석적으로 색을 관찰한 것이 아니라
보이는 대로 느꼈던 것이다. 어린 시절, 스케치북에 그림을 그리기

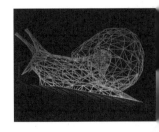

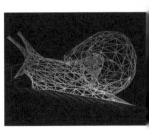

시작하면서부터 우리들은 무지개를 그렸다. 알록달록한 빨강, 주황, 노랑, 초록, 파랑, 남, 보라색을 간단히 줄여서 '빨주노초파남보'라고 외우고 다녔다. 성인이 되어서도 무지개색을 모르는 사람은 없다. 그만큼 무지개색은 사람들의 일생에서 가장 오래 지속되는 색의 상징이다. 그런데 문제는 크레파스나 물감으로 만들어진 무지개색은 너무 강렬하고 원색으로 과장되어 있다.

세상에 물감과 같은 그런 무지개색은 없을 것이다. 하늘에 잠깐 떠 있다 사라지는 무지개는 색상도 곱고 형태도 아름답다. 단순하지만 하늘 가득 이쪽과 저쪽을 연결하듯 떠 있는 그 풍경은 누구에게나 감동적이다. 그래서 사람들은 첫눈이 올 때나 무지개가 떴을 때 "앗! 저것 좀 봐, 무지개가 떴어.""야! 눈이다~ 눈이 내린다."라고 고함친다. 우리는 아침이다! 또는 밤이다! 안개다!라고 호들갑을 떨지 않고 오직 무지개가 떴을 때나 눈이 내릴 때 감성적으로 된다. 다른 자연현상과 달리 무지개와 눈은 조용하게 출현했다가 살며시 사라진다. 지구인들만이 느낄 수 있는 우주의 쇼다. 스펙타클이다. 이렇게 누구나 쉽게 인식할 수 있는 무지개가 하나의 테마가 되어 어린이 도서관을 구성할 때 사람들은 모두 친근함을 느낄 것이다. 거기에는 건축가가 숨겨둔 암호체계가 있는 것이 아니라 모든 것이 이해되고 설명 가능한 투명함이 있다. 그럴 때 비로소 건축은 어린 아이들은 물론 어른들에게 이르기까지 쉽게 소통된다. 건축이 자연에서 차용한 상징과 사람들이 기억 속에 저장한 상징의 언어가 일치하기 때문이다. 정읍 기적의 도서관은 그래서 소통의 건축이라고 명명해도 과장되지 않는다.

가변적 전시공간

도서관의 정문은 무지개색상을 한 게이트 모양의 형상이 앞뒤로 배열되어 있는 사이에 있다. 반원형의 아치의 형태가 아니라 조금 역설적으로 비틀린 사각형으로 되어 있다. 무지개의 형태를 은유한 것이다. 신발을 벗고 들어가면 오른편으로 긴 복도 아닌 복도가 나타난다. 복도라고 하기엔 너무 넓고 방이라고 하기엔 조금 작아 보이는 공간이 출현하는 것이다. 입구에서부터 사서데스크가 나타날 때까지 그 사이가 바로 전시공간이 되어 누구든 들고나면서 자연스럽게 전시내용을

입구전시

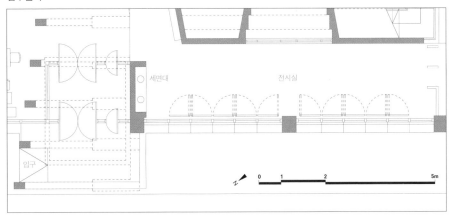

세면대

전시실

입구

0 1 2   5m

단면도 A

0 1 2   5m

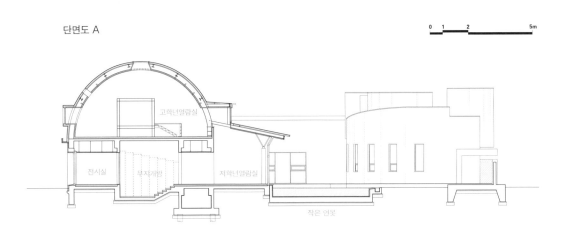

고학년열람실

전시실   무지개방   저학년열람실

작은 연못

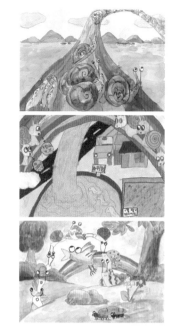

정읍 기적의 도서관을 설계하기 전
나는 무지개와 달팽이라는 주제로
작은 이야기를 쓴 적이 있다.
그 이야기의 주제는 달팽이들이
무지개를 만드는 이야기인데 이것을
아이들에게 들려주고 각 장면마다
그림을 그리게 하였다. 정읍 지역의
초등학교 아이들은 정말로 열심히
그림으로 근사하게 답하였고 그것들
중 흥미로운 것을 여러 점 골라
개관 전시회에 활용하였다.

정읍 기적의 도서관

볼 수 있는 그런 장소인 것이다. 순천 기적의 도서관에서 확실하게 실현하지 못했던
전시공간의 숙제를 여기 정읍 기적의 도서관에서 실현한 셈이다. 긴 전시공간은
북측 도로와 나란히 하고 있다. 그래서 내부에서 일어나는 전시내용을 얼마든지
바깥에서도 볼 수 있는 위치에 있는 것이다. 다만 내부의 전시벽면이 길가 쪽으로도
연속될 수만 있다면 도서관 안팎으로 전시를 기획할 수 있는 것을 알게 되었다.
그래서 나는 창가 쪽으로 문짝과 같은 판넬을 세워 움직이는 전시벽으로 고안했다.
10개의 판넬을 단위 모듈(가로 95cm, 세로 2.4m)로 배열하고 전시판넬 위아래에
유리 출입문과 같이 피보트 힌지(pivot hinge)를 설치하여 창과 나란히 붙일
수도 있고, 창의 직각방향으로 돌려 세울 수도 있게 하였다. 전시를 준비할 때마다
번거로운 일은 벽면에 전시물을 설치하고 철거하는 일이다. 여기 이 전시실의
판넬은 펀칭메탈로 만들어져 철판에 뚫린 수많은 구멍들을 활용하여 쉽게 전시물을
부착하거나 제거할 수 있도록 하였다. 도서관 내의 전시를 위한 작은 '인프라'가
마련된 셈이다. 그래서 나는 이 새로운 전시시설을 검증하고 싶었다.

개관 전 : 정읍초등학교 어린이들이

주인공이 된 잔치

나는 정읍 기적의 도서관 개관전을 위하여 〈책사회〉와 현재 정읍 기적의 도서관
관장이 된 김영란 씨에게 개관전과 관련된 나의 의견을 제시했고 모두가 나의
제안에 선뜻 동의해주었다. 그래서 본의 아니게 개관전 기획을 하게 되었고
전시물까지 제작하게 된 것이다. 나의 제안은 내가 쓴 '달팽이와 무지개'라고 하는
이야기를 정읍 일원의 초등학교 학생들에게 읽어주고 이야기의 7~8개 단락에
따라 그림을 그리도록 하는 것이었다. 그렇게 해서 선정된 그림들을 전시하자고
제안했던 것이다. 일은 일사천리로 진행되었다. 정읍 지역의 초등학교 어린이들이
그린 수백 장의 그림이 모아졌다. 그리고 나서 나는 몇몇 미술가들과 더불어
달팽이와 무지개 그림을 하루 종일 볼 수밖에 없었다. 그림의 수량도 많았지만
한 장 한 장이 흥미로워 보고 또 보곤 하였다. 전시를 위한 일종의 심사과정이라고

말할 수 있었지만 나중에 생각해보면 그날은 참으로 행복한 날이었다. 결국 힘들게
전시작품을 추려내고 나서 나는 이제 어른 화가들은 필요없다는 생각까지 하고
말았다.

아이들 그림이 보여준 상상력과 표현력은 정말로 놀랄 만한 것이었다.
모두 잘 그리기도 했지만 전시를 위해 제한된 숫자로 선별해내기가 너무나
어려웠다. '달팽이와 무지개' 이야기의 단락 중에 무지개가 갑자기 사라져서
달팽이들이 무지개를 만들어야 하는 대목이 있다. 그 장면은 좀처럼 표현해내기가
어려운 것이다. 그러나 아이들은 정말로 근사하게 나의 상상을 넘어선 해답을
보여주었던 것이다.

선정된 그림들 중 우수작은 액자를 하고 나머지는 그림들을 편집하여 두 벌로
출력해서 전시판넬의 앞뒤에 붙였다. 그렇게 해서 도서관 실내에서는 물론 도서관
밖, 길에서도 똑같은 전시를 볼 수 있었던 것이다. 전시의 뒷이야기를 자세하게 들은
적은 없지만 어린이 도서관을 정읍 어린이들의 그림잔치로 개관한 것은 정말로
즐거운 일이었다. 전시판넬의 작동시험은 성공한 셈이다.

전시는 그 내용에 따라 또 다른 소통을 가져온다. 어떻게 보면 어린이 도서관이
갖는 기능 중에서 책을 수동적으로 읽기만 하는 것이 아니라 읽은 것을 표현해내고
전시할 수 있는 기능이야말로 대단히 중요하다는 생각이 든다. 그것은 아이들이
적극적으로 참여하여 도서관의 주인이 아이들 스스로임을 자각하게 해주는 일이다.
그런 의미에서 전시공간을 적절한 위치에 두고 전시운영을 쉽게 해줄수록 소통의
가능성은 증가한다고 볼 수 있다. 이것이 바로 건축가의 몫이라고 생각한다. 또한
이 부분이 제2세대 기적의 도서관이 제시해야 되는 것인지도 모른다.

다목적공간 : 집단적 소통의 장소

다목적공간은 말 그대로 어린이 도서관을 운영하는 데 있어서 꼭 필요한
다중의 모임을 소화하는 장소다. 아이들은 이곳에 모여 구연동화도 듣고 때로는
어린이 영화도 감상하며, 또 어떤 때는 자원봉사자들의 교육도 이루어진다.
책은 개별적으로 읽지만 도서관 안에서는 수시로 집단적인 활동을 필요로 한다.

크게 분류하자면 감상과 교육과 공연과 같은 이벤트를 허용하는 다목적공간은 그 규모와 형태에 따라 어떤 행위는 가능하게 하기도 하고 어떤 것은 불가능하거나 제한시킨다. 그래서 제일 중요한 것은 무대와 객석 사이의 관계를 설정하는 것이다. 양자를 구분하면서 시선을 쉽게 확보하기 위해 계단식으로 처리할 것인가 아니면 어떠한 형태의 이벤트도 수용할 수 있도록 바닥을 평평하게 만들 것인가 하는 것을 결정하는 것이다. 둘 다 장단점은 있다. 나는 절충안으로 무대 쪽으로의 시선에 장애물이 없도록 객석을 계단식으로 하면서 무대 앞면을 넓게 확보하였다. 다목적실의 형태가 순천에서는 타원형, 진해에서는 반원형, 제주와 서귀포에서는 사다리꼴로 선택되었다면 정읍에서는 진해보다 규모를 크게 한 반원형으로 결정하였다. 그리고 무대 좌측으로 진해에서와 같이 준비실을 크게 마련하여 여러 행사나 공연을 뒷받침하게 한 것이다.

도서관마다 다목적실을 사용하는 프로그램과 참석하는 어른과 어린 아이들의 수 그리고 사용시간 등을 면밀히 조사한다면 작은 규모의 어린이 전용 도서관의 다목적실과 관련된 적정규모를 산출할 수도 있을 것이다. 그러나 물론 더 중요한 것은 어떻게 보면 공간보다 운영하는 사람들의 상상력과 정성일지도 모른다. 어쨌든 이런 부분에 대한 세밀한 관찰과 연구가 필요한 것은 사실이다. 특히 쾌적한 공간을 만들기 위한 환기시설, 냉난방시설, 조명시설 그리고 최소한의 무대설비와 음향시설들이 완벽히 갖추어지면 좋겠지만 건축공사 때에는 늘 예산이 부족하기 때문에 알면서도 이런 문제들을 뒤로 미루는 것이 다반사다. 따라서 준공 후에 단계적으로 필요한 시설들을 제대로 설치할 수 있도록 미리 배려하는 것이 중요한 듯하다.

전시공간과 마찬가지로 다목적실의 성공적인 활용은 어린이 도서관의 성격을 규정짓기도 한다. 개인 대 개인의 소통이 아니라 집단적 소통을 위한 중요한 공간이기 때문이다. 작더라도 다목적실을 별도로 갖는다고 하는 것은 바람직한 어린이 도서관 운영을 위하여 필수적이다.

진해 기적의 도서관에서보다 더 다양한 활동을 펼칠 수 있는 다목적실이면서 강당의 크기를 조금 더 넓혀 보다 많은 아이들과 주민들이 다양하게 활용할 수 있도록 하였다.

순천에서와 같이 강당 상부에 미로와
같은 모임공간을 만들었다. 언젠가는
이 공간을 흥미롭게 사용할 수 있는
프로그램이 개발되기를 기다려본다.

정읍 기적의 도서관

다목적공간

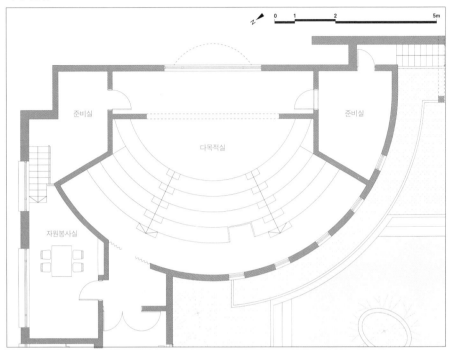

0 1 2 5m

준비실

준비실

다목적실

지원봉사실

단면도 B

0 1 2 5m

입구

정원

옥외모임공간

다목적실

열람실과	다양한 방들

정읍 어린이 도서관의 열람실은 2개 층으로 구성되어 있다. 전시실을 지나
사서데스크를 마주보게 되고 사서데스크 앞으로는 저학년 열람실, 뒤로는 사무실과
영유아실이 있다. 열람실 동쪽 창으로 바깥 풍경이 바라보이며 그중에서도 특히
물에 떠 있는 '섬마을' 열람실이 눈을 끈다. 그리고 긴 열람실 북쪽으로 대나무방,
무지개방, 컴퓨터방이 차례로 배열되어 있다. 이러한 방들을 지나 화장실을
마주치고 다목적실로 꺾어지면서 잠시 정원이 보인다. 2층으로 올라가면 깜짝 놀랄
만한 공간이 나타난다. 아래층이 도시와 만나는 평범한 공간들의 연속이라면 2층
공간은 하늘과 만난다. 특히 비닐하우스에서와 같이 큰 아치의 철골조로 조성된
공간은 철골의 리듬에 따라 채도가 낮은 무지개색이 칠해져 있고 철골 사이의 모든
면은 밝은 자작나무 합판으로 덮혀 있다. 한마디로 넓고 밝은 체육관 모습을 하고
있다는 인상도 있지만 부드럽고 재미있는 의자들의 조합과 연이어 줄 서 있는
서가들 모습은 체육관과 당연히 다르다.

천정에 매달려 있는 환기설비들, 조명기구들은 부가된 것이 아니라 건축의 한
부분으로 건물이 필요로 하는 정직함을 대변한다. 2층에도 작은 방들이 있다.
달팽이방, 작은 정자와 같은 방 그리고 집중독서의 방이 있다. 어린이 도서관을
운영하는 사람들은 시선이 직접 닿지 않는 여러 개의 방들로 구성되어 어린
아이들을 감독하는 것이 제일 어렵다고 한다. 때로는 벽에 낙서도 하고 때로는
상급학년 아이들이 저학년 아이들을 괴롭히기도 한다고 한다. 물론 그럴 수도
있을 것이다. 그러나 아이들은 또한 숨기를 좋아한다. 운영하는 사람들은 아이들을
안전하게 하기 위하여 노심초사하고 아이들은 그런 어른들의 시선을 최대한
피해 숨고자 한다. 마치 숨바꼭질과 같다. 운영하는 사람들의 어려움도 들어주고
싶고 아이들의 이야기도 들어주어야 하는 것이 건축가의 몫이 아닌가 생각한다.
운영하는 사람들의 지혜를 믿고 정읍 기적의 도서관에 조금 과다하게 방들을
배치한 셈이다.

2층 고학년 집중독서실 옆에는
'달팽이방'이 있다. 자연채광으로 벽면을
밝히면서 달팽이 공간은 도서관 전체를
둥글게 휘감는다.

저학년 열람실 옆에는 무지개방도 있다.

출입구 바깥에서부터 내부공간으로
들어오면 무지개색으로 장식한
각기 다른 공간의 켜가 연속되면서
로비공간을 특징짓는다.

1층 저학년 열람실

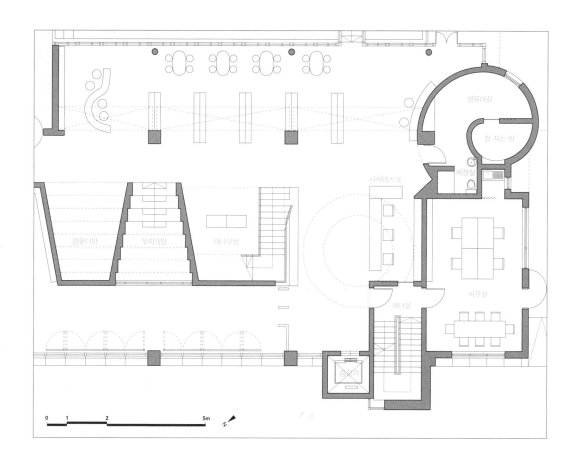

영유아실

잠 자는 방

화장실

사서데스크

컴퓨터방   무지개방   대나무방

계단실

사무실

0   1   2   5m

입구 쪽에서 남쪽을 바라보다. 2층 고학년
열람실은 여러 집중독서공간을 갖춘
'큰 무지개 방'이다. 서쪽으로 난 둥근 창은
멀리 산자락 풍경을 바라보는 망원경이다.

남쪽에서 북쪽을 바라보다. 2층 열람실은 1층 저학년
열람실과 비교적 단절되어 아래층 소음이 잘 전달되지
않는다. 비교적 넓고 풍부한 공간은 심리적으로
안정감을 주고 누구든 이 공간을 찾는 사람들이
따뜻하게 대접받는 듯한 기분을 느끼게 한다. 자작나무
합판으로 마감한 천정이 공간 전체를 통일적으로
보이게 한다.

정읍 기적의 도서관

도로상에서 본 정읍 기적의 도서관.
콘크리트로 된 수직면은 장애인 및 책들을
나르는 엘리베이터실이다.

창

멀리서 보면 정읍 기적의 도서관은 비닐하우스라기보다는 잠수함처럼 보이기도
한다. 실내의 빛을 위해 개구부(창)가 필요했다. 건축은 여러 가지로 정의가
가능하지만 창의 의미를 통해 건축을 바라보면 색다른 정의가 발견된다. '건축은
어디를 닫고 어디를 얼마만큼 여는가 하는 것이다.'라고 해도 과언이 아니다.
왜냐하면 특별한 건축물이나 구조물이 아니고서는 창이 없는 건물은 없기
때문이다. 어느 벽에 얼마만큼의 크기로 창과 문을 만드는가 하는 것이 우리들의
삶을 결정하기도 하고 건축의 이미지를 결정한다. 물론 도서관은 너무 많은
개구부를 두는 것이 적절치 않다. 그것은 앞에서도 다른 도서관을 이야기하면서
거론하였지만 너무나 넓은 창은 필요 이상의 빛을 실내로 보내기 때문이다. 정읍
기적의 도서관 1층의 창들은 그냥 평범한 직사각형의 연속된 창들이지만 지붕이
벽이 되는 2층 아치 부분은 특히 서측으로 원형창을 반복적으로 만들면서 벽면에
비해 열린 부분을 최소화하였다. 그리고 각기 원형창을 통해 원경이 줌인(zoom-in)
된다. 멀리 산의 풍경들이 원형 액자 속에 각별하게 고정된다. 책을 읽으면서 바깥
풍경에 너무 많은 신경을 쓰지 않게 하는 것은 상식적이다. 그래서 어린이 도서관
2층에서 밖의 경관이 잘 드러나지 않는다. 독서에 집중하게 하기 위한 것이다. 이미
2층의 반원형 터널공간의 천정고가 충분히 높기 때문에 열람실 전체는 답답하지
않다. 시선이 장애물 없이 시원하게 터져 있기 때문이다. 창은 특별히
클 필요가 없다고 생각한 것이다.

작은 연못 : | 물로 쓴 책

제2세대 도서관 건축에서 본격적으로 다루어보고 싶은 것이 두 가지였는데, 하나는
웅크려야만 들어갈 수 있는 아주 작은 공간을 만드는 일과, 물을 본격적으로
활용하는 것이었다. 결과적으로 둘 다 성공했다고는 말할 수 없겠으나 일단 실현은
한 셈이다. 건축에서 옥외공간을 다루며 많은 건축가들은 수변공간을 여러 가지로

구상하게 된다. 어린이 도서관에서 옥외공간은 단순히 건축의 바깥이 아니라
건축적인 공간이다. 나도 그렇게 생각하기 때문에 물의 사용에 대하여 여러 가지
생각을 하였다. 진해 기적의 도서관 밖에 설치한 작은 연못은 아이들에게 여러
가지 즐거움을 주었다. 물론 물을 유지 · 관리하기에 정성이 들지만 물 속에 사는
물고기들 이상으로 아이들의 시선을 사로잡는 것은 없다. 그래서 물도 책이다.
어떤 책인가 하면 자연과 생명이 살아있는 책이다. 언어로 쓰인 것이 아니라 물과
빛과 움직임으로 쓴 책인 것이다. 그래서 아이들에게는 즐거운 곳이다. 그리하여
정읍에서도 본격적으로 수공간을 조성하고 그 가운데 섬을 띄웠다. 하나는
앉아서만 책을 볼 수 있는 책 보는 방이고, 하나는 단풍나무를 자라게 하는 작은
섬이다. 그러나 여러 가지 이유로 물을 비워버렸다. 바로 그런 점을 예측하여 물의
바닥은 작은 타일로 마감하여 물을 빼도 흉측하게 보이지는 않게 하였으나 여전히
안타까운 생각이 든다. 이를테면 정읍 기적의 도서관의 가장 큰 책, '물로 쓴 책'이
사라진 것이다.

어린 아이들은 본능적으로 숨는 공간을 좋아한다.
특히 초등학교 저학년 아이들이나 영유아들을 위해
저학년 열람실 바깥쪽으로 '작은 섬' 열람실을 두었다.
모든 사서들은 아이들이 보이지 않는 공간을 좋아하지
않는다. 그러나 그렇다고 해서 아이들이 좋아하는
공간을 안 만들 수도 없는 것이다. 흥미로운 공간
속에서 자유롭게 재미있는 책을 볼 수 있다면 관리의
작은 어려움을 감내할 수는 없는 것일까?

옥외에 설치한 '섬마을' 열람실은 1층 저학년
열람실과 작은 통로로 연결되어 있다. 본래 물이
채워져야 섬이 되는데 현재는 물을 뺀 상태다.

남아 있는 숙제들 : 아이들과 노인들이 만나는 정원은 불가능한가?

도서관의 터는 수성동 단지계획에서 2종 일반주거지역으로 정해져 있고 모든 필지들은 작게 나누어져 있다. 도서관 주변으로 어떤 건물이 지어지느냐에 따라 주변환경은 아주 달라질 것이다. 그래서 정읍시도 그렇고 〈책사회〉의 입장도 그렇고, 가급적이면 신축되는 도서관 필지의 앞뒤를 확보하여 아주 작은 공원을 만들었으면 하였다. 어린이 도서관 바깥 마당을 나무가 심겨져 있는 조용한 쌈지공원으로 확보할 수만 있다면 더없이 좋은 환경이 만들어질 수 있기 때문이다. 그러나 도서관 땅의 북쪽 필지는 정읍시 선거관리위원회가 들어설 예정이었고 남쪽 땅은 개인 소유로 되어 있어 확보하는 데 큰 어려움이 있는 것이 사실이다. 그러나 어떻게 해서든 앞으로 어린이 도서관 한쪽을 아름다운 정원으로 가꾸어 도서관을 사용하는 어린 아이들에게도 좋고 동네에도 이로운 공공영역이 만들어졌으면 좋겠다. 작은 노인정이 예쁘게 들어서서 아이들에게 옛날 이야기도 들려주고 지금은 사라진 전통놀이를 아이들에게 전수할 수 있다면 얼마나 좋겠는가! 노인들이 아이들을 만날 수 있는 기회를 갖는 것은 즐거운 일이 아닐 수 없다. 아이들은 어른들의 보살핌이 필요하고 노인들은 또한 소일거리가 필요하다. 서로 다른 세대의 필요성을 잘만 결합한다면 서로에게 좋은 일인 듯싶다. 지방자치단체마다 노인들의 복지시설과 어린이 시설들을 잘 조정하여 배치하면 상상 외의 시너지효과를 거둘 수도 있을 것이다. 지금 우리나라는 고령화 사회로 급속히 전환되는 시점에 있으며 동시에 저출산으로 인한 인구감소를 염려하고 있다. 따라서 이런 사회적 문제들을 조금이나마 효율적으로 극복하기 위한 공공시설들의 프로그램 작업은 중요해 보인다. 보다 섬세한 공공영역의 계획과 보다 현실적인 공간 프로그램 계획이 만날 때 우리가 어렵게만 생각하던 사회적인 과제들이 의외로 쉽게 해결되는 실마리를 찾을 수도 있을 것이다. 아마도 여기 정읍 기적의 도서관에서 더 필요한 것은 단순히 나무 몇 그루 심은 정원이 아니라 정읍 수성동의 미래 주민들의 삶을 진지하게 보살피는 자세일 것이다.

단면도 C

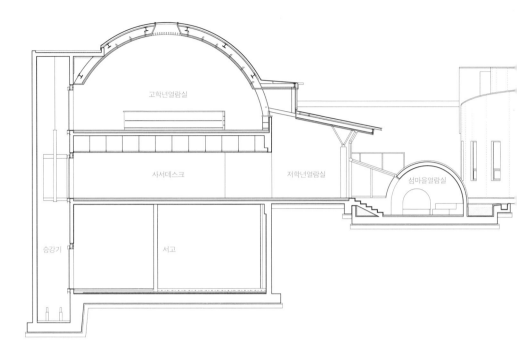

고학년열람실

사서데스크   저학년열람실   섬마을열람실

승강기   서고

단면도 D

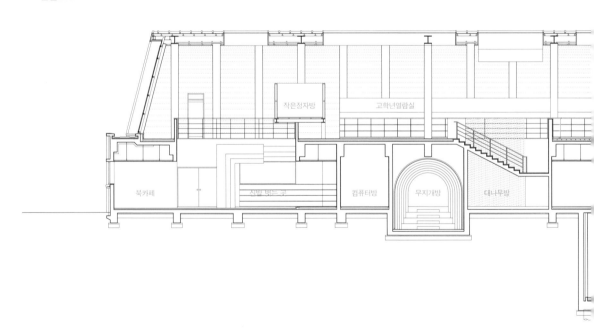

작은정자방   고학년열람실

북카페   신발 벗는 곳   컴퓨터방   무지개방   대나무방

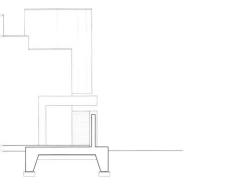

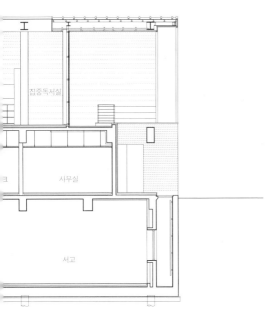

집중독서실

사무실

크

서고

김해시 주변에 새로 생긴 단지들 가운데 그래도 넉넉한 품을
가지고 있는 어린이도서관 터는 개울을 끼고 있는 근린공원 내에
있다. 그래서 건물이기 이전에 근린공원의 색다른 정원과 같이
지어지고, 때로는 어린 아이들이 녹화된 옥상에서 책도 볼 수
있는 그런 도서관이 되었으면 한다. 특히 김해 기적의 도서관은
기능에 따라 채 나눔을 하였다.

연속된 대지의 풍경

김해 기적의 도서관

김해와 가야 :

설화와 역사의 땅

옛 가락국의 중심지인 가야라는 말은 가라에서 유래하였으며 산이나 들을 일컫기도
하고 마을을 가리키는 일반명사이기도 하다. 다시 말하면 낙동강이 바다로
흘러들어가기 전 펼쳐져 있는 넓은 들판은 굴암산과 임호산 그리고 함박산과
반룡산들이 에워싸면서 그 주변으로 마을들이 들어선 듯싶다. 하여튼 허황후의
전설이 이어져 내려오고 강과 바다를 끼고 있는 가야문명의 가야인들의 삶의
터전이었던 김해 일대는 집을 지으려고 땅을 파기만 하면 유물이 나온다. 그동안
그 유물들이 다 온전히 발굴되고 보존되었는지 자세히 알 길이 없지만 기적의
도서관이 들어설 땅 바로 옆에도 이미 아파트단지가 조성되면서 출토된 유물들을
모아 전시하는 박물관이 들어선 것을 보면 아닌게 아니라 예사스러운 땅이 아님은
분명하다.

물론 한반도 전체는 이 땅을 살다간 사람들의 기억이 숨어 있다. 모든 거주
지역들을 잘 살펴보면 아마도 반도 전체가 살아있는 박물관일 것이다. 한 켜의
땅을 들추면 지하에는 잠자고 있던 수많은 유물들이 드러날 것이다. 특히 김해와
같은 지역은 옛 시간이 머물러 있는 보물창고임에 틀림없다. 그러한 김해 땅,
김해시에서는 2007년부터 '도서관 도시'로 거듭날 준비에 온 힘을 쏟고 있다.
기적의 도서관도 그런 일환으로 계획된 것이다. 또 다른 천년 후에 21세기 초반의
김해의 땅은 '책과 지혜의 도시'였음을 증언할지도 모르는 그런 역사가 시작된
것이다.

옛 가야 사람들은 왕을 맞이하기 전 「구지가」를 불렀다고 한다. 많은 사람들이
「구지가」를 부르면 부를수록 왕이 빨리 찾아올 것이라는 믿음을 가졌기 때문이다.

거북아 거북아 / 머리를 내어라 / 내어놓지 않으면 / 구워서 먹으리.

그래서 가야국은 결국 수로왕을 맞이하게 되었고 수로왕은 허황후와 가약을
맺고 허황후가 인도에서 가져온 '장군차'를 심고 마시면서 한반도 남쪽의 아름다운

가야 문화를 꽃피우기 시작하였다는 전설을 모르는 사람은 없다. 그렇듯 지금 김해 사람들이

도서관아 도서관아 / 문을 열어라 / 문을 열지 않으면 / 쳐들어가겠다.

는 전설을 만들기 시작했다고 말하는 것은 너무 과장된 일일 것인가? 모든 지방자치단체들이 어떻게 해서든 '묻지마개발'로 삽질만 하고 있을 때 책을 이야기하고 도서관 정책을 논의하는 것 자체가 기적으로 보인다. 어찌되었든 김해에서 설화는 지속된다.

율하1지구 신도시 개발지역

김해 어린이 도서관의 입지를 분석하기 위해 〈책사회〉 안찬수 사무처장과 여러 곳을 답사한 적이 있다. 김해의 기존 도심도 여러 곳을 방문하였고 장유면 율하공원도 찾아보면서 어느 곳이 가장 합당한 장소인지 따져보았다. 도심에는 이미 기존 도서관들이 있어서 그곳을 통해 어린이 도서관의 기능을 해결하기로 하고 결국 율하1지구의 근린공원 내에 도서관을 건축하기로 합의하였다. 새롭게 조성되는 신도시에 건립되는 어린이 도서관은 여러모로 새로운 마을에 활력을 불어넣을 것으로 판단하였기 때문이다.

김해시 전체로 보았을 때 김해시는 다른 중소도시들과 다른 큰 차이점이 있다. 도시 인구가 감소하는 것이 아니라 증가세를 지속하고 있다는 사실이다. 그 이유는 여러 가지가 있겠지만 우선 일자리들이 조금씩 늘어나고 있으며 동시에 김해의 도시환경이 삶의 질을 향상시키고 있는 이유 때문일 것이다. 거기에 더해 앞으로 건립될 어린이 도서관은 새롭게 입주하는 젊은 어머니들에게 큰 호응을 받을 게 틀림없다. 기존의 여러 기적의 도서관들이 입증하였듯이 어린이 도서관은 더 이상 어린이 전문 도서관의 기능만 수행하는 것이 아니라 아주 독특한 커뮤니티 센터로 작동하고 있는 사실들을 이미 체험하고 있기 때문에 김해 율하1지구에 본격적으로 건립될 기적의 도서관도 그러한 기대를 저버리지 않을 것이다. 오히려 도서관의

N
0 1 2   5m

주차장

주차장

기능에 덧붙여서 공동체를 활성화할 수 있는 다목적강당이 다른 도서관에 비해 강화되었다. 이 글을 쓰고 있는 지금 아직 착공되지는 않았지만 머지않아 순천과 또 다른 의미의 본격적인 어린이 전용 도서관을 만날 수 있을 것이다.

터 : 개울따라 만들어진 선형의 공원

계획가들은 율하1지구를 설계하면서 조붓한 벌판을 가로지르는 율하천 남쪽으로 고층아파트단지를 조성하고 율하천 북쪽 반룡산 밑자락에는 단독주택지를 조성하였다. 그러면서 율하천 남쪽으로 길게 인접한 땅에 교육시설과 근린공원을 배치하였다. 기적의 도서관의 터도 근린공원 내의 교통공원 옆에 위치를 잡았다. 도서관 터 오른편으로는 단독주택지와 아파트 영역을 이어주는 다리가 있고 단독주택에서 아파트 쪽으로 다리를 건너 왼편으로는 유물전시관이, 오른편으로는 옥외전시장이 조금은 생뚱맞게 서 있다. 그러나 전시장 사이는 비교적 넓은 광장으로 펼쳐져 있어 율하1지구의 중요한 오픈스페이스 구실을 한다. 아직은 썰렁한 편이지만 인구가 조금씩 늘어나면서 그리고 기적의 도서관이 개관하면서 삶의 생기가 넘쳐나기를 바란다.

　　누가 보아도 공원으로 가꾸어진 곳에 도서관이 들어서는 것은 그럴듯해 보이지만 지금은 경관이 그렇게 좋게만 보이지는 않는다. 남쪽으로 띄엄띄엄 솟아난 고층아파트군은 조용하고 조붓한 골짜기의 자연경관을 철저하게 훼손한 셈이다. 자연 속에 아파트가 들어섰다고도 할 수 있지만 결과적으로는 아파트 풍경이 주인이 되면서 산들을 밀어내고 주변을 압도한다. 그런 환경에 세워진 어린이 도서관은 작고 볼품이 없을 것임에 틀림없다. 앞으로 개천가로 학교들이 들어설 터이지만 그런다 해도 근린공원의 경관은 조각조각 해체될 것이고 특별한 통일성 없이 지어질 여러 유형의 건축들은 결국 우리나라 어느 작은 신도시에서나 벌어지는 평범한, 그냥 그렇고 그런 곳이 될 확률이 높다. 어린이 도서관, 교통공원 그리고 학교건축들 사이에 무엇인가 서로를 이어줄 연관성이 있었으면 좋겠다.

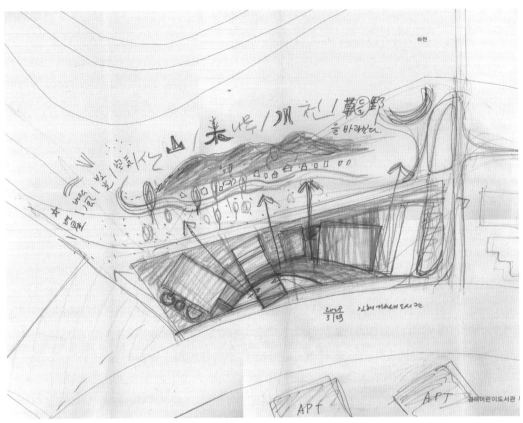

도서관 남쪽으로는 고층아파트만 보인다.
실개천 건너편의 산과 나무를 모든 지점에서
바라볼 수 있게 배치한다.

건축의 언어 또는 사용되는 재료에서 어떤 통일성을 갖도록 서로 노력하는 방법은 없는지 생각해본다.

　이렇게 여러 가지로 불확정적인 땅에, 아파트의 경관이 압도적인 단지 내에서 어떤 존재감이 드러나는 건축이 바람직한가 고민하지 않을 수 없었다. 조그마한 도서관이지만 규모만이 존재감을 만드는 것은 아니다. 아마도 동일한 면적의, 동일한 높이의 건물이라 하더라도 그것을 어떻게 나누어 배열하느냐에 따라 통상적인 건축수법과는 전혀 다른 이미지를 만들어낼 수 있을 것이다. 그것은 아파트군과 적극적으로 대결하는 모양새를 갖추기 위한 전략이 아니라 훼손된 경관을 '집'이라는 풍경으로 치유하는 일이다. 고층아파트 아래에서 도서관은 작은 매스들로 올망졸망하게 집합되고, 지붕 위로는 공원과 연속된 녹색의 정원이 된다. 그래서 결과적으로 도서관은 집이면서 동시에 그 자체가 풍경이다.

집으로 | 풍경 만들기

모든 집은 건축이면서 동시에 풍경이다. 집이 건축이라 하면 집이 집을 위해서 만들어지는 것이 아니라 특별한 목적과 용도를 충족시키기 위해 어느 시대나 그 시대에 맞는 형식의 옷을 입고 땅 위에 세워지는 그런 순간 동시에 그 건축은 그것을 바라보는 모든 사람들에게 풍경의 한 요소가 된다. 풍경의 한 요소라 하는 것은 지상에 집만 있는 것이 아니라 하늘과 땅, 산과 나무 등 집 주변의 모든 것과 함께 보이기 때문이다. 집은 자연의 한 부분이 되어 자연과 섞이면서 동시에 자연으로부터 분리된다. 이런 속성 때문에 집은 건축이면서 동시에 풍경이라고 말할 수 있는 것이다.

　그런데 집이 풍경이 되는 방식은 그것이 하나의 마을 속에 있는가 아니면 큰 도시 속에 있는가 또는 시골과 도시 사이에 동떨어져 있는가 아니면 아주 홀로 있는가에 따라 집과 자연의 풍경 속의 관계는 아주 현저하게 차이를 드러낸다.

　이 시대에는 만나기 어려운 나그네가 저녁 무렵 어느 재를 넘다가 '날망'에서 멀리 바라보는 순간 시야에 들어온 '연기 나는 굴뚝'의 정경은 '집의 존재'를 연상시킨다. 이때 집은 풍경이라기보다는 이 세상 모든 집이 압축된 본질로서의 집이다, 존재의 집이다, 인간이다, 평화다, 평화에 대한 믿음이다. 그리고 이 세계의 문명과 문화를 뿌리내리게 하는 정주의 모습이다. 그래서 건축이라는 말보다 나는 집이라는 단어가 내포하는 의미를 더 좋아한다. 칼을 넣어두는 물건을 칼집이라고 하고 삶을 담아내는 공간을 집이라고 할 때 어린이 도서관은 어린이들이 책과 만나는 삶을 실현시키고, 어린이들이 어린이들과 만나는 순간을 마련하며, 어린이들이 어른들과 만나는 장소를 조장해주고, 어머니들과 어머니들이 서로 만나서 주고받는 수다를 담아내는 집이다. 그렇기 때문에 도서관 건물은 흔히 보이는 작은 빌딩 아니면 요새 유행하는 온갖 장식적 요소가 요란하게 덧칠해진 정체불명의 허황된 이미지가 아니라 따뜻한 집이어야 한다.

그런데 대체로 우리들 인식 속에 그려진 집은 모두 지붕을 가지고 있다. 요즘 아이들에게 집을 그리라 하면 아직도 삼각형의 박공지붕을 그릴지 모르겠지만 지붕은 벽과 함께 집의 가장 중요한 요소임에 틀림없다. 그런데 이상하게도 현대건축 언어가 만들어지던 그 초창기부터 전통적 의미의 지붕은 사라지고 평지붕으로 대체되었다. 평지붕이라고 하더라도 방수와 단열재의 성능이 발달하고 시공기법이 개발되면서 특별히 문제될 것은 없다. 다만 현대 건축가들은 그들의 순수한 이론을 실현하기 위해 군더더기가 없는, 기하학적으로 완벽한 입방체 건물들을 선호하였다. 이 점에 대해 우리들은 특별하게 비판하거나 거부할 이유는 없다. 장식이 넘치고 의장적 효과들이 과장되게 표현된 전통적인 건축에 비하면 단순하고 절제되어 있는 아름다움이 있다. 그것을 부정할 수는 없다. 그런데 그 이후 그렇게 오랜 시간이 지나면서 언제부터인가 후배 건축가들은 이상하리만치, 특별한 이유도 없이 박공지붕에 대한 묘한 거부감을 드러내었던 것이다. 건물들을 입방체로 만드는 것이 어쩌면 현대건축의 형태적 원리라고 착각하고 있었던 것은 아닌가 싶다.

지붕 : 집의 원형질,

지붕열람실

김해 기적의 도서관의 출발점은 박공지붕의 경사면에서 따왔다. 그러나 양쪽으로 경사를 가지고 있는 완벽한 박공이 아니라 한쪽 면으로만 경사가 진 형상이다. 남쪽은 2개 층 높이, 북쪽은 경사면이 땅과 닿아 일종의 긴 직각삼각형이 도로와 개울 사이에 직각 방향으로 배치된 세 개의 동이 서로 엇갈려 있다. 도서관 건물 세 개의 동이 모두 경사면으로 처리되면서 멀리서 바라보면 길고 큰 지붕이 돋보인다. 한마디로 집의 원형인 지붕이 강조된 것이다. 수직으로 높게 서 있는 고층아파트의 힘을 중화시키는 것은 시각적으로 강렬한 수평선이거나 아니면 완만한 경사면을 대비시키는 것이 적절하기 때문이다. 율하천변과 붙어서 남쪽으로 만들어진 산책로는 율하지구의 주민들에게 중요한 공간이다. 걷기도 하고 조깅도 하고 천천히 산책하면서 동네와 물길을 바라보는 것은 즐거운 일이다. 그러므로 산책로와 긴 경계면을 이루고 있는 어린이 도서관은 건축물로 여겨지기보다는 공원이 연장된 녹색면으로 연속되어 공원의 일부처럼 인식되길 바랐다. 건물이면서 동시에 공원의 일부가 되어 아이들이 그 위로 올라갈 수만 있다면 너무나 좋겠다. 우리는 어린 시절 누구나 지붕 위에 올라가고 싶은 충동을 기억한다. 다만 지붕은 늘 높고 밑으로 떨어질지도 모른다는 느낌 때문에 특별한 경우가 아니고서는 올라본 적이 없다. 그래서 도서관 지붕 위로 안전하게 올라가서 쉴 수도 있고 책을 읽을 수도 있다는 것은 얼마나 근사한 일일 것인가! 생각만 해도 즐거운 일이다. 도서관을 운영하는 사람들은 아마도 금방 아이들을 보살피는 문제에 대해 걱정을 할 테지만 어찌되었건 지붕을 오를 수 있는 가능성만이 아니라 아예 본격적으로 운동장의 스탠드와 같이 만들어 둔다면 여러 가지로 쓸모가 있을 것이다. 더군다나 스탠드 위로 등나무가 뻗어가면서 그늘까지 만들 수 있다면 금상첨화가 아니겠는가. 그렇게 해서 김해 기적의 도서관의 지붕은 녹색의 지붕이 되었다. 단순히 치장하기 위해 '옥상녹화'를 한 것이 아니라 쉬면서 책을 읽을 수 있도록 고안된 '옥외열람실'인 것이다. 지붕이 열람실이 된 것이다.

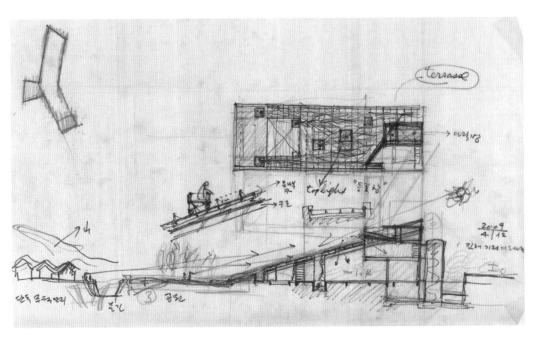

김해 기적의 도서관은 근린공원 내에 있다.
따라서 도서관 옥상을 등나무로 녹화하고 그 밑에서
책을 볼 수 있는 '그린 도서관'이다.

녹색 지붕 :

연속된 대지의 풍경,   등나무열람실

열람실의 지붕이 운동장의 계단처럼 단을 지어서 그곳에 앉으면 앞산, 반룡산도
바라볼 수 있고 늦봄이나 초여름, 5월 초순 어느 날에는 등나무 꽃그늘 아래에서
책을 읽을 수도 있을 것이다. 지붕열람실은 미리 마련한 경량철골로 등나무를
타고 올라가고, 마치 무주의 공설운동장에서처럼 등나무열람실이 될 것이다.
전라북도 무주 등나무운동장에서 검증된 등나무의 역할은 상상을 초월한다.
등나무는 우리가 조금만 정성을 가지고 보살피면 우리들에게 놀랄 만한 선물을
수백 배로 가져다준다. 그늘과 꽃과 잎과 줄기, 한마디로 푸른 생명의 옷을 건축에
갈아입힌다. 그것은 사람이 할 수 있는 일이 아니고 돈으로 살 수 있는 일도 아니다.
그대로 자연의 순수한 선물이다. 등나무의 의지이다. 등나무의 의지, 성장의 DNA,
중생대의 오래된 기억이다. 오래된 이 기억은 오래된 미래를 준비할 것이다. 봄,
여름, 가을, 겨울, 계절에 따라 변화하면서 율하지구 어린 아이들에게, 공원을
산책하는 사람들에게, 자연의 시간을 알려주는 시계의 역할도 할 것이다. 그래서
녹색 지붕은 푸른 대지의 연속된 풍경이 된다. 그러므로 김해 기적의 도서관은
친환경적인 건축이라고 꼭 지목하지 않아도 스스로 그러할 것이다.

기능에 따른   채 나눔

설계 초기 단계에 김해 도서관은 열람실동, 로비동, 영유아실동, 그리고 다목적실동
이렇게 네 개의 집으로 채가 나누어져 있었다. 그 이유는 1세대 기적의 도서관들이
가지고 있었던 소음과 동선의 문제들을 풀기 위한 것이었고, 그리고 둘째로 하나의
큰 덩어리로 보이는 건축이 아니라 몇 채의 작은 집들이 모여 있는 집합의 풍경을
만들기 위한 것이었다. 우리나라 전통건축에서 살림집들이 그러하듯, 적절한
채 나눔은 건물 전체의 스케일을 친근하게 하면서 자연환경과 지형에 보다 적절히

대응할 수 있는 건물배치의 수법이다. 이를테면 필요하다고 해서 초가삼간으로 출발했던 집을 좌우로 무한정 늘릴 수만은 없다. 왜냐하면 그렇게 하면 좌우로 방을 덧붙이는 것만큼 동선이 길어지기 때문이다. 그래서 어느 순간에는 본체가 어느 임계점에 도달하면 본체는 본체대로 종결하고 좌측이나 우측으로 별동을 직각방향으로 꺾어서 배치한다. 그런 식으로 마당을 중심으로 조금씩 건물들이 에워싸게 된다. 이것이 바로 마당을 중심으로 한 중정형 살림집의 성장 방식이다. 김해 도서관은 꼭 이러한 원칙을 동일하게 따른 것은 아니지만 채를 나눈다는 점에서 본질적으로 전통적인 배치수법과 유사하다. 채로 나눈 건물들이 크기가 조금씩 다르고, 놓인 중심축선이 불일치하면서 전체적으로는 다소 역동적으로 보인다. 그러나 크게는 한 가족과 같이 구성되어 있다.

　앞서 말한 바와 같이 네 채로 채 나눔을 하면 나누는 만큼 동선이 길어지고 그만큼 공사비도 더 들기 때문에 결국은 세 채 정도로 채 나눔을 하였다. 세 동이 서로 평행하게 연결되지 않고 엇갈리면서 사이사이에 흥미로운 사이 공간의 삽입도 가능해졌다. 엇갈린 매스들은 아침, 낮 그리고 오후의 빛에 따라 하루 종일 다채로운 빛과 그림자의 변화를 연출하게 될 것이다. 한순간도 동일하게 보이지 않는 다양한 건물의 외관은 우리들을 지루하게 하지 않을 것이다. 그러면서 크게는 율하1지구의 아파트 풍경을 또 다른 차원으로 변화시킬 것을 기대해본다.

　남쪽 곡면도로에서 몇 단을 내려가면 오른편으로 지붕의 경사가 가장 완만한 다목적실 강당이 나타나고 그 왼편으로 사무공간과 영유아공간 그리고 전시공간과 북카페공간을 결합한 로비동이 보인다. 로비동을 거쳐 왼편으로 진입하면 우리는 본격적으로 열람실동에 도달하게 된다. 각 채마다 완벽하게 분리되기보다는 떨어져 있으면서도 자연스럽게 연결되면서 각 영역마다 개별적인 기능을 최대한 보장한다.

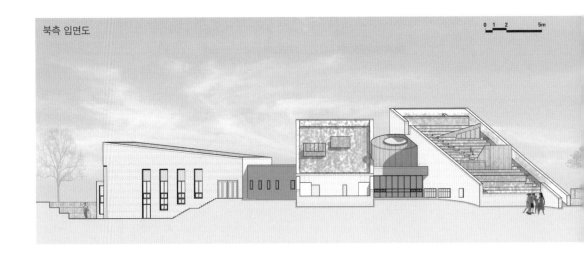

북측 입면도

0　1　2　　　5m

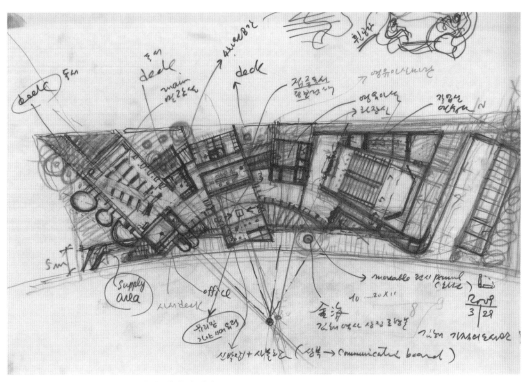

큰 기능(열람, 북카페와 전시, 강당)에 따라
채를 나누고 소음을 줄인다.

초기 스케치 단계에서는 4채로 채 나눔을 했으나,
동선이 길고 건축면적이 증가하여 3채로 압축했다.

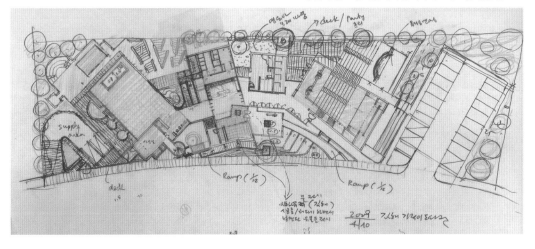

김해 기적의 도서관

율하연못

영

신화의 방

4차원의 방

열람실

아빠랑
여가랑

사서데스크

화장실

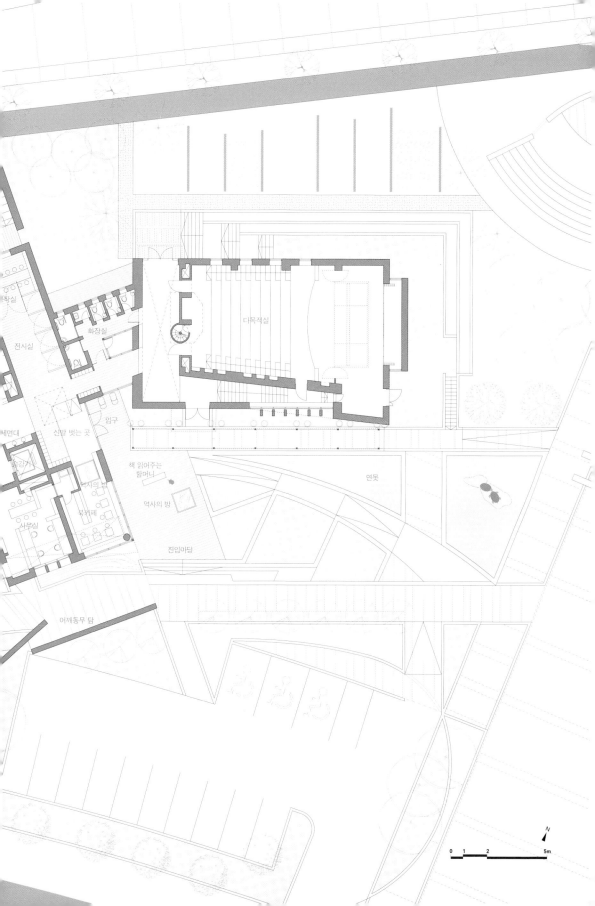

작실

전시실

화장실

의

체면대

신발 벗는 곳

입구

책 읽어주는
할머니

연못

다목적실

여자의 밤

역사의 밤

북카페

사무실

진입마당

어깨동무 담

0 1   2   5m

N

2층 평면도

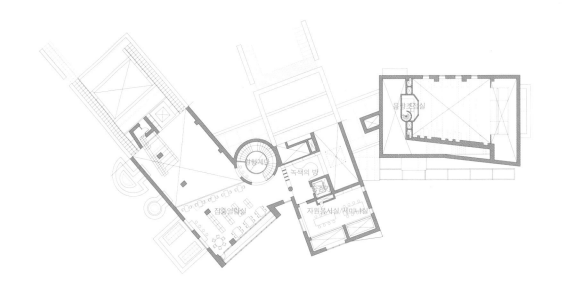

음향조정실

관향계단

녹색의 방

집중열람실

자원봉사실/세미나실

단면도 A

집중열람실 홀

사서데스크 로비 현관

홀 기계실

음향조정실 다목적강당
(60석)

무대상부

무대 선큰

단면도 B

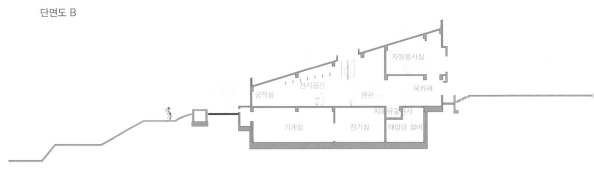

자원봉사실

공작실 전시공간 현관 북카페

지하유물전시

기계실 전기실 태양광 설비

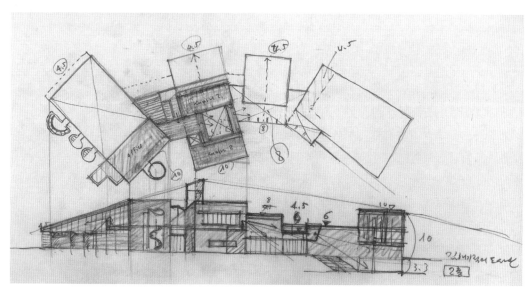

채마다 조금씩 다른 높이의 차이는 입면에 변화를 준다.

단숨에 읽히지 않는 건축 :

움직임을 통해서만

파악되는 건축

중심축을 여러 동으로 변화시키면서 채를 나누고 또 각 채마다 규모가 조금씩
달라지면서 전체 건축은 한눈에 들어오지 않는다. 결국 건물을 360도 빙 둘러볼
때만 전체를 가늠할 수 있다. 단숨에 읽히지 않고 움직임을 통해서만 제대로
인지되는 건축은 보기에 따라서는 '역동적이다'라고 표현할 수도 있다. 이런
것을 두고 20세기 초 입체주의자들이나 현대 건축이론가들은 건축을 '공간과
시간'으로 읽었다. 즉, 움직임이라 함은 한 지점에서 다른 지점으로 이동하는 것이고
이동하는 거리는 그만큼의 시간을 소요하는 것을 의미한다. 따라서 공간은 시간과
결합될 수밖에 없는 숙명적인 것이다. 즉 건축을 공간으로만 파악하고 생각하는
것은 부족하다는 말이다. 조금 과장되게 이야기하자면 김해 기적의 도서관은
입체주의적이다. 산책길로부터 멀리 떨어져서 가까이 다가갈 때, 또는 곡면도로를
쫓아 도서관 남측 면을 스치고 지나갈 때 도서관의 외관은 채 나눔의 형태가 서로
겹쳐져 보이면서 사라진다. 부분은 서로 독립되어 주어진 역할을 위해 최선을
다하고 함께 모여서는 전체가 힘을 합쳐 연속된 대지의 풍경을 다채롭게 이어준다.

아파트 주민들에게 어린이 도서관은 늘 거기 그렇게 서 있을 테지만 봄, 여름,
가을, 겨울, 오전, 오후에 따라 표정을 달리하는 어린이 도서관을 새롭게 바라볼
것이다. 비슷하면서도 때에 따라 미묘한 차이를 보일 때 건축은 특별한 용도를
가진 건물이라기보다는 친근한 오브제로 보일 때도 있다. 도서관에 한 번도
발을 디딜 필요가 없는 사람도 앞서 순천에서 이야기한 것처럼 건물을 바라보고
교감할 것이다. 건축은 바라보는 것도 사용하는 것이다. 그때 건물이 주변과
어우러져 흥미롭거나 새롭게 보인다는 것은 바람직한 일이다. 나아가서 욕심을
내자면 녹색의 지붕과 삼각형의 벽돌 벽면들이 합창을 하면서 아름답게 보일
수도 있다면 얼마나 다행스러운 일일까 생각해본다. 높이 우뚝우뚝 솟은 똑같은
아파트가 점철된 시선 가운데 나지막하게 붉은 벽돌의 집들이 녹색 모자를 쓰고

옹기종기 앉아 있는 모습은 그렇게 나쁘진 않을 것이다. 한번 보자마자 단숨에
파악되는 건물보다 시점에 따라 조금씩 달라지는 건축은 사람들에게 작은 호기심을
유발한다. 가까이 다가가서 확인하고 싶은, 특히 아이들이 이런 호기심을 가지고
도서관으로 향하기를 기대해본다.

어깨동무 담을 지나

역사의 길을 지나

책 읽어주는 할머니를 만나다

김해 기적의 도서관 주 현관은 길에서 몇 단을 내려가 작은 역사의 마당을 지나
다목적실 왼편으로 나 있다. 어떤 쪽으로 접근하든 도서관 영역 내로 들어와서
건물에 진입하기까지는 몇 개의 단계를 거친다. 우선 공원의 주차장으로도
사용되는 주차 영역과 도서관 영역을 구분하는 낮은 벽을 지나야 한다. 이 벽을
'어깨동무 담'이라고 이름 붙인 것은 장차 기존 기적의 도서관 어린이들의 그림을
기증받아 벽화로 제작될 것을 염두에 두었기 때문이다. 두 개의 긴 벽이 열람실과
사무동의 연장 지점에 서 있으면서 벽면의 마감은 아이들 그림을 활용하여
타일이나 기타 테라코타로 제작 설치하려고 한다. 정읍 기적의 도서관 개관식에서
달팽이와 무지개라는 동화를 가지고 그림 전시회를 기획하였던 것처럼 김해에서는
개관 기념으로 어깨동무 담을 만드는 것을 상상한 것이다. 이미 지어진 기적의
도서관들의 어린 아이들과 김해 어린 아이들이 독후감 그림을 서로 주고받으면서
심정적으로 연대할 수 있다는 의미에서 '어깨동무 담'이라고 이름 붙인 것이다.
주차공간과의 경계면으로도 활용하면서 도서관 입구로 유도하는 벽면은 안팎으로
'어깨동무'라는 테마를 갖게 된다.

그리고 만일 이 어깨동무 담이 율하1지구의 주민들의 협조와 정성으로 실현될
수 있다면 한층 더 뜻있는 일이 아니겠는가? 도서관은 시의 예산으로 짓겠지만
도서관을 활용할 아이들의 부모들이 조금씩 추렴하여 어깨동무 담도 만들어주고

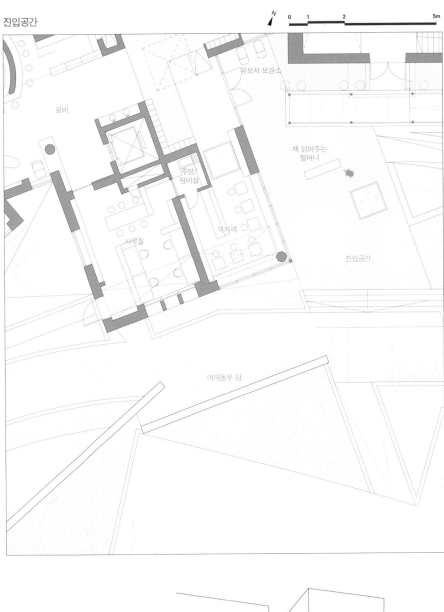

로비

유모차 보관소

책 읽어주는
할머니

주방/
탕비실

북카페

진입공간

사무실

어깨동무 담

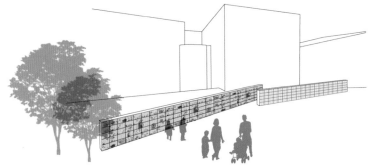

로비의 조형물이나 옥외 '책 읽어주는 할머니'의 조형물도 함께 만들어준다면 얼마나 좋을까 혼자 상상해본다. 이렇게 주민들이 조금씩 참여할 때 어린이 도서관은 시의 도서관이 아니라 주민들의 도서관이 될 것이다.

　어깨동무 담을 지나 진입마당 한편에 상징적인 유물전시 공간이 있다. 바닥이 유리로 덮여 있는 전시공간은 역사적 공간이다. 아마도 도서관 건립을 위해 터파기가 시작될 때부터 무엇인지 모르지만 지하에서 유물들이 출토될 것 같은 예감이 든다. 설사 유물이 나오지 않는다고 하더라도 김해 땅은 가야 시대의 역사를 품고 있는 땅이기 때문에 지표면만 중요한 것은 아니다. 눈에 보이지 않는 땅밑도 중요하다는 것을 환기시키는 장치다. 다시 말해서 어린 시절부터 지나간 역사와 문화에 대해 흥미를 가지고 읽을 수 있는 '또 다른 책'이다. 도서관 진입마당의 바닥 전시면은 실내의 북카페 바닥에도 설치되어 있다. 김해 땅 모든 곳이 가야 시대 사람들의 숨결이 어려 있는 곳이기 때문이다. 또한 옛 유물들의 가치를 되새겨보게 하는 계기를 마련할 것이다. 바닥 전시면을 지나 어린 아이들은 벤치에 앉아 있는 할머니를 만날 것이다. 할머니는 거북이와 어린 아이에게 책을 읽어주고 있다. 때로는 아이들이 옆에 같이 앉아 기념사진도 찍을 수도 있는 그런 장소이다. 아이들을 도서관으로 맞이하는 할머니다. 어린 아이들을 무릎에 앉히고 옛 이야기를 들려주시던 이 세상의 모든 할머니들을 대표해서 그 자리에 할머니가 앉아 계실 것이다. 그리고 우리들은 문을 열고 도서관으로 들어간다.

외부 입면에 진열된 책

도서관으로 들어가기 전에 우리들은 열람실과 사무실동 창가에 꽂혀 있는 커다란 책을 눈여겨보게 된다. 창의 프레임이라고 하기에는 아주 두꺼운 책 모양의 형상이 나란히 서 있다. 도면에는 '창호조형물'이라고 표기된 이것은 순천 기적의 도서관 북측 입면에서 따온 것이다. 가로가 짧고 세로가 길게 책꽂이같이 만든 순천의 창호 중에서 두세 개가 바깥으로 돌출되어 있다. 이는 마치 책꽂이에서 책을 반쯤 빼낸 상태와 비슷하다. 바로 이 표면에 확대된 책표지를 부착하여 어린 아이들에게 새로 도착한 도서를 소개하는 역할을 한다. 밋밋한 유리창 면에 갑자기 돌출한 책

남측 입면도

4차원의 방

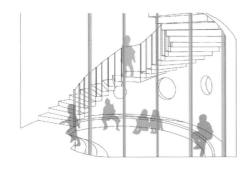

신화의 방

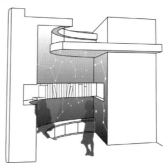

녹색의 방

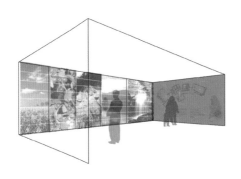

역사의 방

모양은 모든 사람들의 눈길을 끌기에 충분하다. 나는 순천 기적의 도서관 사람들이 이 장치를 아주 효과적으로 잘 사용하는 것을 보고 김해에도 적용하기로 하였다. 그래서 열람실 남쪽 창으로 7개, 사무실 창가에 2개, 다목적실 창가에 6개, 이렇게 15개를 만들었다. 생각에 따라서는 아이들이 어린 시절에 꼭 읽어야 할 15권의 추천도서로 생각할 수도 있고, 또 한편으로는 신착도서의 홍보와 함께 도서관의 이벤트에 따라 홍보판으로도 활용할 수 있겠다. 자세한 사용은 김해 도서관을 운영하는 사람들의 상상력에 달려 있을 것이다. 이렇게 해서 건축이 때로는 장식을 거느리고 아이들에게 말을 걸 수도 있고, 건축 스스로가 말을 할 수도 있다. 어찌 되었든 어린이 도서관이 세상과 즐겁게 소통하려는 노력을 지속하여 딱딱한 건물이 아니라 친근한 이웃처럼 느끼게 하는 것이 중요해 보인다.

열람실 :

4차원의 방, 신화의 방

도서관에 들어서면 네 가지 공간으로 나누어진다. 왼편으로는 북카페, 오른편으로는 전시공간, 뒤로는 다목적강당 그리고 앞으로 갈수록 사무실, 새 책 코너, 영유아실 그리고 끝으로 사서데스크와 열람실이 나타난다.

열람실로 들어가는 순간 방문객들은 사서데스크 건너편에서 2층으로 올라가는 원형계단을 만나게 된다. 원형계단 아랫부분은 4차원의 방으로 꾸며 조금은 뒤틀린 공간 속에서 공상하고 꿈꾸는 방이다. 계단을 오르고 내리면서 여러 가지 다른 각도에서 아이들은 서로 교감할 것이다. 교감하는 시간들, 그것이 3차원 공간에 덧붙여진 4차원의 방이라는 이름이다. 완벽하게 정지된 공간이라기보다는 조금은 달뜬 공간으로 집중독서에는 위배된다. 그러나 때로는 반칙도 필요하다. 공간이 역동적이라고 해서 꼭 독서에 방해가 되는 것은 아니다. 아이들은 어른들보다 더 공간을 선별하는 기준이 까다롭다. 자기를 숨기면서 밖을 바라볼 수 있는 벽장과 같은 공간은 아이들이 선호하는 곳이다.

지금 우리 어린 아이들에게 정말로 필요한 것은 책만이 아닌지도 모른다. 어린 아이들은 부모들의 아집과 학원과 경쟁 세상으로부터 해방시키는 것이 더 중요하기 때문이다. 당분간은 이 땅에서 어린이 도서관은 아이들을 따뜻하게 맞이하여 정말로 신나게 꿈꿀 수 있게 하는 그런 장소가 되는 것이 더 중요하다. 그런 공간에 아이들 마음대로 선택할 책까지 있다면 얼마나 좋을 것인가! 아이들은 진정으로 어른들이 자신들을 보살핀다고 느낄 때 그 속에서 안심하고 무슨 일이든지 할 수 있다. 그렇게 될 때 아이들은 어른들이 상상하는 것 이상으로 성장할 것이다. 다만 그것은 십수 년 후에나 알 수 있기 때문에 모든 어른들은 지금 조바심치는 것 같다. 이제 좀 느긋하게 기다려보자.

열람실 왼편으로 신화의 방이 있다. 직경 5m나 되는 반원형의 공간은 신화와 설화와 같은 책으로만 둘러싸여 있다. 이 방에서 아이들은 인간이 만들어낸 또 다른 가상의 세계를 만날 것이다. 단군신화에서부터 그리스신화까지, 허황후와 김수로왕의 전설에 이르기까지 그리고 이 땅에 널려 있는 수많은 이야기들과 함께 할 것이다. 때로는 신화나 설화를 낭독하고 서로 대화하는 이야기방이 될 것이다. 책만 보는 공간이 아니라 읽고 듣고 작은 토론도 가능한 에워싸는 공간이다. 이 방은 아이들에게 아주 작은 모임방으로 여겨질 것이고 그 속에 들어온 아이들은 공동의 관심사로 묶여 있게 된다. 즉 하나의 동아리가 된 것과 같은 동질감을 느낄 것이다.

가상현실이 현실 같은 세계 속에서 아이들은 자라고 있다. 컴퓨터 게임에 중독되지 않고는 대화가 안 되는 세상 속에 살고 있는 것이다. 이런 아이들에게 문자로 쓰여 있는 신화의 세계, 다시 말해서 가상현실의 오래된 원형이 얼마나 더 흥미진진한 것인지 알아차리는 것도 중요하다. 모든 게임 세계의 진정한 원동력은 신화와 설화로부터 나온다. 이런 사실을 아이들이 알아차리는 순간, 이 공간은 아이들의 미래를 앞서가는 가상현실의 샘터다. 다시 말해서 모든 '게임의 원조 공간'인 셈이다. 가급적이면 김해 기적의 도서관은 전 세계 어린이들이 읽을 수 있는 신화와 설화의 전문도서관으로 발전했으면 한다.

별 따러 가는 길

신화의 방 옆으로 '별 따러 가는 길'이 있다. 별 따러 가는 길은 하늘을 향해
올라가는 계단길이다. 위로 올라갈수록 조금씩 좁아지는 계단은 한 층을 올라가서
바깥으로 나가게 되어 있다. 열람실 지붕 위, 즉 등나무열람실로 연결하는 통로이다.
물론 매일 열려 있지는 않겠지만 늦은 봄날 한때 또는 날씨 좋은 여름날 옥외
등나무열람실은 개방되어 그늘 밑에서 아이들은 책과 각별하게 만나는 체험을 할
것이다. 실내계단은 충분히 폭이 넓어 아이들이 옹기종기 앉아 책을 볼 수 있게
설계되었다. 마치 미니객석같이 아래로 서가를 내려다보면서 조금씩 높은
단 위에서 새로운 공간의 체험을 동시에 할 것이다. 각기 다른 눈높이의 시선
속에서 책과 사람들은 여러 모습으로 보일 것이다. 별 따러 가는 길은 안과 밖을
이어주고 땅과 하늘을 연결하는 상징적인 곳이다. 불가능한 것을 가능하게 하는 것,
그것이 우리들의 상상력이다. 어린이들의 힘이다. 그래서 이 특별한 계단공간을
'별 따러 가는 길'이라고 이름 붙인 것이다. 세상 일이란 이름을 잘 붙이면 그렇게
될 수도 있는 것이다. 나는 그렇게 믿고 싶다.

지구를 생각하는 건축,

녹색의 방

20세기 초, 모더니즘의 건축언어가 등장하면서 현대건축의 대가들은 전통적인
사회에서는 꿈도 꾸지 못하던 새로운 건축을 창조해냈다. 20세기 초, 조형예술의
모험과 함께 특히 독일의 바우하우스나 러시아의 브후테마스 교육기관들을
통해서 조형예술의 집합체인 건축은 그 당시까지와는 완벽하게 다른 건축들을
선보이기 시작했다. 서유럽이든 혁명 후의 러시아든, 또는 새롭게 세계의 대국으로
부상하던 미국에서든 전 세계의 선진국들은 새롭게 변화하는 사회체제에 걸맞는
건축과 도시를 꿈꾸기 시작하였던 것이다. 특히 대도시의 출현은 그 이전까지와는

단면도 C

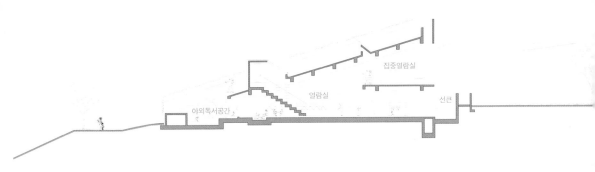

아외독서공간 열람실 집중열람실 선큰

별 따러 가는 길

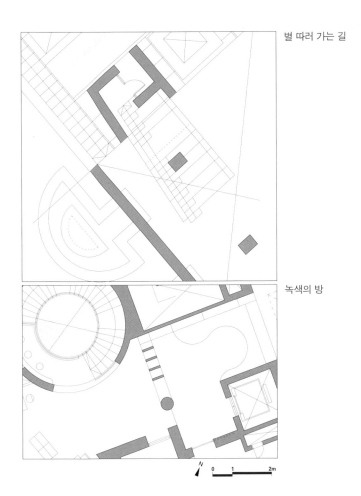

녹색의 방

질적으로 다른 사회, 문화, 경제, 정치적 문제들의 전환점을 마련해야만 하였다. 그후 1, 2차 세계대전까지 치르고 나서 전 세계는 다시 한번 전후복구라는 소명 덕택에 자본주의 체제는 경이로운 확장과 발전을 지속한다. 1950~60년대는 세계를 이끌어가던 선진국들에게는 황금의 시대였다.

그러나 1975년 1차 석유파동을 겪으면서 견고하리라고만 생각하였던 세계체제는 큰 타격을 받는다. 즉, 석유파동은 세계인들에게 지구에너지의 유한함을 경고하였고 그에 따른 여러 가지 준비를 철저하게 하지 않는 한 세계경제는 지속가능하지 않음을 깨닫게 한 것이다. 그것은 한마디로 19세기, 20세기에 걸쳐서 진행되어온 산업사회와 도시사회에 대한 커다란 질문을 던진 것이다. 특히 당시 건축계에 등장하였던 '태양열 건축'의 열기는 아직까지도 제대로 풀지 못한 숙제로 남아 있다. 지금 우리들이 건축을 함에 있어서 지구를 생각하는 건축이라는 개념을 설정할 수밖에 없는 것은 단순히 에너지를 조금 절약하는 의미를 넘어서는 문제이다. 모더니즘 태동기에는 상상도 할 수 없었던 심각한 문제가 대두된 것이다. 어떻게 건축할 것인가보다 더 중요한 문제가 지구상에서 지속적으로 건축을 할 수 있는가, 없는가 하는 문제로 전환하고 있기 때문이다. 왜냐하면 사람들이 필요에 의해 건축하지만 건축은 그 어떤 인간활동보다도 많은 물질과 에너지를 사용하기 때문이다. 지금 전 세계의 건설시장은 정교하게 구축되어서 모든 건축공간의 생산은 건설시장의 공급과 소비의 큰 울타리를 벗어날 수 없게 되어 있다. 따라서 새로운 개념의 자연친화적인 건축의 탄생은 여러모로 어렵고 외로운 투쟁일 수밖에 없다. 그러나 그럼에도 불구하고 우리는 더 늦기 전에 한 걸음씩 자연을 살리고 지구를 살리는 환경친화적인 건축으로 다가서야 한다.

김해 기적의 도서관도 크게 세 가지 관점에서 환경친화적인 건축을 제안한다.

첫째, 건물 남측 창에 태양전지를 설치하여 10kW의 전기를 생산하도록 설계되었다. 도서관에서 남측 창으로 들어오는 직사광선은 피할수록 좋다. 그것은 앞서 완성되었던 여러 어린이 도서관에서 입증된 사실이다. 그런데 더욱이 김해 기적의 도서관 터에서 남쪽 창들을 통해서는 아파트만 보인다. 썩 유쾌한 풍경은 아니다. 따라서 남쪽 창들은 대체로 건물부착형 태양전지(B.I.P.V)를 설치하여 전체 도서관 조명 전기사용의 약 30% 정도를 감당하도록 하였다. 그리고 벽면은 이중외피로 마련하여 직사광선을 조절하였다. 태양전지 유리면 뒤로 공간 층을 두고 별도의 투명한 유리창을 내부에 설치한 것이다. 물론 태양광으로는 직류전기밖에 생산할 수 없어서 태양광으로 만들어진 직류전기를 교류로 바꾸는 태양광 직류-교류 전환시설을 지하 기계실에 따로 마련했다.

둘째로 우수 재활용시설을 지하층에 설치하였다. 건물 지붕 위로 내리는 모든 우수는 홈통으로 유도하여 지하 우수탱크에 저장된다. 물론 우수는 저장되기 전 필터를 통해 간이 정화되고 조경용수로 활용될 것이다. 도서관 주변의 조경면적이 넓고 특히 지붕 녹화를 하면서 대지 전체가 조경용수를 필요로 하고 있다.

그리고 셋째로 지붕 조경을 통해 녹색의 도서관을 제안했다. 그것은 단순히 나무를 심는 데 국한한 것이 아니라 지붕도 건축의 중요한 부분으로서 1년 내내 어린 아이들에게 또 다른 책, 녹색의 책으로서의 기능을 다할 것이다. 변화하는 계절에 따라 지붕도 변화하고 꽃을 피우고, 잎이 떨어지고 하면서 그렇게 살아있는 책이 될 것이다.

이렇게 보통 건축에서 하지 않던 설비를 추가하면 공사비가 10% 안팎으로 더 들게 되어 있다. 그것은 피할 수 없는 일이다. 앞으로 조금씩 낮아지길 바라지만 결과적으로 지구를 생각하고 실천에 옮기는 일은 돈이 든다. 그러나 그래도 오늘 투자해야만 될 것이다. 앞에서 열거한 제안들은 대단한 것은 아니다. 이미 다 알고 있는 것들이지만 이렇게 자꾸 활용하고 사용하면서 환경친화적인 건축의 저변은 여러 방면에서 조금씩 나아질 것이다. 그렇게 기대를 해본다.

원형계단을 지나 2층으로 올라가면 엘리베이터 쪽으로 작은 코너 공간이 있다. 방이라고 부르기에는 너무 작지만 원래 이 공간은 아이들에게 '지구, 지리, 기후, 환경' 관련 책들을 모아놓은 공간으로 계획되었었다. 그러나 지금은 줄어들어 욕심만큼 공간이 확보되지는 못하였다. 본래의 취지는 기적의 도서관 건물에서 사용되는 에너지의 총량이 디지털로 표시되고 또 순간적으로 생산되는 태양광 발전양도 표시하려는 의도에서 만들어진 공간이다. 물론 여기에는 매일매일, 그리고 매 순간 변화하는 실내외 온도, 풍속 같은 기후의 인자들이 수치로 표현될 것이다. 그래서 건물에서 사용되는 에너지들에 대해 아이들이 지속적으로 관심을 가질 수 있게 한 곳이다. 이렇게 탄생하게 될 녹색의 방은 앞으로 도서관을 운영하는 사람들에게 남겨진 또 다른 숙제이다. 어떻게 꾸미는 것이 가장 바람직한 것인지 다 같이 생각해보면 좋을 것 같다.

3

8

지금
기적의
도서관은?

이 책을 만든 기본 목적은 기적의 도서관 건축설계에 참여하였던 건축가로서 조금은 상세한 보고서를 만드는 일이다. 당연히 건축이 중심이 되어 엮어지긴 했지만 어떻게 보면 건축보다 우선되어야 하는 것은 운영과 관련된 것인지도 모른다. 기적의 도서관이 건립되기 이전에 운영되었던 작은 어린이 도서관들을 보아도 그렇고, 새롭게 지어진 기적의 도서관들의 현재 사용되고 있는 상황을 보아도 그렇고, 중요한 것은 건물의 모양이나 공간의 문제가 아니라 도서관을 쓰고 운영하는 사람들의 이야기가 더 중요하지 않나 싶다. 따라서 앞으로 어린이 도서관을 설계하거나 운영해야 하는 사람들에게 좋은 참고가 되는 이야기들을 많이 수집할수록 이 책을 발간하는 목적을 달성하는 것이다.

사실은 전문가팀이 구성되어 지금까지 운영되고 있는 10여 개의 기적의 도서관에 대한 분석과 연구가 본격적으로 진행되어 그 결과를 필요한 사람들이 공유할 수 있다면 얼마나 좋겠는가. 그래서 부족하지만 이 책을 준비하면서 나는 이 책을 만드는 데 도움을 준 성균관대학교 건축과 대학원 학생인 김도연, 학부학생인 이희경. 그리고 사무실 직원들과 함께 지금 기적의 도서관들이 어떻게 운영되고 있는지 답사를 시작한 것이다.

기적의 도서관에 대한 상세한 보고서 형식의 책을 내기로 준비하면서 필자는 다시 한번 건축설계 계획 때와는 다른 많은 생각을 하게 되었다. 그래서 나는 책 만들기를 도와주는 조교들과 함께 우선 내가 설계했던 기적의 도서관을 모두 답사하고 도서관을 현재 운영하고 있는 관장들과 인터뷰를 나누기로 작정하였던 것이다. 현재 도서관이 어떻게 운영되고 있으며 '사용자'로서 하고 싶은 이야기를 생생하게 전해듣고 그들의 말을 있는 그대로 가감없이 책에 싣고자 한 것이다. 물론 나는 건축가다. 사서가 아니다. 그럼에도 불구하고, 건축가로서 갖는 관심에 한계가 있음을 인정한다 하더라도, 나는 내가 설계한 기적의 도서관 건물들이 과연 제대로 작동하고 있는지, 어떤 문제들이 있는지 제3자의 입을 통해 객관적 이야기를 듣고자 한 것이다.

인터뷰에 응한 모든 관장들은 대체로 솔직하게 이야기를 들려주었고, 다음은 녹취한 내용을 그대로 풀어쓴 것이다. 때로는 지루할 수도 있지만 관심있는 독자들은 행간을 읽어주기 바란다. 이 책의 제2부에서 이야기한 '건축 읽기'를 머릿속에 그리며 인터뷰 내용을 쫓아가면 흥미로울 수도 있을 것이다.

기적의 도서관 답사 중 인터뷰 :

7월 18일 오전 - 김영란 관장(정읍 기적의 도서관 관장)과의 아침 식사

(중략)

정기용(이하 '정')

　　도서관 운영을 해보니까 어떠세요? 1년 동안 많은 것을 체험하셨지요?.

김영란(이하 '김')

　　네. 앞으로는 더 좋아질 것 같아요. 처음에는 경험도 없고, 운영도 처음
　　해보기 때문에 어려움이 있었죠. 이제는 뭔가 조금씩 진행되고 있는 듯한
　　느낌이 들어요.

(중략)

정　　그래요. 통계를 보니까 자원활동가가 없던데…….

김　　올 초부터 동아리 구성부터 시작하려구요. 그동안은 아예 안 했어요. 제천
　　기적의 도서관도 가봤지요. 아주 큰 도움이 됐어요. 그곳 자원봉사자
　　엄마들이 하는 것 보고 아, 우리도 이렇게 만들어서 해야겠다는 생각을 한
　　거예요.

정　　제천에 비하면 정읍은 규모가 커서 여유가 있을 거에요.

김　　그래도 제천 기적의 도서관에서는 규모에 비하면 또 활동은 많이 하잖아요.

정　　네. 거기는 열심히 하시는 화가분이 한 분 계셔요. 주민 중에 그런 분이 한 둘
　　있어야 해요.

김　　우리가 주도하는 게 아니라 주민들이 주도를 해야 되는 거죠.

(중략)

정　　듣기로는, 시장님이 관심을 많이 가지고 계신다던데?

김　　가끔 들르세요. 지나가다 들르셔서 이렇게 좀 해라 그러기도 하시고…….

정　　언젠가 순천 시장님이 도서관 유리창에 스크린을 설치해서 밤에 영화를
　　상영할 때 나를 초대했었어요. 결과는 대성공이었어요. 그때 시장님이 두
　　가지에 감동을 했는데, 순천에 이렇게 근사한 데가 있다는 것과, 프로그램이
　　너무 재미있고 감동적이었다는 것이었어요. 풀밭에 앉아 영화를 보는
　　아이들이 깔깔거리면서 행복해하는 걸 보고 생각이 바뀌어버린 거죠. 그래서
　　이 도시를 도서관의 도시로 만들어야겠다…… 그런 생각의 싹이 튼 거죠.
　　그래서 증축하는 것에 적극적으로 돈 대주고 그러셨죠.

김   아, 우리 시장님도 도서관에 굉장히 관심이 많으세요. 작년에 〈책 읽어주는
      시장님〉이라는 행사를 했거든요. 그때 강당이 꽉 찼는데, 거기서 시장님이
      아이들에게 책 읽어주시고…… 그러셨죠.

      (중략)

정   가구를 너무 잘 어울리게 한 것 같아요.

김   제가 다 결정을 했어요. 저는 잘하든 못하든 제가 다 책임을 지고 구입을
      하고 배치를 하고 그랬거든요. 그런데 다른 도서관 운영자들은 가구 같은
      거 살 때 정말 힘들었다고 하더라고요. 지자체에서 그렇게 간섭이 많았다고
      하더라고요…….

정   관장님이 우리 새끼들 집 짓는 것처럼 그런 마음으로 집을 지은 거죠. 돈으로
      어떻게 집을 짓나. 근사한 일이죠. 그래서 '집'이 됐어요, 진짜로. 일단 애들이
      독서를 시작하기 전에 와야 되거든요. 한번 오면 또 오고 싶게. 우리나라
      어린 아이들한테는 그게 우선 중요해요. 왜냐하면 지금 햄버거 가게하고
      경쟁하는 거야, 우리가.

김   엄마들은 시간에 쫓겨 애들을 끌고 나가는데, 애들은 도서관에 더 있겠다고
      뒹굴어요. 더 놀다 간다고……. 책 읽다 간다는 게 아니라 놀다 간다고
      그래요.

정   그렇죠. 놀면서 책을 보는 거니까. 전체 공간 중에서 애들이 제일 좋아하는
      데가 어디예요?

김   전체적으로 다 좋아하는데 섬마을이나 무지개방 내의 동굴 등 구석진 곳을
      좋아하더라구요. 근데 그 섬마을에 문제가 좀 있어요. 비가 새는데 왜 새냐
      하면 아이들이 올라가 막 뛰어서 그래요.

정   아, 방수층을 건드렸구나. 그 위에서 뛰어요?

김   그 높은 데 위에 가서 뛰고 놀아요. 애들이. 우리가 볼 때는 못 올라가게
      하는데 도서관이 끝난 후 직원들이 퇴근하고 나면 올라가서 뛰는 거죠.
      애들이 도서관을 놀이터로 아는 거죠. 연못에 물을 채워놨더니 수영장인
      줄 알고 다 들어가서 노는 거예요. 그래서 물을 못 채워놔요. (웃음) 처음에
      도서관 개관 하고 나서 물을 좀 채워놨더니 도서관인지 수영장인지를
      모르겠더라고요. 애들의 반절이 거기 안에 들어가서 놀고 있는 거예요.
      애들이 너무 좋아하고, 엄마들도 애들 데려와서 놀리더라구요.

정   그래도 조금이라도 물이 있으면 좋을 텐데……. 그래도 짧은 순간 애들은
      행복했었다는 거죠. (웃음) 섬도 있고…… 그렇게 물을 배우는 거지요.

거기다가 그걸 놓은 이유는 물도 책이기 때문이었지요.

(중략)

김　건축은 살아 있는 유기체라는 생각이 들어요. 짓고 끝나는 게 아니라 계속
　　관심과 애정을 가져야 그 건축물이 계속 살아 있을 거라는 생각이 들어요.

정　그렇죠. 꿈틀꿈틀 움직이지요. 그리고 사람이 들어가 있어야 되고.

김　예, 사람이 들어가서 관심을 가지고……. 저는 도서관을 지으면서, 건축이
　　꿈틀꿈틀 살아서 움직인다는 생각이 들더라고요. 그런데 운영을 한 1년
　　하면서 그냥 그대로 그 상태로 유지를 하는 것은, 죽은 건축이 되는
　　거더라고요. 구석구석 눈길 한 번이라도 더 주고 그래야, 그게 건축물이
　　발전이 되겠다는 생각을 많이 하고 있어요.

정　명언이네 명언……. 김영란 관장이 도서관을 그렇게 이끌고 나가시니 정말
　　안심이네요. (웃음)

7월 18일 오전 - 정읍 기적의 도서관 사무실에서

정　입구에 들어가서 사서데스크 나오기까지 이 전시공간을 통과해야 되잖아요.
　　이게 이 도서관에서 아주 압권인 거죠.

김　참고한다고 보러 갔던 다른 도서관에서는, 그런 공간이 되어야 한다는
　　생각은 있는데 이걸 반영하기가 참 힘들다고 말하더라고요. 입구에 이런
　　넓다란 공간을 할애하기가 쉬운 일이 아닌가 봐요. 그리고 이 입구나 1층
　　책나라에서 보는 정원이 아늑하고 그 효과가 굉장히 좋아요. 강당에서 볼
　　때도 좋고 화장실 앞인데도 화장실 앞 같지 않고요. 화장실 앞에 소파를
　　놓는데 애들이 여기서 잠도 자고 쉬기도 하고, 화장실 앞이라는 개념이 전혀
　　없어요. 정원 때문에 화장실보다 정원을 먼저 보게 되거든요.

정　사무실도 좋은 것 같아요, 이 정도면. 또 2층도 있으니까 계단 타고 올라가면
　　되잖아요. 순천 기적의 도서관에서는 사무실이 작다고 사람들이 그랬어요.

김　사무실 크다고 좋을 건 없거든요. 그리고 우리는 2층에서 모든 작업을
　　다하고, 연결 통로가 바로 이렇게 있으니까……. 저희는 직원이 그렇게
　　많지도 않고 분산되어 있기 때문에 사무실에 사람이 많이 있을 일이
　　없거든요.

정　순천 기적의 도서관에는 그런 공간이 없었거든요. 지금은 증축을 했으니까
　　나아졌죠.

(중략)

정　애들이 세면대에서 손은 잘 닦아요?

김　손! 인제 엄마들이 시키기도 하고. 애들이 놀다 오면 씻기도 하고, 세면대가
　　참 필요해요. 엄마들이 '아, 여기서 이렇게 손을 씻고 책을 보는 거야. 책을
　　보고 나서는 또 손을 씻고 가는 거야' 그렇게 설명을 해줘요, 애들한테.

정　예쁜 엄마들이네요. 용인 느티나무 도서관의 박영숙 관장하고 허순영
　　관장하고, 이구동성으로 일본 어린이 도서관은 책의 수명이 10년인데
　　우리나라는 1년도 안 된대요.

김　맞아요. 저희도 파본이 많이 나와요.

정　그래서 제발 도서관 지을 때는 손 닦는 데를 만들어 달라고 나한테 얘길
　　했어요. 나는 몰랐죠. 그 3~40평 되는 동네 도서관에서 맹렬하게 운영한
　　아줌마들한테서 배운 거예요. 그분들이랑 서너 번 세미나를 하면서 공부를
　　했죠. 아줌마들이 위대하다는 걸 그때 알았죠. 정말 존경스러워요. 여기 많은
　　공간들은 내가 그때 배워서 번역한 거예요. 그래서 작동을 잘하는 거예요.
　　그리고 프랑스의 어떤 할아버지 작가가 쓴 책을 보고 내가 무지무지하게
　　감동을 했어요. '책을 말하기 전에, 어린 아이를 말하기 전에, 우리는 어린
　　아이들을 제대로 알아야 한다. 이 세상의 모든 아이들은 세계인(global
　　man)으로 태어난다. 그런데 우리들은 학교에서 아이들을 바보를 만들고
　　있다. 어린 아이들이 철들기 전에, 상상력이 무한대에 가까울 때, 책으로
　　여행을 떠나도록 마음껏 키워줘야 한다. 지식은 좀 배울지 모르지만 지혜와
　　상상력은 어린 시절에 끝나는 것이다.' 맞는 말이거든요. 그래서 '이 세상의
　　모든 아이들은 세계인이다.'는 말은 가슴을 치는 소리라는 거죠. 순천 기적의
　　도서관 2층에 비행기를 만들어주었죠. 여행을 떠나라! 그리고 기적의
　　도서관마다 그런 공간이 있지요. 여기는 달팽이, 달팽이를 타고 가라! 우리는
　　우리 아이들을 너무 빨리빨리 키운다. 그래서 달팽이는, 느리게 키우자는
　　뜻도 되지요.

김　사람들이 견학 와서 도서관 설명을 할 때 그 얘기를 꼭 해주거든요. 천천히
　　자라게 하자. 천천히 자라면서 무지개처럼 아름다운 꿈을 꾸자. 그런
　　의미로요…….

이희경 (이하 '희')

　　정읍시 전체로 놓고 볼 때 몇 퍼센트나 이곳을 실질적으로 이용하고 있는
　　걸까요. 뭐 숫자로는 가늠하긴 힘들겠지만 대략적으로라도…….

김　숫자로 가늠할 수는 없지만 이용률보다는 어쩌면 도서관에 대한 인식의

변화율이 중요하다는 생각을 합니다. 유치원 아이들은 프로그램에 속해 있어서 계속 이용을 해요. 오전에 항상 어린이집, 유치원에서 와서 책 보고, 3세 이상은 회원증 만들어서 빌려가고……. 유아방이나 무지개방 같은 데 들어가서 3~40분 책을 봐요. 초등학교는, 주중에는 근처에 있는 아이들만 와요. 이 근처에 초등학교가 세 개가 있어요. 그 아이들이 다 이용하는 거는 아니겠지만 그래도 많이 오죠. 주말에는 엄마, 아빠 차 타고도 많이 와요.

(중략)

정   설계를 내가 하긴 했지만, 참 유기적으로 잘 된 것 같아요. (웃음) 어린이 도서관으로서 굉장히 엄밀한 건축을 하는데 기본적인 엄밀성을 갖고 거기서 변칙들이 다 일어난 것 같아요. 그런데 따지고 보면 뿌리는 아주 단단한 반원, 사각형 속에 사각형 속에 사각형, 이런 규칙이 있는 거죠. 대비가 있고, 그러면서 직선, 곡선, 이런 게 많아 거기에서 오는 편안함이 있는 것 같아요. 딱딱 떨어지지 않고…….

김   정말 여기 들어오면 사람들이 다 편안하다고 해요. 그 넓으면서도 평평해서 마음이 툭 트인다는 얘기들을 많이 하거든요.

(중략)

김   서가공간이 부족해요. 교수님 그것 좀 신경 쓰셔야 될 거 같아요.

정   그걸 매일 신경 써도 그렇더라구요. 지금 여기 열 개가 들어가 있는데 원래 계획보다 4개가 더 들어가서 서가 사이의 공간이 조금 좁아 보여요. 면적의 제한이 있으니 할 수 없지요.

(중략)

정   또 자주하는 프로그램은 뭐가 있나요?

김   초등학교 저학년 읽기 부진아를 위해서 〈어깨동무 책동무〉라는 프로그램을 해요. 한 12명 모아서 토요일마다 해요 또 〈도서관과 함께 책 읽기〉 사업이 있어요. 어린이/청소년 도서관에 지원해주는 사업인데, 공모에 응시해서 우리가 뽑혔어요. 그래서 시골에 있는 지역 아동센터의 아이들을 대상으로 20주 과정으로 매주 금요일에 가서 해요. 거기는 결손가정 애들이 많은데 그렇게 골치를 썩이는 애가 있대요. 그런데 이제 그 아이가 조금씩 달라진다는 거예요. 그 선생님이 수업하고 오면 좀 힘들어 했는데, 요즘은 즐겁대요. 그 아이 때문에요.

정   아. 사건이네요. 이거는 거의 치료하는 일이네요. 어떻게 보면…….

김   그렇죠. 독서치료라고 있어요. 우리가 가서 수업도 해줘요. 만들기도
      하고…… 책을 통해 그런 정서적인 부분을 돌봐주는 거지요.

      (중략)

정   여기 위치는 어떤 거 같아요? 도시와의 관계에서…….
김   지금 상황으로서는 조금 떨어져 있다고 봐야죠. 그래도 바로 이 근처
      아파트단지나, 10분 정도 걸리는 서민아파트단지에 아이들이 많아요. 또
      정읍초등학교, 수성초등학교, 북초등학교, 이렇게 초등학교가 세 개가 있어서
      이 아이들만 도서관을 잘 이용한다고 해도 여기는 충분하죠.

      (중략)

정   여기 시민들은 정읍 기적의 도서관 생기고 나서 좀 변화가 있어요?
김   도서관에 대한 인식이 달라졌죠. 도서관은 그냥 네모반듯한 공간에서 조용히
      가서 책 본다, 그 생각밖에 없잖아요. 여기 오면 일단 시끌시끌하잖아요.
      다 트여 있고……. 처음에는 너무 사람이 많이 와서 조용히 시켰는데, 지금은
      그럴 필요도 없이 아이들이 자연스럽게 조용해졌어요.
정   순천 기적의 도서관도 그랬다고 그러더라고요. 거기는 첫 3개월 동안
      도서관을 운영을 못 했다더라고요. 어린이 도서관이 어떻게 생겼나, 구경
      오는 사람들이 하루에 3천 명, 4천 명 줄줄이 들어와서 책을 못 봤대요.
김   여기도 처음 개관했을 때는 여기저기서 애들이 뛰어노는 소리가 들렸어요.
      그런데 그게 어느 정도 잡히니까 호기심이 좀 줄어들고 어디에 뭐가
      있다는 걸 알고 나서부터는 이제 책을 보더라고요. 그렇게 되는데 한 2개월
      정도 걸렸어요. 그리고 나서 방학이어서 어수선했어요. 개학 하니까 조금
      안정화가 됐죠.
정   도서관이라 게 있다는 것을 일반 시민들은 처음 알았을지도 몰라요.
      시립도서관이고 뭐고 다 있지만 그것도 모르고 지내는 거죠.
김   일반 도서관은 공부하러 많이 가니까…… 또 어린 아이들 있는 엄마는
      도서관에 대해 잘 모를 수도 있는데, 어린이 도서관이라고 하니까 '아, 우리
      애들 데리고 한번 가보자' 그런 생각들을 많이 한 거예요.
정   인식에 전환이 조금씩 있는 거죠.
김   그런데 올해는 작년하고 또 다른 것 같아요. 엄마들이 어린이 도서관에 대한
      개념을 많이 받아들인 것 같아요. 서서히 그 변화가 감지돼요.

      (중략)

정 1년 해보니까 이 도서관이 봄, 여름, 가을, 겨울 중에 언제가 제일 좋아요?

김 봄, 가을이 제일 좋아요. 여름에 너무 더워요. 한 4월, 5월부터는 2층은
에어컨을 켜야 되요. 1층하고 2층하고 온도 차이가 굉장히 심해요.

정 저기 어디 팬이 있을 텐데…… 없었던가?

김 네. 그걸 예산 줄이면서 빼버렸잖아요. (웃음)

정 아, 그래서 그걸 뺄 때 그러면 2층을 막아야 된다, 빛이 너무 들어가서
더워진다, 그러려다가, 그러면 또 어두워져서…….

김 어둡죠. 한번은 2층에서 작업하는데 너무 햇볕이 강하게 들어와 유리창에
선팅을 했더니 너무 컴컴한 거예요. 그런데 한낮 아니고는 직사광선이 잘
안 들어와서 빛은 너무 좋아요. 2층이랑 아래층도 불을 거의 안 켜도 될
정도로 빛의 각도나 이런 건 정말 잘하신 것 같아요. 저는 전문가가 아닌데도
그 빛의 각도를 많이 고민을 하셨겠다는 생각이 들었어요.

정 그건 순천 기적의 도서관을 하면서 경험이 많이 축적되었지요. 그리고 또,
돈이 없어서 못한 건, 소음 펀칭이었죠.

김 소음은 괜찮아요. 그런데 뭐가 문제냐면 출입구부터 1~2층이 터져 있잖아요.
애들이 출입구에서는 도서관 내부라고 생각을 안 하는 거예요. 조용히 안
해도 되는 곳이라고 생각하는 거예요. 그러니까 그 소음이 2층으로 고스란히
올라가는 거죠.

(중략)

7월 18일 오후 - 점심 식사
정기용, 김영란 관장, 허순영 관장(전 순천 기적의 도서관 관장)

(중략)

허순영(이하 '허')
얼마 전에 기존의 활동하는 순천 기적의 도서관 운영위원회 말고도
발전위원회가 다시 꾸려졌어요. 그래서 지역의 기업인, 시민단체,
교육자들이 참석해요. 거기에 초창기 건립위원장이셨던 박기영 교수님도
다시 들어오셨어요. 기적의도서관을 행정 쪽에 휩쓸리지 않고, 시민의
것으로 만들어야 된다는 생각을 가지고 계시죠. 되게 든든해요. 도서관에 꼭
필요한 예산이지만 시에서 지원하기 어려운 부분을 지원하는 등의 활동이
기대됩니다. 큰 울타리가 될 것 같습니다

정 그분이 추진력이 있어요. 그러면 정읍 기적의 도서관에도 발전위원회 하나

만들면 좋겠네요. 박기영 교수 같은 분이 있으면 좋죠.

（중략）

7월 18일 오후 – 순천 기적의 도서관 방문, 둘러보는 동안
정기용, 안문수 계장(기적의 도서관 담당), 허순영 관장

（중략）

정　애들이 이제 많이 컸잖아요?

허　중학교 2학년 때 이용했던 아이들이 대학 가서 여기 와서 자원봉사 하고,
　　중학교 아이들은 동생들한테 책 읽어주기 하고 그래요.

（중략）

정　지금 여기가 몇 평이죠? 증축하고 나서 어린이도서관으로서는 우리나라에서
　　제일 크죠 아마?

안문수(이하 '안')
　　예. 증축한 게 150여평 정도이고 다 합하면 550여평이예요. 그래도 도서관이
　　부족하다는 요구가 있습니다.

정　그래도 부족해요? 다른 데 더 지으면 안 돼나요?

안　지금 조례호수도서관 하고요, 통합도서관 지어지고요. 서너 군데 더
　　지어지고 있어요. 아무래도 조금 분산될 걸로 보고 있어요.

7월 18일 오후 – 순천 기적의 도서관 방문, 회의실
정기용, 안문수 계장, 허순영 관장, 김영란 관장, 김준호(기용건축 직원)

（중략）

정　지금은 여기 직원이 몇 분이나 되나요?

안　보조인력까지 치면 꽤 많은데요. 현재 직원 규모는 8명이죠. 봉사하는 것
　　말고도 저희들 인력이 꽤 많습니다.

정　증축한 게 언제더라? 증축하게 된 가장 중요한 이유는 뭐죠?

안　별관이 2008년 11월 30일에 완공됐죠.

허　이유는 부족한 공간이죠. 특히 세미나실. 책 정리할 서고, 창고가 없었고.
　　그 다음에 1층에 그림책 박물관으로 해놨는데, 지속 가능한 도서관을

생각하면서 앞으로 한 5년, 10년 어린이 도서관이 전문화되어야겠더라고요.
자원활동가들도 봉사활동을 하면서 도서관과 함께 성장하는데, 그에 대한
지원이 필요하고요. 아이들이 청소년이 되면 결국 도서관을 떠나잖아요.
그러니까 봉사자들 중에 어린이책을 공부하다가 그걸 좀 더 깊이 있게
공부하고 지원하는 전문서적이라든지 전문공간, 그걸 활용할 수 있는
부분으로서의 공간이 필요했어요. 함께하는 아이들을 위해 일하는 어른들을
위한 공간, 그래서 저기 1층에 어린이책 박물관과 미술관으로 꾸민 거죠.

정 　아이들을 위해 일하는 어른들을 위한 어린이책 공간, 특별한 공간이네요.
　　그래 처음에 그랬었죠. 그런데 어린이 도서관을 위한 어른 전문
　　아동문학가라 그러지 않았어요?

허 　아동문학가도 이제 키워야죠. 이번에 그림책 워크샵을 통해 한 달에 한
　　번 작가가 내려와서 깊이 있게 그림책의 인쇄부터 역사에 관한 강의를
　　14차례 하고 있거든요. 그분들이 한두 개 그룹으로 나뉘어 그림책 미술관에
　　있는 전문 작가별로 책 읽기 모임과 같은 전문가 커뮤니티가 만들어져서,
　　그분들이 계속 도서관과 함께 성장해나가는 것이 목적이예요.

정 　그러니까 저 공간이 그런 구심점이네요. 어린이 도서관에 꼭 필요한 그런
　　개념은 아니네요. 순천 기적의 도서관이 그런 쪽으로 가려고 방향을 잡은
　　거죠. 어린이 도서관 전문인력양성 공간으로 보면 되겠네요.

안 　외국 같은 경우는 전문적으로 별도로 나와서 하죠.

허 　대표 도서관들이 주로 그런 역할을 많이 하죠. 뮌헨도 뮌헨 국제 어린이
　　도서관 같은 경우 사실 재단으로 운영하지만 수장고 같은 곳의 책들을 그런
　　사람들에게 오픈하고 작가들이 한 3개월 머물면서 연구를 할 수 있도록
　　지원해요. 사서들에게도 그렇게 하도록 하고요.

정 　네. 그런데 그러기에는 아직 책이 안 모인 것 같아요. 이제 시작이죠.
　　공간은 됐고, 이제부터 책을 한 몇 만권 모아서 정말 어린이 전문 도서관을
　　만들어야겠네요.

　　(중략)

허 　토요일, 일요일은 5시까지 해요. 아이들이 아쉬워하긴 하는데…….
안 　책 보는 것보다 가족들하고 같이 있는 지내는 게 더 중요한 거 아니겠어요.
김준호(이하 '준')
　　돌아다니면서 보니까 애들이 많이 뛰어다니고, 뭐랄까…… 전에 봤던 딱딱한
　　도서관 이미지가 아니라, 책을 읽는 재미뿐 아니라 다른 이면의 재미도
　　찾아볼 수 있으니까 참 좋아하는 거 같아요.

허 여기 와서 저희가 아이들을 쭉 관찰해본 결과 처음엔 금방 책으로 안 가요. 책으로 가기까지 한 3~4개월씩 걸려요. 저는 아이들에게 가장 먼저 이야기를 하는 게, 순천 기적의 도서관에서는 공간탐험이 가장 큰 기쁨이라는 거예요. 네모반듯한 아파트나 네모반듯한 교실에서만 지내던 아이들이 여기를 돌아다니면 좋아하는 공간이 생겨요. 이야기방을 좋아하는 애들은 읽고 싶은 책을 한아름 안고 이야기방으로 가는 거죠. 다락방 올라가는 아이는 꼭 다락방 올라가고…… . 가만히 보면 돌아다니는 애들 있죠. 그런 애들은 분명히 처음 온 애예요. 책상에 가만히 앉아 있는 애들은 자주 와서 읽는 아이들. 그 아이들만 보다가 너무 뛴다 싶으면 불러 세워서, 다른 사람한테 방해되고 다칠 수도 있으니 뛰지는 말자고 한 약속에 대해 몇 번 이야기하면 애가 차분해지면서 점점 책으로 눈을 돌려요. 어른들이나 자원활동가들은 그 기간을 기다려줘야 된다는 이야기를 많이 하죠.

정 애들 숫자에 비하면 많이 조용한 편이예요.

준 저기 학생들 있잖아요. 노란색 옷 입은 자원봉사자들. 같은 또래 애들이 그렇게 하니까 좀 더 정겹게 느껴지는 것 같아요.

허 어린이 사서라고 불러요.

준 학교에서 봉사활동 시간 채우는 게 있잖아요, 그런 건가요?

허 초등학생은 그런 게 없는데도 저희는 어린이 사서 프로그램을 운영하지요. 어린이 도서관의 주인은 어린이인데 특히 고학년이 되면 안 오는 거예요 그 아이들을 도서관에 오게 하기 위해 어린이 사서를 만들었어요. 4, 5, 6학년이 하는데, 일주일에 자기가 원하는 요일에 두 시간 이상 봉사를 해요 그리고 한 달에 한 번 전체가 모여요. 네 개 모임(을 하면서―활동했던 이야기도 나누고―독서활동도 경험하지요)으로 되어 있는데, 선생님 또 자원봉사자 선생님들이 담임을 맡아요. 하루 자원봉사가 끝나고 나면 자기 이름으로 된 〈도서관 일기〉를 쓰고 가요. 어린이 사서가 40명 있고 그걸 10개월 정도 해요. 그외 자원봉사자들은 100명이 넘어요. 할머니, 할아버지들 한 30분 계시고, 일반 엄마들 한 100명, 북스타트 5개 기관이랑 병원 두 군데, 보건소에 일주일에 한 번 가서 책가방 나눠주고 하는 엄마들 35명도 있지요. 올해 또 40명 교육해서 활동하고 있고…… .

정 그러면 바깥에서 도와주는 사람들이 200명 가까운 거네요. 그런데 처음 시작해서 지금까지 매년 운영 프로그램들이 있었잖아요. 그게 자료로 나와 있나요? 행사가 일어난 장소, 제목, 참여한 인원…… . 그런 것이 쭉 통계로 나와 있나요?

허 정리를 좀 해야 되요.

정 우리나라의 많은 사람들, 특히 건축하는 사람들한테 그런 자료가 많이
   도움이 될 겁니다.

   (중략)

정 여긴 몇 시에 열어요?
허 10시에 열어요. 직원들은 8시 반이면 출근하고 9시에 퇴근을 해요.
   월요일에도 문 안 닫고요. 법정 공휴일만 쉬어요. 그 대신 월요일은 오후
   1시에 문을 여는데 주말에 서가의 책이 1/3이 몽땅 나왔다가 들어가는
   상황이라서 월요일 오전에 봉사자들과 함께 (싹) 정리를 하죠.
김 저희 정읍 기적의 도서관은 9시에서 6시까지, 화요일부터 일요일까지
   열어요.

   (중략)

안 도서구입비는 약 1억 가까이 돼요.
정 정읍 기적의 도서관이랑 비슷하네요. 좀 있으면 3만 권이래요. 대단한 거죠.
   생긴지 1년도 안 되가지고……. 시장님이 팡팡 밀어줘요.

   (중략)

정 건물 외부 오일스테인 색깔을 잘 골랐어요. 그렇게 색을 넣으니까 증축한
   건물이 매치가 잘 돼요.
정 보안문제는 없지요?
안 네. 보안문제는 없어요. 그리고 이 도서관은 순천 시민들이 모르는 사람들이
   없으니까요. 사실상 1층에 유리창으로 되어 있는 경우가 순천시 관공서
   건물 중에서는 처음이에요. 2003년도 당시에 애들이 여기에 돌을 던질
   거 아니냐는 얘기도 나왔었는데 유리창도 특별한 경우 아니면 깨진 것도
   없어요. 서로 아끼는 측면이 있기 때문에……. 또 도둑이 든다든가 그런 건
   없었어요. 그 이전에도 없었죠?
허 네. 그리고 사실 민원이 굉장히 많을 수 있는데, 이용객이 많은 것에 비해
   민원이 적은 거예요. 그래서 우리 직원들한테 그랬어요. 이용자들이 우리가
   친절해서가 아니라 많이 참아주는 거다. 그런데 중요한 건, 애가 막 뛰어
   들어올 때 세워서 "여기 도서관인데……"라고 하면서 "너 연향도서관
   가서도 그러니?" 물으면, 거기선 안 그런대요. "그럼 왜 여기선 그러는데?"
   그랬더니, "여긴 우리 도서관이잖아요." 그러더라고요. (웃음) 같은 시립으로
   운영되는데도, 아이들에게 그런 얘기 들으면서 자부심이 생겨요.

김 맞아요. 그런 일반 공공도서관하고 기적의 도서관하고 다르게 생각을 해요.
거기 가면 일단 조용히 해야 된다는 생각이 있는데 여기는 좀 아닌 거예요.
편하게 생각을 한다는 거죠.

정 순천 기적의 도서관의 위치는 적절한 건가요?

허 최적이죠. 바로 옆에 학교랑 공원이랑 놀이터가 있고. 여기 말고도 사방
1킬로미터에 초등학교 다섯 개가 있어요. 걸어올 수 있는 거리에.

안 주거공간이 주변에 둘러싸고 있고. 대규모 아파트단지 있죠. 주택단지가
학교 뒤쪽으로 있고. 상업단지까지 포함되어 있고…… 한가운데에 있는
거죠.

정 기적의 도서관이 생기고 나서 순천 주민들이 의식이 많이 변했죠? 어떻게
됐어요?

허 일단 도서관에 대한 요구들이 많아졌어요. 동네마다 도서관 지어달라고,
그래서 '작은 도서관'이 38개나 만들어졌지요. 〈한옥글방〉 안 가보셨죠?
구 도심에 전통 한옥으로 35평의 '작은 도서관'을 지었는데 굉장히 예뻐요.
앞마당도 되게 넓고 앞마당에서 공연도 해요. 뒤에 후정도 있고……. 아직도
계속 도서관 지어달라고 요구를 하고 있고요. 그리고 3~4년 지나면서 나온
게 뭐냐 하면 '작은 도서관'보다 조금 큰 것들이예요. 올해 50억을 들여서
조례호수공원이 지어지고, 해령 면사무소 옆에는 한 15억 들여서 150평
정도 지어지고……. 그리고 '고맙습니다 작은 도서관'을 3억 들여 풍덕동에
57평으로 짓고, 내년에 80억 들여 통합도서관을 짓고요.

안 정책 목표가 '걸어서 10분 안에 도서관을 만나는 환경을 만들자'는
것이었거든요. 그런데 그걸 처음부터 관공서에서 다 할 수 없었어요.
그래서 우선 민과 관이 같이 하는 '작은 도서관'에 집중을 하자. 그 다음에
공공도서관들을 권역별로 거리를 재서 계획한 겁니다. 현재는 한 7분
정도면 어린이든 어른이든 순천의 도서관 서비스를 접할 수 있어요. 그리고
통합도서관은 '작은 도서관', 소규모 도서관, 대규모 공공도서관, 학교
도서관까지 전 도서를 총괄하는 정책을 펴고 통제하고 조정하고 기획하는
도서관이예요. 또, 각 도서관별로 전문성을 살리는 것도 중요해요. 기적의
도서관은 어린이, 연향도서관은 청소년, 중앙도서관은 성인, 어르신들을 다
아우르는 도서관…… 이렇게 나눠놓았어요.

정 중앙도서관은 장서가 얼마나 돼요?

허 14만 권 정도. 거기가 책이 제일 많죠. 1968년부터 했으니까……. 그리고
기존 시립도서관 두 개 역시 입지조건이 (되게) 좋아요. 청소년들 오기가
좋죠. 교육도시여서 도서관에 대한 기본 마인드가 되어 있었고, 기적의

도서관 이후에 시민들이 도서관에 대한 요구도 커지면서 마인드가 많이 높아졌다는 것은 확실하죠.

안　전부 다 아파트 사이에 들어와야 된다고 생각을 해요. 도서관이 책만 보는 데가 아니라 즐거운 데다…… 다들 그렇게 생각을 하세요.

정　땅값도 올랐다고 그러던데요?

허　지방치고는 많이 올랐어요.

정　그럼 시청도 변한 거죠.

허　그렇죠. 어떻게 변했냐면 '작은 도서관'을 무조건 만들어달라 하는데 무조건 지어주는 게 아니라 일단 신청을 받아요. 운영위원회를 조직하고 자원봉사를 조직하고 어떻게 운영하겠다, 그리고 마을에서는 무엇을 지원하겠다는 계획서를 내면 그중에 뽑는 거예요. 그것도 기적의 도서관 프로젝트를 통해서 자치단체가 배웠다고 생각해요.

안　그리고 서울이나 경기 지방에서는 주민들의 숫자를 가지고 많이 걱정은 안 하실 거예요. 그런데 지방으로 내려올수록, 사람들이 자꾸 대도시로 빠져나가서 주민수가 해마다 많이 줄어들어요. 그에 비해 순천은 교육도시로 예전부터 쭉 했던 데다가 특히 도서관 사업들을 이렇게 체계적으로 구축을 해놓으니까 다른 도시에 비해 주민수 줄어들 걱정이 덜하죠. 자꾸 순천에 와서 살려고 하죠.

허　경쟁력이 높아진 거죠, 도시 경쟁력이.

(중략)

정　정읍 기적의 도서관은 관이 직영하잖아요. 여기는 민이 도서관장이고 관하고 결합되어 있잖아요. 서로 안 싸워요? 처음에 힘들지 않았어요?

허　힘들어요. (웃음) 그래도 이제는 시스템이 민간위탁 했을 때랑 직영으로 운영할 때의 장점만 많이 모아졌어요. 대신에 관장은 힘들죠. (웃음) 행정에도 관여를 하니깐 도서관 쪽에서는 행정에만 너무 맞추는 거 아니냐 그러고, 운영위원회에선 또 견제하고……. 그래도 재밌어요. 행정적으로 완벽하게 갖춰지면서 민간의 자원과 관심이 훨씬 많으니까.

정　기적의 도서관 중에서 민으로만 위탁한 데는 어디죠?

허　제천, 진해, 청주 그리고 부평.

정　관이 직영하는 데는요?

허　정읍, 서귀포, 제주, 금산, 울산

정　민 더하기 관은?

허　순천이 유일하죠. 순천도 사실은 관 직영인데 민의 장점을 받아들인 거예요.

순천만 처음에 〈책사회〉가 원한 그 시스템을 지켰어요. 처음부터 끝까지.

정 〈책사회〉가 애초에 계약한 대로 유지되는 거네요. 그럼 이 세 개의 운영 방법 말고 다른 게 가능할까요? 민 위탁, 관 직영, 관과 민의 장점을 결합한…….

허 세 가지 외에는. 공공도서관은 거의 다 관 위주고, 요새 인력문제 때문에 도서관을 민간위탁 하는 자치단체가 많아졌는데, 도서관을 위탁받을 수 있는 전문단체가 없어요. 그래서 서울시 같은 경우에는 도서관 문화재단을 하나 만들겠다고 하고…….

안 그것도 사실 이상한 시스템입니다. 도서관이 잘되기 위해서 민한테 위탁하는 것은 저희들도, 도서관에 근무하고 있는 사람들도 반대는 안 해요. 그런데 총액 인건비제라는 것을 정부에서 도입시켰어요. 행정자치부나 국가에서 인건비 총액을 가지고 조직을 통제를 하는 거예요. 그런데 도서관 문화재단 같은데 넘어가는 인건비는 사업이에요. 사업이니까 총액 인건비제에 안 들어가는 거지요. 편법이죠. 순천시 같은 경우는 인건비로 100억만 써라 그랬는데 110억이 되잖아요? 그러면 패널티를 주는 거예요. 도서관을 민간한테 넘겨 놓으면 인건비가 사실은 줄어드니까 100억으로 맞춰지는 거지요. 그러니까 서울시에서 도서관을 민간한테 넘기는 이유가 도서관이 잘되기 위해서가 아니라 그 총액 인건비를 줄이기 위해서라는 거죠.

(중략)

허 김해 기적의 도서관은 아직 어떻게 될지 모르지만, 민간위탁 해야 된다고 지난 번에 와서 걱정을 하더라고요.

안 그런데 도서관 사업은 민간이 하기는 참 힘듭니다. 수입사업이 아닌 예산이 막대하게 들어가기 때문에…….

허 네. (성과가) 금방 눈에 드러나는 게 아니잖아요. 그런데 저희가 그런 부분은 많이 했거든요. 1년에 도서구입비가 1억이 투자되고 다른 예산이랑 시설비 이런 것 해서 3억 이상 들어요. 그런데 1년에 대출율이 20만 권이 넘어요. 현재 장서가 늘어나서 6만 권으로 늘어났지만 빌려가는 건 한 4만 권인데 네다섯 번 모든 책이 다 (빌려갔다 다시 책장으로 들어오는) 시스템이니까 웬만한 대학도서관 하나 대출률하고 맞먹거든요. 20만 권을 돈으로 환산하면 20억이 되는 거죠. 인건비까지 해서 5~6억 투자되는 데 20억 만큼의 성과가 시민들에게 돌아가는 거죠. 그런데 그런 것에 대한 성과가 사실 잘 안 알려져 있죠. 투자되는 거에 비해 성과가 굉장히 큰데 단순히 어린이와 관련된 것이라고 생각하면서 작게 평가되는 거예요. 그런데 사실 여기 이용자

중에 아이들은 50%이고 나머지는 다 어른들이에요. 엄마, 아빠, 할머니, 할아버지들이 아이들에게 책 읽어주다가 본인들도 독자가 되기도 하고…….
지역 노인복지 투자 차원에서 보자면 노인들이 도서관에서 봉사하는 게 오히려 예산을 아끼는 일이라는 거죠. 우리 도서관에서 교육하고 책 읽어주기 실습하면서, 지금은 자신감이 붙으니까 동네 작은 도서관에도 책을 읽어주세요. 노인복지회관이나 치매병원 가서 거기 있는 분들한테 봉사해주시고……. 진정한 봉사의 정신을 도서관에서 배웠다고 말씀들 하세요. 큰 보람이죠. 그리고 여기서 봉사했던 분들이 전문성을 갖춰가면서 '작은 도서관' 38군데에 운영자로 활동하고 있어요. 우리 도서관 출신 자원봉사자들이 700명이 넘거든요. 연말에는 '도서관인의 밤'이란 송년회를 열어요. 1년간 활동을 서로 격려하고 각각의 도서관에서 장기자랑도 하면서 도서관 운영자와 봉사자가 함께 어우러지는 자리를 마련하고 있어요.

안　여기서는 대출권수가 20만 권이잖습니까. 그러니까 집으로 빌려가는 책만 20만 권인 것이고 저희들이 보관하고 있는 책은 6만 권밖에 안 되요. 그러면 도서회전율이라는 것을 도서관학에서 일반적으로 한 50%정도 계산하면 활발히 운영되는 도서관이라고 하거든요. 저희 도서관은 100%로 예산했는데 그 몇 배가 되는 거죠. 여기 같은 경우는 책 파손률이 사실 어마어마하죠.

(중략)

7월 19일 오전 - 진해 기적의 도서관 야외
정기용, 김수영 관장

김수영(이하 '수')
　　　고민을 참 많이 하고 있어요. 비가 안 새면 좋은데…….

희　비가 어디서 새나요?

수　열람실 입구, 도란도란방, 유관순방 비가 새요. 수리를 하려면 새는 부분만이 아니라 전체를 다 해야 한대요. 작년에 5백만 원을 들여 방수처리를 했는데 지금은 전부 다 갈라져 있어요. 좌우간 한 5년 되서 전체적으로 공사를 한 번 하긴 해야 될 것 같아요. 그리고 야외에 조용하게 음악을 깔아서, 음악도 듣고 책도 보는 공간을 만들고 싶은데 스피커 설치하는 것도 어렵네요.

(중략)

정　저기 위에 올려놓은 게 뭐예요?

수   운영시간 외에 도서관 옥상으로 올라오는 청소년들이 간혹 있어 위험 방지를
      하고자 휀스 비슷하게 설치를 해놨어요. 옆에 있는 간이창고는 도서관의
      공간이 너무 협소해서 외부에 창고를 설치하게 된 것이구요. 그런데 이 밑에
      강당에 가면 물이 들어와요.
정   그래요? 물이 차요? 들어가봅시다.

7월 19일 오전 - 진해 기적의 도서관 사무실
정기용, 김수영 관장

      (중략)

수   저희 직원은 저를 포함해서 7명입니다. 전에는 공공근로자들이 있었는데
      민간위탁에는 배치하지 못하는 것으로 되어서 인원이 삭감된 것이나
      마찬가지지요. 사서가 2명인데 엄청나게 바쁩니다. 한 사람은 대출/반납
      업무를 하고 한 사람은 수서 업무를 맡고 있어요. 전산 쪽에 1명이 있고,
      행정담당 1명이 있어요. 그리고 진행되는 프로그램은 거의 자원봉사자들을
      위주로 운영을 하다 보니까 이걸 조율하고 운영하는 직원이 1명 있습니다.
      그외 전체적으로 시설 보수 등 관리하는 사람이 있고요. 최소한의
      인원이라고 보시면 됩니다.
정   네, 그렇죠. 자원봉사자는 지금 몇 명이나 되나요?
수   제가 알기로는 소도시에 비해 상당히 많을 겁니다. 자원봉사자들이
      〈북스타트〉에서 출발하니까 그게 밑거름이 되고 〈품앗이〉라고 해서 그 다음
      프로그램으로 연결시켜주는 역할을 하죠. 북스타트는 6개월부터 12개월
      사이에 있는 어린 아이들을 대상으로 교육을 하다 보니까 친해진 엄마들이
      몇 명 모여 또 다른 프로그램들을 기획합니다. 그런 식으로 운영하다 보니
      여기에서 품앗이로 봉사자가 되겠다는 원천적인 힘이 생기는 것 같아요.
      고학년이 되어서 이제는 활동을 안 하고 있는 초등/중학생 아이들(초등사서)
      30여 명을 빼고 자원봉사자 전체 인원이 170명입니다. 적극적으로
      프로그램에 참여해서 활동하시는 분들은 92명입니다. 다른 지역에 비해
      상당히 많은 거죠. 이분들이 있기 때문에 프로그램을 운영할 수 있는 거예요.
      우리 직원들만으로는 못합니다. 프로그램은 〈독서교실팀〉도 있고 〈책동무야
      모여라팀〉도 있고 〈모여서 놀아요팀〉도 있고 〈노래로 배우는 한자팀〉도
      있고 〈독서와 미술팀〉, 〈전시팀〉, 〈견학팀〉, 〈책 읽어주기팀〉, 〈인형극팀〉,
      〈옛이야기팀〉도 있습니다. 특히 책이 처음 들어올 때 해야 할 작업들과

파손된 책을 보수해주시는 〈보수유지팀〉이 있는데, 그분들이 자원봉사를 해주시지 않고 우리 직원이 해야 한다면 운영이 불가능한 일입니다. 우리 자원봉사자들이 대단한 일을 하고 있습니다. 우리 이이효재 전 위원장님 덕택이고, 또 이종화 전 관장님이 엄청나게 노력을 한 결과라고 생각을 합니다.

정   처음 부임해서 오셨을 때 느낌이 어떠셨습니까?

수   진해가 축복받은 곳이다. 이쪽 장복산 저쪽 웅산의 기가 어우러져 있어서 이곳을 이용하는 어린이와 부모들이 활기가 넘치는 느낌이 들었습니다. 지역적으로 봤을 때 이 지역이 진해의 중심입니다. 주변에 아파트가 많고, 교통이 편리하고 병원, 상가가 있어 생활하기도 좋습니다. 주위에 거주하는 주민들은 정말 축복받은 사람들이예요.

정   그렇죠. 땅이 기가 막힌 거 같아요. 그런데 주민들도 그리 생각을 하나요?

수   네. 그렇게 생각합니다. 그래서 요즘 집값 문제도 조금 언급이 되고 있습니다. 진해 전 지역이 다 하락하고 있는 상황에서도 여기는 그러지는 않습니다. 그게 이런 도서관이 있기 때문에 안 그렇겠느냐고들 하지요.

(중략)

수   우리 도서관 견학을 오는 사람들이 많아요. 주로 인근 부산, 마산, 창원, 김해 쪽에서 많이 옵니다. 간혹 일반인들이 올 때에는 제가 설명을 하지요. 지난 달에는 양산의 마을문고협회에서 한 40명이 왔는데, 그럴 때는 공간이 좁아서 두 파트로 나눠 안내를 하지요. 유아들이 와서 견학을 할 때는 자원봉사자들이 도서관 이용법을 설명하고 있습니다. 그리고 재미있는 동화를 슬라이드로 상영해줍니다. 이렇게 열심히 견학팀이 설명하고 이용방법을 알려주면서, 한 번 더 와봐야겠다는 느낌을 들도록 노력하고 있습니다. 이 근처에 있는 어린이집에서는 굉장히 자주 옵니다. 아까 도서관을 하나 더 짓는 것에 대한 설명을 마저 좀 드리겠습니다. 진해시에서 현재 중앙도서관 이전을 계획하고 있습니다. 그런데 그 자리에다가 어린이 도서관을 지어달라는 요구가 나오고 있지만, 시에서는 이전하는 중앙도서관 1, 2층을 어린이 전용으로 이용하는 게 어떻겠냐는 이야기를 합니다. 반면에 여기 북스타트 자원봉사자들은 그런 뜻이 아니고, 현재 좀 열악한 구 시가지 쪽인 서부 지역에 꼭 하나 있었으면 좋겠다는 입장이지요. 북스타트 프로그램에 참여하여 활동하면 엄마들의 사고가 바뀝니다. 어린이에 대한 순수한 열정을 가지게 되지요. 매주 수요일마다 캠페인을 하고 있는데 이것은 내 자식도 중하지만 남의 자식도 내 자식처럼 중하다는 마음이 생겨서 구 시가지에서 어린이 도서관이 하나 더 있어야 한다고 열심히 노력하고 있습니다. 그런 열정과 확신은 북스타트 프로그램에 참석한 부모님들만이 느낄 수 있는 힘인 것 같아요. 그런데 시에서는 예산 편성을 이미 해놓다 보니까 사실은 따로 어린이 도서관을 지어주지 못하고 서부에 있는 중앙도서관을 활용하자는 얘기지요. 그런데 이 진해 기적의 도서관이 미어 터진다고 하면 크게는 못 짓더라도 조그맣게 지을 수 있는 가능성이 있지 않을까 생각합니다.

(중략)

정　마지막으로, 기적의 도서관이 여러 군데 있는데, 진해 기적의 도서관이 어떤 도서관이 되었으면 좋겠습니까? 어떤 포부를 가지고 계신지?

김　어린이들이 오고 싶고 머물고 싶은 환경을 조성하는 데 최선을 다하고 미래에 영원히 기억할 수 있는 도서관으로 자리매김 하는데 최선을 다하겠습니다. 그리고 앞으로 북스타트 운동만이라도 전국의 어린이들이 제대로 혜택을 받을 수 있도록 관과 민이 노력해야 한다고 생각합니다. 이것이 바로 어린이를 위한 미래의 성장동력이 될 것이라 믿습니다. 그리고 이런 혜택을 받은 어린이들이 성장하여 국력을 신장시킨다면, 분명 세계 일류 국민으로 대접받을 수 있게 되는 지름길이 될 것입니다. 이런 기적의 도서관이 많이 생긴다면 앞으로 놀라운 기적이 일어나리라 확신합니다.

(중략)

7월 19일 오전 - 점심 식사
정기용, 이종화 선생, 이이효재 선생

(중략)

정　정읍 기적의 도서관도 참 열심히 하려고 해요. 그런데 인구가 자꾸 감소해서……

종　그렇지만 주민을 위한 좋은 도서관이 있다는 것은 인구가 늘 수 있는 계기가 됩니다.

정　순천 기적의 도서관은 이제 완벽하게 자리 잡았어요. 여기 진해 기적의 도서관도 보니까 애들은 굉장히 많더라고요. 그래서 증축을 해야겠던데요. 그동안 너무 잘 운영하셔서 포화상태예요.

(중략)

종　인제대학교 부설 '중소기업 연구소'에서는 김해에 있는 CEO들이 모여
　　매월 독서포럼을 진행합니다. 제가 지난 7월에 초청받아 갔는데 선정도서를
　　『힐더월드(Heal the world)』로 정했어요. 거기서 '세상을 치유하는 방법
　　중 도서관이 제일 약효가 좋더라'는 주제로 얘기를 했는데 공감을 많이
　　받았답니다. 김해가 도서관 도시로 선포를 하고 역점 사업으로 추진하는데
　　따른 반응인지도 모르겠습니다. 물론 일부에서는 기본적인 목적에는 공감을
　　하면서도 다른 역점사업도 참 많은데 막대한 예산을 즉시적으로 표 나지
　　않은 도서관 사업에다 투자하는 것을 비판하는 시각도 있었나 봅니다.
　　그런데 제가 경험한 것들을 바탕으로 이야기를 하니까 그분들도 고개를
　　끄덕이시더군요. 그래서 시에서 작은 도서관들까지 시민 세금으로 지원하기
　　때문에 이런 비판에 부딪힐 수 있으니 기업에서 메세나운동으로 작은
　　도서관들을 하나씩 맡아서 운영을 하면 기업홍보도 되고 좋을 거라고 하니까
　　한 번 생각해보겠다고 하더라고요.

(중략)

종　제가 기적의 도서관에 근무할 때 건축과 학생들이 견학을 많이 왔어요.
　　프로그램 운영에 관해서도 꼬치꼬치 캐물었어요. 운영하려는 용도에 맞게
　　설계해야 하기 때문이라더군요. 또 전국 지자체에서 도서관이나 청소년
　　문화관을 담당하는 공무원들도 많이 와서 견학하고 가셨는데, 실제 건축
　　설계에는 적용을 못하시는 것 같아요. 아직도 대부분 도서관 건물이
　　권위적이잖아요. 편하게 해야 되는데…….
효　이번 비에 괜찮았나 몰라…….
종　비가 좀 샜나 봐요. 작년에 대대적으로 수리를 하긴 했는데, 신축 당시
　　겨울에 공사를 하면서 시공업자들이 많이 날림으로 했던 거 같아요.
정　그때 내가 야단 많이 쳤는데 잘 안 되었어요. 빨리 싸게 지으려다보니까…….

7월 19일 오후 - 진해 생태공원 산보 중(이종화 선생, 이희경)

종　엄마들의 말을 들어보면, 자기들은 이 도서관을 활용하기 전에는 이게
　　아이와 지역사회에 어떤 변화를 가져올지 몰랐대요. 그러나 직접 경험을
　　하고 나니까 생각이 바뀐다는 겁니다. 그 엄마들이 모여서 어린이 도서관을

한 개 더 지어달라고 서명운동을 하고 있답니다. 7개월째 매주 수요일마다 모여 시위를 하며 약 7000여 명으로부터 서명을 받아 놓았어요. 현재 시장이 안 들어주면 새로운 시장을 뽑을 때 그 공약을 거는 사람에게 투표를 하겠답니다. 기존의 시립도서관을 다른 곳으로 옮기게 되었는데 시에서는 그 자리에 주차장을 만들려고 계획했어요. 그런데 엄마들이 거기에 작은 어린이 도서관을 만들어 달라고 하는 거죠. 30~40대 되는 엄마들이 아장아장 걷는 아이들 손잡고 나와서 놀이처럼 시위를 한답니다. 얼굴이 새카맣게 타면서도 그것이 즐겁대요. 왜냐하면 자신들의 노력으로 어린이의 천국인 도서관을 만드는 게 바로 축제라고 생각하기 때문이랍니다. 시에서는 죽을 맛이지요. 그들이 원하는 것은 그냥 시멘트 콘크리트의 위압적인 건물이 아니라 우리 도서관처럼 신기한 공간이 많은 예쁜 도서관이거든요. 기적의 도서관이 만든 또 다른 기적이랍니다.

(중략)

종 좋은 기관 하나 들어오는 것이 그 지역 전체를 얼마나 크게 바꾸는지가 증명되었던 거예요. 그래서 이이효재 선생님이 당신의 평생을 사회운동에 바쳤지만 어떤 것보다도 이 도서관운동이 제일 효과적이고 보람이 있다고 하시는 것 같습니다.

(중략)

희 자원봉사자들이 그냥 봉사하는 게 아니라, 주체가 되어서 도서관 자체를 이끌어가는 사람들이면서 또 이용하는 사람들이라는 게 인상적이에요.

종 요즘은 생산자, 소비자가 따로 없는 프로슈머 시대잖아요. 도서관도 이용자가 운영자가 되고 운영자가 이용자가 되고 그러면서 마을공동체가 만들어지는 거죠. 이 인적 네트워크를 잘 형성해서 서로서로 품앗이 하면 예산을 많이 안 들여도 효율적으로 운영할 수 있어요. 우리 자원활동가들이 현재 200여 명이에요. 그러니까 이 200명이 공동육아를 하는 거죠. 영문과 나온 사람은 영어, 과학 전공한 사람은 과학교실 등을 맡아서 각자 그 영역을 운영을 해요. 이게, 아이를 위해서 하는 일이니깐 처음에는 내 아이가 오게 되죠. 그리고 아내가 자기 일을 펼치니까 남편이 아내 일을 도와주러 오게 됩니다. 그렇게 온 가족이 오게 되고 거기서 다른 가족을 만나면서 가족 간의 관계뿐만 아니라 지역 내의 관계가 좋아지죠. 즉 엄마가 사회적으로 자신감을 가지게 되면서 집에서 애들을 들들 볶지 않고 남편만 바라보면서 바가지 긁지 않으니까 애들도 남편도, 엄마가 아내가 나가서 활동하는 걸

좋아하게 되고 그것이 이웃과 어우러지면서 자연스럽게 마을공동체가
형성되는 겁니다. 그것이 굉장한 보람이죠.

다만 운영과정에서 나타나는 역할 조정이 좀 어렵습니다. 봉급 받는
직원, 자원활동 하는 분, 이용하는 사람 이렇게 세 파트로 나뉘는데 이걸
조절하기가 힘든 거예요. 그것이 관리자의 역할이며 역량이죠. 직원들도
더 열심히 할 수 있고, 자원활동가들은 보람을 느껴야 되고, 이용자들은
나도 뭔가 도서관을 위해 일하고 싶다는 동기를 갖게 해야 되거든요.

사실, 진해가 직원 인원구성을 굉장히 체계적으로 해놨어요. 업무 영역이
명확하게 정해져 있습니다. 자기 영역만 최선을 다하면 무리가 없게 되어
있어요. 그런데 프로그램 운영이나 서가관리 쪽에서 굉장히 일이 많아요.
그러니까 이런 것을 자원활동가들이 맡아주는 거죠. 사실 직원 한두 명으로
해결되는 일이 아니거든요. 관의 힘으로만 다 하려고 하면 결국 자료수집,
자료보관, 대출반납만 이루어지고 기존 도서관하고 차이가 없어지는 거죠.
자원활동가들의 힘을 빌리면 애들한테 훨씬 더 양질의 서비스를 제공할 수
있는 거예요.

처음 2년은 도서관이 어떠해야 되는가에 대한 고민을 하면서 시행착오를
겪었고, 그 다음 3년간은 그걸 체계화시키고 안정화시키기 위해 노력했죠.
그 다음에 제가 2년의 시간이 더 필요하다고 했던 것이, 어떤 운영자가
오든 자원활동가들이 자율적으로 활동할 수 있도록 시스템을 제도화
하려고 했는데 그게 잘 안 됐어요. 그러다 보니 운영자가 바뀌면서 설립
정신이 사라지고 권위적인 여늬 도서관처럼 바뀌게 된 것입니다. 그래도
북스타트팀과 인형극팀, 프로그램팀은 해마다 집중적으로 키웠었기 때문에
여전히 잘 운영되고 있답니다. 사실 인형극팀의 경우 기적의 도서관 소속의
인형극팀으로 안주하지 말고 프로가 되어서 진해의 시민문화단체로 독립을
하라고 독려했었어요. 그런 과정에서 제가 갑자기 그만두게 되었는데
만약에 한 2년 더 계속했다면 한두 팀을 더 확실하게 그렇게 길러놓고,
그러는 과정에서 북스타트팀이라든지 인형극팀은 독립적으로 운영할 수
있도록 했을 거예요. 또 이이효재 선생님도 사회학을 하신 분이니까 이런
것들이 하나의 사회문화운동으로 자라나야 한다고 생각하셨는데, 좀 아쉽게
되었습니다.

7월 19일 오후 – 진해 생태공원 위 카페

정기용, 이종화 선생, 이이효재 선생

(중략)

정　9개 기적의 도서관 중에 건축과 운영이 제일 잘 맞아 떨어진 데가 어디라고
　　생각하세요?

종　순천 기적의 도서관이 공원도 있고 운영에 있어서도 마을공동체를 잘 형성한
　　것 같아요. 그리고 각 도서관마다 운영자인 관장에 따라 특징들이 있어요.
　　순천 기적의 도서관은 관장님이 그림책 작가들하고 친해서 그 관계를
　　굉장히 활성화시켰어요. 그리고 제천 기적의 도서관 같은 경우는 관장님이
　　구비문학을 전공하신 분이셔서 지역의 할아버지, 할머니를 통해 전통문화를
　　활성화시키는 운영을 하는 거예요. 진해 기적의 도서관 역시 이이효재
　　선생님이 여성 및 사회운동을 하시고 제가 문학을 하기 때문에 문학의 힘과
　　마을공동체에 비중을 두고 운영을 해왔지요. 서귀포 기적의 도서관은 건물이
　　굉장히 예쁜데 한 3~4년간 운영이 제대로 안 됐어요. 그러다가 작년부터
　　관장이 새로 바뀌면서 굉장히 활성화되고 있어요. 제주 기적의 도서관도
　　열심히 하고 운영도 잘 되는데 거기는 시 직영이지만 북스타트 운동과 같은
　　영유아 중심의 프로그램을 운영하며 주민이 참여하는 도서관을 만들기
　　위해 무척 애쓰는 거 같아요. 정읍 기적의 도서관은 아직 안 가봐서 잘
　　모르겠네요.

(중략)

정　진해 기적의 도서관의 자원봉사자들 중에서, 가르치는 게 직업이 돼서
　　학원을 차렸다는 사례가 있다고 들었는데요.

종　아, 한두 사람이 아니에요. 자원봉사 하다가 그루터기 도서관이라는, 도서가
　　한 만 권 이상 되는 곳의 운영책임자로 가신 분도 있고, 여기서 미술, 전시
　　팀에 들어와서 활동하다가 미술에 소질이 있음을 깨닫고 대학 간 친구도
　　있고, 성악 중창단에 있다가 성악과에 편입한 사람도 있어요. 품앗이 교육은
　　엄마들이 5명씩 조를 짜서 애들 교육도 하고 운전기사도 하면서 돈 안
　　들이고 공동육아를 하는 거지요. 엄마들이 아이들 독후활동, 영어스토리텔링
　　같은 걸 2~3년씩 하면서 자신감도 생기고 자기도 모르게 노하우가 생겨서
　　학원을 내거나 집에서 애들을 가르치는 분들도 있습니다.

정　엄마들의 인생이 바뀌는군요. 이이효재 선생님의 영향도 크시지요?

(중략)

종 물론입니다. 모두가 인정하시겠지만 곁에서 뵈면 훌륭한 인품에 중독되지
   않을 수 없게 하는 우리의 우상이세요. 이이효재 선생님께서 2005년도에
   유관순상을 받으셨어요. 그 상금이 천만 원이었는데 그걸 도서관에 기증을
   하셨어요. 그래서 여성운동을 한 분들의 전기를 중심으로 한 유관순 서가도
   만들고 유관순방도 만들었죠. 진해 기적의 도서관에 오는 자원활동가들은
   여성의식이 굉장히 강해요. 그래서 한 달에 한 번씩 전문가를 초청해서
   강연 듣고 월례회 하고 평가회 하고 그랬습니다. 그럴 때 항상 선생님이 안
   빠지세요. 또 초창기에는 책에 스탬프 찍고 라벨을 붙이시며 허드렛일도 다
   하셨어요. (웃음) 그러니까 엄마들이 그런 선생님을 보면서 허드렛일 하는
   것을 자연스럽게 생각하게 되었지요.
   저도 하루에 두 시간씩 사서대에서 대출반납 업무를 봤어요. 애들하고 눈
   맞춰가면서, 이거 재미 있었지, 주인공이 누구지, 하고 눈 맞추며 얘기를
   나누기도 하고 천 권, 2천 권, 3천 권, 이렇게 읽은 아이들은, 기증 받아
   두었던 상품권을 주기도 하고 그랬어요. 그러면 아이들이 그 문화상품권
   한 장 받으려고 얼마나 열심히 책을 읽는지 몰라요. 그리고 저랑 책에 대해
   이야기를 해야 하니까 더 열심히 읽는 거죠. 그러면서 아이들이 자기도
   모르게 책 읽는 게 몸에 배더라고요. 책을 많이 읽은 아이는 생각이 달라요.
   다른 사람을 배려할 줄 알고 인사성도 무척 바르답니다. 또 북스타트
   교실을 하면서 그렇게 공동으로 자라는 애들은 나눔을 할 줄 알아요.
   무엇이든 혼자 갖지 않고 친구랑 나누는 것을 당연하게 여긴답니다. 이처럼
   아이들이 바뀌는 모습을 즉각적으로 확인하게 되니까 신이 나고 보람을
   느끼는 것입니다. 도서관은 단순히 책만 빌려주는 데가 아니라 인간관계를
   강화시켜주고 인격을 성숙시켜 주는 곳이지요.

(중략)

정 처음 왔던 3~4학년 애들은 이제 졸업했겠어요? 아직도 찾아와요?
종 그 애들이 고등학생이 되기도 하고 중학생이 되어 있어요. 지금도 꾸준히
   찾아와서 일주일에 세 시간씩 봉사하며 책 읽고 독서토론회를 갖기도
   합니다. 유아기의 독서가 청소년기의 독서로 자연스럽게 연결되는 것이지요.
   독서의 결정적 시기가 얼마나 중요한가를 증명하는 거에요.

(중략)

희   여기서 책 읽는 것 말고도 다른 프로그램들이 있는지요?

양형진(이하 '양')

　　　휴관일인 월요일을 제외하고는 하루도 빠지지 않고 매일 있어요. 화요일에
　　　〈북스타트〉, 수요일은 〈빛 그림 동화〉를 해요. 목요일은 〈도서관이 좋아요〉랑
　　　자원봉사자들이 와서 하는 프로그램들이 있고, 금요일은 〈동화구연〉 하고,
　　　토요일은 그때그때 상황에 맞춰서 해요. 지금은 9월이니까 독서프로그램을
　　　하죠. 일요일도 영화상영을 하고 있습니다.

　　　(중략)

희   그런 프로그램들이 운영될 때, 자원봉사자들이 몇 명이나 활동을 하고
　　　있나요?

양   등록은 51명으로 되어 있는데 하루에 많이 올 때는 15명 정도 되요.
　　　요일마다 팀이 다르죠.

희   그럼, 그렇게 조직적으로 운영하는 방식이나 시스템이 있나요?

양   자원봉사자들 자체적으로 운영하고 있어요. 저희 운영자들은
　　　자원봉사자들이 활동하는 데 공간을 제공하고 프로그램을 할 때 협조하고
　　　있습니다.

　　　(중략)

희   도서관 공간마다 크기가 다르잖아요. 혹시 사용하시는데 넓거나 좁아서
　　　불편한 점이 있나요? 혹은 제안사항이나…….

양   제가 이 도서관에 온지가 이제 딱 1년 됐는데 밖에서 보기에는 이 건물이
　　　참 멋있어 보여요. 그런데 기능적인 면에서는 상당히 뒤떨어져요. 일단,
　　　환기가 잘 안 되요. 그리고 높다 보니까 난방비가 많이 들어요. 또, 전구를
　　　갈거나 문을 고치는 간단한 수선도 꼭 기술자를 불러야 되는 불편함이 있죠.
　　　또, 건물의 외형을 중시하다 보니 공간을 증축하는 것도 좀 곤란하지요.

희   아, 그럼 증축 계획을 가진 적이 있으셨나요?

양   작년부터 계속 했어요. 북카페 용도로 약간 증축했는데 지금은 거의
　　　포화상태입니다. 도서관이 책만 빌려주는 곳이 아니라 지역주민들과 함께
　　　프로그램을 진행해야 하는데 공간이 너무 부족해요. 쓸 수 있는 공간이
　　　강당밖에 없는데 강당도 너무 작아요. 그래서 오전/오후로 나눠 사용하는

실정이구요. 2층의 저희 직원들 공간을 양보해드리기도 합니다.

희　서고도 부족한가요?

양　책이 완전히 포화상태입니다. 4만 권이 다 됐는데 더 이상 놓을 데가 없어요.
폐기할 책들은 지하창고에 잠시 놔두기도 해요.

(중략)

희　하자 보수해야 할 일이 자주 일어나요?

양　아직 5년째라서 큰 건은 없는데 문이나 전구 같은 자잘한 것들이 있죠.
그리고 도서관 입구공간이 안으로 트여 있다 보니까 어린이들이 많이 왔을
때는 신발 냄새가 안으로 많이 들어오죠.

(중략)

양　제주도에서는 이렇게 탁 트인 공간을 가진 도서관에 사람들이 많이 오죠.
주 이용층이 2~3세부터 초등학교 3학년까지고요. 5~6학년 되면 거의 안
와요, 학원 가지. (웃음) 저희 프로그램도 5~6학년 프로그램은 거의 없어요.

희　장애인들이 이용할 때 불편한 점은 없나요?

양　나이 드신 분들은 가끔 오시는데, 불편하다는 표현은 안 하시고요, 어린
장애인의 방문은 극히 드물어요. 그래서 장애인 화장실도 있지만 이용을
거의 안 하지요.

희　도서관 위치는 적절하다고 생각하세요?

양　우리 도서관에서 직선으로 5~600m 안에 도 교육청에서 하는 제주도서관이
있습니다. 이 동네는 신흥층이 아니고 나이 드신 분들이 사는 동네다
보니까 신세대들은 신제주 쪽으로 많이 가죠. 그래도 우리 기적의 도서관은
접근성이 좀 떨어질 뿐이지, 프로그램에 참여하려고 상당히 이용을 많이
합니다. 주로 차로 오시죠. 사실 이런 도서관이 연동 쪽에도 있어야 되고
신제주, 화곡도시에도 있어야 되고 곳곳마다 다 있어야 되요.

(중략)

양　여기 가장 가까운 초등학교가 남광초등학교인데 직선거리로 1km 되나?
걸어서 15분. 사실 이쪽에는 젊은 엄마들이 많이 안 사셔서 다른 동네에서
주로 차로 옵니다. 그래도 우리 도서관 프로그램을 한번 이용하신 분들은
상당히 좋아합니다. 그래서 지금 포화상태가 돼서…… 예산상의 문제이긴
하지만 빨리 증축을 안 하면 더 이상 수용하기 어렵습니다.

（중략）

희　직원은 몇 명이예요? 각자 분담된 역할이 있나요 아니면 총괄적으로
　　하시는지.

양　특별히 각자 분담된 일을 정해 놓지 않고, 5명 직원 모두 어린이들과 잘
　　어우러져 업무를 보고 있습니다.

8월 29일 오후 – 김숙희 관장과의 대화(서귀포 기적의 도서관)

（중략）

김숙희 (이하 '숙')

　　저는 토요일 일요일은 거의 한 번씩 들러요. 제가 쉬는 날이긴 한데 애들도
　　많이 오고 행사도 하다 보니까 안 올 수가 없어요.

정　여기 사서데스크 지키는 분들은 자원봉사자인가요?

숙　아니에요. 사서 직원도 있고 인턴도 있고 중앙 문광부에서 지원해주는
　　야간 근로자도 있어요. 서귀포시에 도서관 운영사무소라고 있어요.
　　삼매봉도서관이 주 도서관이고 시 산하 여덟 개 도서관이 있어요. 그중
　　하나가 기적의 도서관이지요. 도서관도 많고 시설도 잘 되어 있는데
　　소프트웨어나 사서직이 다른 지역에 비해 부족하죠.

정　영화를 상영하는 건 처음 봤어요.

숙　그러세요? 학기 중에는 토/일요일에 상영을 하고 방학 때는 주중 수요일에
　　한 번 더 하지요. 방학프로그램은 따로 또 있고요.

정　여기가 책이 3만 권이 넘었다고요?

숙　네. 지금 3만4천 권이죠. 서가가 많이 부족하죠. 제주 기적의 도서관도
　　모자라서 서가를 5단으로 해놓았는데 높아서 애들이 잘 안 보이고 애들도
　　책을 편하게 뽑을 수 없어요. 그래서 저희는 서가를 4단으로 유지하고
　　있는데, 많이 부족해요. 그리고 어린이 도서관의 책이라는 게 보관의
　　측면에서는 큰 의미가 없고 그때그때 순환을 해야 되니까 성인들 책에 비해
　　빨리 닳죠, 헐어서. 이것을 빨리 교체하는 것도 좋은 거라고 생각되요.

　　（중략）

숙　예산이 1억3천에서 4천 정도 되요. 인건비 빼고요. 직원이 저를 포함해서
　　7명인데요. 사서직 2명이고 한 분은 기능직, 또 한 분은 시설관리 하는

청원경찰이세요. 그리고 청소하시는 분 한 분, 인력보조 한 명, 이렇게
7명이죠. 인턴 하고 기간제를 처음 쓰는데 연말까지 시에서 채용해서
보충해주고 있어요.

(중략)

숙　프로그램을 보면 여기서 역점 시책으로 하고 있는 게 북스타트 운동이예요.
　　다른 기적의 도서관도 여러 곳에서 하는데 저희가 좀 다른 점은, 서귀포시에
　　태어난 어린이들이 출생신고를 하면 동사무소나 시청에서 저희가 그림책이
　　든 책가방을 주고 있어요. 북스타트를 거기서 바로 시작을 하는거죠. 또
　　엄마들을 대상으로 〈동화구연〉과 〈부모 독서지도〉를 교육하고 있어요.
　　하반기에는 원하는 유치원이라든가 어린이집에서 단체로 신청하면 저희가
　　가서 교육해줄 예정이에요.

희　그럼 그런 교육을 해주시는 분들은 여기 직원분들이신가요?

숙　아니요. 전문강사지요. 동화구연가는 색동회 제주도 회장님이신 손희정
　　선생님이 해주시고요. 독서지도도 마찬가지로 서귀포시 교육청에 장학사로
　　계신 허덕희 선생님이 해주시고…….

희　그럼 그 운영비들은 어디서 지원하는 건가요?

숙　저희 예산에서 나가고 있어요. 그 운영비가 많이 나가도 프로그램이 많으면
　　여기 오는 사람들이 너무 좋아하니까. 〈스피칭〉의 〈제주어〉 같은 프로그램은,
　　제주 사투리로 이야기를 하는 것인데 발표력 향상도 되고, 요즘 애들이
　　사투리를 잘 안 써서 제주 방언을 잘 몰라요. 그래서 방언을 가르쳤더니
　　호응이 좋아서 방송도 몇 번 나왔어요.

희　그럼 자원봉사자들은 얼마나 되나요?

숙　여기는 자원봉사자들이 많지는 않아요. 일단, 제주 기적의 도서관과는
　　달리 여기는 자원봉사자 예산이 없고 또, 아무래도 도시적이고 도회적인
　　분위기의 제주하고 의식 차이도 많이 나더라고요. 엄마들이, 와서 배우는
　　건 좋아하지만 봉사개념으로 끌어올리는 것은 아직……. 그래서 내년에는
　　자원봉사자들을 모집해서 어떤 메리트를 제공해보려고 구상중입니다.

희　저희가 지금까지 5군데의 기적의 도서관을 둘러 보았는데요. 다른 기적의
　　도서관에서는 자원봉사자와 도서관이 긴밀하게 연결된 운영시스템이라고
　　한다면 제주 기적의 도서관은 자원봉사자들이 자체적으로 프로그램을
　　만들고 도서관 측에 공간을 빌려서 운영하는 형식, 그러니까 자원봉사자와
　　도서관 측이 약간 별도로 운영되고 되고 있더라고요.

숙　저도 작년 제천에서 열린 북스타트 대회에서 이야기를 나누어보니까 각

기적의 도서관의 자원봉사 시스템이 다 다르게 운영되고 있더라고요. 제주 기적의 도서관 같은 경우는, 말씀하신 대로 이원화되어 있더라고요. 아무래도 허순영 현 순천 기적의 도서관장님이 제주 기적의 도서관 준비위원장을 하시면서 자원활동가들에게 많은 권한을 주어 자원활동가들의 의식이 그렇게 독립적인 것 같아요. 서귀포 기적의 도서관 같은 경우는, 운영자가 프로그램을 직접 짜고 자원활동가들의 의견을 얻는 쪽이예요.

정　교육도 여기서 하고, 동화구연도 하고 아주 좋은 것 같아요.

숙　그런데 아쉬운 것은, 시청각실이 계단식이어서 도란도란 앉기가 불편해요. 서로 마주보고 앉아서 편하게 다리 뻗고 하는 프로그램에는 좀 안 맞아요.

정　아, 중요한 말씀하셨어요. 그런데 또 여러 명 모일 때는 시선을 생각해서 계단식이어야 되니깐.

(중략)

숙　교수님이 어린이 도서관에 대한 개념을 많이 바꿔주셨어요. 건물을 이런 식으로 편안하게 해주셔서 애들이 책을 누워서도 보고 앉아서도 보고……

정　애들이 좋아한다니 기쁘네요. 처음에 왔을 때 공무원들이 도서관 지을 땅이 여기밖에 없으니 소나무 잘라 땅을 사용하라고 했었어요. 그래서 내가 그랬죠. 저 멀쩡한 소나무를 왜 자르냐, 내가 살리고 하겠다……. 각 지역마다 정말 상황이 다 달라요. 여기 상황에 맞게 건물을 앉혀서 공간이 편안해진 거죠. 그런데 초창기에 와서 보니 애들이 한두 명밖에 없어서 속상했었죠.

숙　지방이라 공무원이나 시민들 의식이 서울하고는 많이 달라요. 게다가 여기가 약간 소외지역이라고 봐도 괜찮죠. 올해 2월 북스타트 선포식 할 때도 제가 시장님을 일부러 모시고 왔어요. 처음엔 시장님이 이해를 못하시더라고요. 그래도 꼭 시장님이 오셨으면 좋겠다고 했죠. 동화책 두 권을 드리고 〈그림책 읽어주는 시장님〉 코너에서 읽어달라고 부탁드렸는데 너무 열심히 준비해오셔서 대히트 쳤어요. 언론에도 나오시고……. (웃음)

(중략)

정　지금 여기 최대 수용인원이 몇 명이죠? 그리고 하루 대출하는 책은?

숙　여기 한 350에서 400명 정도 오고요. 대출되는 책도 그 정도 되요. 그런데 평일 오전에는 아무래도 아이들이 학교에 가기 때문에 거의 없어요. 오후 시간이나 주말은 아주 바쁘죠. 어떤 때는 직원들이 식사 할 시간도 없어요.

(중략)

희 공간적으로 사용하시면서 부족하거나 적절한 것들에 대해서 알려주세요.

숙 유아방에 최대 들어가야 한 20명 정도인데 프로그램을 운영하려면 좀 좁죠.

정 유아방에 보통 몇 명이면 적당해요?

숙 제 생각에는 한 30명 정도. 프로그램도 프로그램 나름대로 적정 인원이
    있거든요. 인원이 너무 많아도 운영하기 어려운 프로그램이 있고,
    강연식 프로그램이면 인원이 좀 많아도 되고. 그럴 때는 시청각실을
    이용하지만……. 사실 유아방 프로그램 적정 인원은 20명이긴 해요. 그런데
    엄마들 입장에서는 우리 애도 해줬으면 하는 마음이 있어서 10명은 대기자로
    받죠.

정 어린이 도서관이 여기저기 설계되어 공사를 하는데, 그 목적이 순천 기적의
    도서관보다 큰 거, 서귀포 기적의 도서관보다 큰 거…… 그래서 어린이
    도서관 개념이 사라져요. 무조건 크게만 지으면 매니지먼트가 안 되죠.
    그래서 적정 규모, 적정 운영방식을 알려주려고 그러는 거예요.

숙 그러면 안 되죠. 지역에 따라 애들 숫자도 많이 달라지니까. 서귀포에서는
    인구가 13만이 조금 넘는데 1년 태어나는 아동 숫자가 1,500명 되요. 계속
    줄어드는 추세예요. 그래서 도서관이 대도시처럼 크게 모자라는 그런 것도
    아니고…… 이런 데는 이 정도 규모가 딱 적절한 거 같아요.

(중략)

숙 처음에 2층에 난간이 낮았잖아요. 매일 그것만 생각이 나는 거예요. 그래서
    제가 건의를 했잖아요. 조금 높이자고. 교수님껜 좀 죄송합니다만…….

정 괜찮아요. 원래 1m 20cm는 돼야 되죠.

숙 그리고 애들이라 바닥이 이런 친환경적인 분위기가 좋은 거 같아요.

정 다만 겨울에 난방비가 많이 들지요?

숙 아니예요. 아무래도 이 지역이 좀 따뜻하고 하니까 1500만원 안 들어요.
    그리고 냉방도 계속 해주는데요. 한 달에 100만원 안 나와요.

정 여기는 바깥에 남쪽 창을 일부러 안 뚫었어요. 동쪽으로 빛이 좀 들어오길래.
    왜냐하면 냉방부하가 많이 걸리니까요.

숙 교수님, 그런데 동쪽하고 2층의 서쪽은 해가 있을 때 책이 바래는 문제가
    있더라고요.

정 그 정도예요? 커튼을 해도? 하긴 창이 많기는 해요. 그래도 도서관이 일단
    밝아야 되니까…….

김 거기는 암막커튼은 아니고 일반커튼을 해서 그런지…… 그래도 햇빛이
    잘 들어야 되는 게 맞는 거 같아요. 그리고 2층에서 한라산 쪽 보면 너무

멋있어요.

(중략)

정   저도 오래만에 와서 안심이 되고 좋네요. 애들 표정 보면 알죠. 행복한
       표정…… 그러니까 나도 행복하고…….

건축개요 및
운영현황

1. 순천 기적의 도서관

1) 건축개요

대지위치	순천시 해룡면 기적의 도서관길 60(상삼리 666번지)
지역/지구	일반주거지역
대지면적	4,204m²
건축면적	1,238.91m² (별관 증축 전 996.43m²)
연면적	1,824.30m² (별관 증축 전 1,304.31m²)
건폐율	29.47% (별관 증축 전 22.99%)
용적율	43.39% (별관 증축 전 31.02%)
규모	지상 2층
외부마감	홍승 위 오일스테인 (별관 : 전벽돌 치장쌓기)
구조	철골조, 철근콘크리트조
주차대수	24대
착공일자	2003년 7월 4일 (별관 : 2008년 5월 30일)
개관일자	2003년 11원 10일 (별관 : 2008년 11월 16일)
설계	(주) 기용건축
시공	(주) 유탑엔지니어링
감리	(주) 한미 파슨스
운영	순천시 직영 (관장 : 허순영)
연락처	061) 749-4071~3

2) 도서관 운영시간

구분	운영시간
월요일	13:00~18:00
화~금요일	10:00~18:00
토, 일요일	10:00~17:00
휴관일	토, 일요일을 제외한 정부가 지정한 공휴일

3) 장서현황 (2009년 1월 5일 현재)

계 :	총류	국내문학	외국문학	사회과학	자연과학	총계
도서수 :	426	19,006	25,155	2,030	7,428	63,670

주제명 :	인물역사	예술	학습교재	만화	성인	원서	총계
도서수 :	3,565	1,443	176	329	1,477	2,635	63,670

• 시청각자료 : 1,229점

4) 프로그램 운영현황 (2010년 1월 현재)

A. 프로그램의 내용과 공간

●정기적 활동 프로그램

프로그램	책 읽어주기
실 이름	이야기방
대상(인원수)	유아와 학부모 · 초등 저학년 (20명 내외)
프로그램 방식	낭독 및 활동
프로그램 내용	그림책 3~4권을 읽어주고 이야기를 나눈다.
	화, 토, 일에는 할머니들이, 평일에는 책 이야기 선생님이, 방학 중에는 언니가
	동생들에게 그림책을 읽어준다
시간	매일 오후 3시~4시

프로그램	영어 스토리텔링
실 이름	이야기방
대상(인원수)	유아와 학부모 · 초등 저학년 (20명 내외)
프로그램 방식	낭독 및 활동
프로그램 내용	원어민 선생님이 진행하는 영어 그림책과 동화 읽어주기
시간	월, 수, 금 오후 2시~3시

프로그램	병아리 글쓰기
실 이름	세미나실
대상(인원수)	초등 저학년 15명 내외
프로그램 방식	강의
프로그램 내용	갈래별 글쓰기강좌. 책 읽어주기 후 함께 읽고 이야기 나누고 보기글 읽기,
	자신의 이야기를 입말을 살려 주제에 맞게 쓰고 평가받는다.
시간	매주 수요일 오후 2시~4시

프로그램	삶을 가꾸는 글쓰기
실 이름	세미나실
대상(인원수)	초등 저학년 · 고학년 15명 내외
프로그램 방식	강의
프로그램 내용	갈래별 글쓰기강좌. 책 읽어주기 후 함께 읽고 이야기 나누고 보기글 읽기,
	자신의 이야기를 입말을 살려 주제에 맞게 쓰고 평가받는다.
	매주 수요일 오후 4시~6시

프로그램	작가와의 만남
실 이름	세미나실
대상(인원수)	초등 저학년 · 고학년 (각 15명 내외)
프로그램 방식	강의 및 토론, 다양한 독서활동
프로그램 내용	작은미술관의 그림책 원화전시, 주제별 책 전시, 작가와 전시를 둘러본 후
	책 작업의 과정, 작품에 대한 소개, 책 만들기 활동, 사인회, 느낌 글쓰기 등을 한다.
시간	월 1회 이상, 오후

프로그램	원화전시
실 이름	작은미술관
대상(인원수)	모든 계층을 위한 프로그램
프로그램 방식	책 관련 전시 및 활동
프로그램 내용	월 1회, 어린이 책 작가들의 작품, 그림책의 원화나 주제별 책 전시, 어린이 작품을 전시한다.
시간	개관시간 내내

프로그램	100권클럽
실 이름	모여서놀아요
대상(인원수)	초등 5, 6학년 40명
프로그램 방식	강의 및 활동
프로그램 내용	월별 주제 도서를 읽고 독서토론, 역할놀이, 독서골든벨, 발표 및 글쓰기 활동을 한다. 1년 동안 100권의 책을 깊이 있는 책 읽기로 안내한다.
시간	매월 둘째 주 토요일 오후 2시~5시

프로그램	어린이사서
실 이름	열람실
대상(인원수)	초등 4, 5학년 40명
프로그램 방식	활동
프로그램 내용	주 1회 2시간 이상 도서관 봉사와 글쓰기, 월 1회 다양한 독서활동을 한다. 6개월~1년 동안 활동한다.
시간	매주 수요일 오후 3시~6시

프로그램	도서관은 내 친구; 견학 프로그램
실 이름	열람실 · 모여서놀아요
대상(인원수)	어린이집 원아 · 유치원 · 초등학생
프로그램 방식	활동
프로그램 내용	강당인 모여서놀아요 방에 모여 도서관 시설을 안내 받고 도서관 예절 등에 대해 배운다. 영상그림책이나 그림자극을 보고 나서 자유롭게 책읽기, 도서관 자료를 안내 받는다.
시간	매주 수요일 오전 10시~12시

프로그램	북스타트 소리박자교실
실 이름	모여서놀아요 아그들방
대상(인원수)	6개월~18개월 영유아와 부모 50명
프로그램 방식	강의 및 활동
프로그램 내용	부모교육 : 월 1회 아기를 키우는 데 필요한 육아정보와 자료를 제공받는다. 관내 병원과 도서관에서 북 키트를 받은 대상자들에게 유아 책놀이를 통해 책과 소통하는 기술들에 대해 배운다.
시간	매주 화요일 오전 10시~12시

프로그램	북스타트 플러스
실 이름	모여서놀아요 아그들방

대상(인원수)	19개월~36개월 유아와 부모 30명
프로그램 방식	강의 및 활동
프로그램 내용	북스타트 후속 프로그램. 강의 수료 후 품앗이교육 동아리활동을 한다.
시간	매주 화요일 오전 10시~12시

프로그램	시노래부르기 중창단
실 이름	모여서놀아요
대상(인원수)	초등 2년~6년 20명
프로그램 방식	활동
프로그램 내용	동요, 시노래 등 어린이들의 감성이 담겨 있는 노래를 생활 속에서 즐길 수 있도록 배운다. 자주 갖는 공연으로 무대 경험은 발표 능력을 키운다.
시간	매주 월요일 오후 7시~9시

프로그램	종이접기와 책 만들기
실 이름	세미나실
대상(인원수)	유아와 초등저학년 각 20명
프로그램 방식	활동
프로그램 내용	2개월 동안 종이접기를 배운 후 만들어진 작품으로 책 만들기로 완성한다.
시간	매주 목요일 오후 2시~6시

프로그램	어린이 영상학교
실 이름	세미나실
대상(인원수)	초등 3학년~6학년 15명
프로그램 방식	활동
프로그램 내용	어린이들의 시각으로 다양한 미디어를 활용하여 영상제작과정, 발표를 한다. 독서, 글쓰기, 영상제작 등 디지털 시대의 통합교육이다.
시간	매주 목요일 오후 3시~6시

프로그램	멍멍아, 나랑 같이 책읽자!
실 이름	세미나실
대상(인원수)	초등 3학년~6학년 10명 내외
프로그램 방식	활동
프로그램 내용	책 싫어하는 아이들을 위한 프로그램. 독서 보조견에게 책을 읽어주는 과정을 통해 재밌는 책 읽기 습관을 들인다. 수료 후 어린이사서, 100권클럽 등 정규 독서동아리 활동으로 안내
시간	매주 화요일 오후 4시~6시

프로그램	도서관학교
실 이름	모여서놀아요
대상(인원수)	성인; 자원활동가 100명 내외
프로그램 방식	강의 및 활동/워크숍
프로그램 내용	도서관 지킴이, 도서관 종사자를 위한 도서관에 대한 이해, 어린이책, 자원봉사자의 자세 등의 전문강의와 워크숍, 실습을 한다.
시간	매주 금요일 오전 10시~12시

● 이벤트성 활동 프로그램

프로그램	생애 첫 카드 만들기
실 이름	모여서놀아요
대상(인원수)	초등 1학년어린이와 부모 200명
프로그램 방식	강의 및 활동
프로그램 내용	3월, 초등 1학년 신입생 어린이와 학부모들을 초청, 어린이들의 도서대출카드 만들고 도서관 이용법과 재밌는 도서관 활동에 대해 안내한다.
시간	3월 중, 오후 2시~4시

프로그램	도서관 주간행사
실 이름	모여서놀아요 · 작은미술관 · 세미나실
대상(인원수)	모든 계층
프로그램 방식	강의 · 전시 및 활동
프로그램 내용	4월 중 1주간, 도서관을 시민들에게 널리 알리는 행사 중심으로 다양한 행사들을 펼친다.
시간	4월 중, 열람시간 내내

프로그램	어린이주간 행사
실 이름	모여서놀아요 · 작은미술관 · 세미나실
대상(인원수)	모든 계층
프로그램 방식	전시 및 활동
프로그램 내용	어린이날이 있는 일주간을 어린이주간으로 선포, 전시, 인형극, 다양한 체험활동들을 부모와 함께 즐길 수 있도록 한다.
시간	5월 중, 열람시간 내내

프로그램	도서관에서 하룻밤자기
실 이름	모여서놀아요 · 열람실
대상(인원수)	어린이사서
프로그램 방식	활동
프로그램 내용	평소 책 읽을 시간이 부족한 고학년들을 위해 도서관에서 하룻밤 자면서 책 속에 푹 빠질 수 있도록 하는 프로그램.
시간	6월 중, 오후 7시~익일 오전 8시

프로그램	그림책 Show
실 이름	모여서놀아요
대상(인원수)	가족프로그램
프로그램 방식	강의
프로그램 내용	그림책을 영상으로 만든 작품을 공연처럼 진행한다. 영상음악회는 영화에 소개되었던 아름다운 음악을 영상과 함께 즐길 수 있도록 한다.
시간	봄, 가을, 오후 7시~9시

프로그램	북스타트 벼룩시장
실 이름	흙도 책이다
대상(인원수)	북스타트 대상자
프로그램 방식	활동

프로그램 내용	아기들이 커버려 쓰지 않게 된 물건들을 가지고 나와 서로 교환하거나 판매를
	할 수 있도록 한다.
시간	월 1회, 오전 10시~12시

프로그램	애니충격전
실 이름	모여서놀아요 · 흙도 책이다
대상(인원수)	가족 프로그램
프로그램 방식	강의
프로그램 내용	예술적인 단편 애니메이션 모음 상영회.
	여름에는 야외공연장인 흙도 책이다에서 진행
시간	월 1회, 오후 8시~10시

프로그램	전통문화 체험학교
실 이름	모여서놀아요 · 흙도 책이다
대상(인원수)	초등 2학년~6학년
프로그램 방식	전시 · 강의 및 활동
프로그램 내용	우리 전통문화 관련 장인들을 초청, 전통문화에 대한 이해와 작품감상과
	체험활동을 한다.
시간	방학 중 1주간, 오전 10시~12시

프로그램	방학 특별프로그램
실 이름	모여서놀아요
대상(인원수)	모든 계층
프로그램 방식	전시 · 강의 및 활동
프로그램 내용	여름방학과 겨울방학 기간 동안에는 이용자가 무척 많다. 평소 하기 어려운 프로그램
	중심으로 다양한 독서활동을 즐길 수 있도록 한다
시간	방학기간 동안 열람시간 내내

프로그램	독서의 달 행사
실 이름	작은미술관 · 모여서놀아요
대상(인원수)	모든 계층
프로그램 방식	전시 · 강의 및 활동
프로그램 내용	9월 한 달 동안 전시 및 활동 중심의 다양한 독서진흥 프로그램을 진행한다.
시간	9월, 열람시간 내내

프로그램	개관 기념의 날
실 이름	모여서놀아요
대상(인원수)	가족 프로그램
프로그램 방식	전시 · 강의 및 활동
프로그램 내용	도서관 생일인 개관을 축하하는 다양한 행사를 진행한다. 11월 한 달 동안
	진행하는 작은미술관 전시도 특별전으로, 공연, 도서관 관계자 초청,
	어린이들의 발표회 등이 진행된다.
시간	11월10일, 열람시간 내내

프로그램	도서관인의 밤 – 가족음악회
실 이름	모여서놀아요
대상(인원수)	가족 프로그램
프로그램 방식	전시·강의 및 활동
프로그램 내용	1년 동안 도서관을 위해 애쓰신 봉사자와 관계자, 후원자 등을 초청, 송년회를 함께 즐기는 음악회와 다과회를 연다.
시간	12월 중 1일, 오후 5시~8시

● **기획된 프로그램을 제외한 활동들**

활동	자원활동가 월례회의
실 이름	세미나실
대상(인원수)	30여명 내외
프로그램 방식	강의와 토론
프로그램 내용	도서관 자원활동가들이 월 1회 경험을 공유하고 미니강좌를 통해 전문성을 쌓아간다.
시간	매달 첫주 월요일, 오전 10시~12시

활동	장서활용을 위한 사서 간담회
실 이름	세미나실
대상(인원수)	10여명 내외
프로그램 방식	강의와 토론
프로그램 내용	사서 및 전문 자원활동가들이 도서관 장서를 활용하기 위한 전문강좌와 워크숍으로 진행한다.
시간	월 1회, 오후 7시~9시

활동	동화구연가 재교육
실 이름	세미나실
프로그램 방식	강의와 활동
프로그램 내용	책 읽어주기 활동을 하는 자원활동가들의 월례모임이다. 재교육이 이루어진다.
시간	매월 둘째 주 토요일 오후 2시~5시

활동	운영위원회 회의
실 이름	세미나실
대상(인원수)	15명 내외
프로그램 방식	기획/회의
프로그램 내용	도서관 운영위원들의 정기 또는 임시회의를 연다.
시간	2개월에 1회, 오후 5시~7시

활동	발전위원회 회의
실 이름	세미나실
대상(인원수)	15명 내외
프로그램 방식	기획/회의
프로그램 내용	도서관 발전위원들의 정기회의를 연다.
시간	1개월에 1회, 오후 5시~7시

활동	도서정리
실 이름	책 정리방
대상(인원수)	4~5명
프로그램 방식	활동
프로그램 내용	수서, 도서분류 및 입력, 정리, 배가 작업을 총 기획하고 진행한다.
시간	매일 열람시간 내내

B. 공간에 따른 이용 특징

●실내공간

실 이름	이야기방
내용	책 읽어주기, 이야기 들려주기, 소리 내어 책 읽는 방.

실 이름	아빠랑 아기랑
내용	아빠랑 책 읽는 방. 도서관 개관 초기에 많은 엄마들 틈에서 아이들과 함께 한 아빠들이 쑥스러워 했다. 그래서 만들어 놓은 작은 규모의 이야기방. '아빠랑 아기랑' 방은 굉장히 인기가 많았다. 지금은 고학년 언니, 오빠들이 친구들과 오붓하게 함께 책 읽고 이야기 나누는 방으로 많이 이용된다.
개선할 점	동아리방 형태의 이런 공간이 두세 개 더 있었으면 좋겠다.

실 이름	아그들방
내용	한 살 아기부터 세 살 미만의 영유아와 그 부모들을 위한 방. '안에 코 하는 방'과 '유아 화장실'이 있다. 작은 정원이 달려 있는 아기방 형태이다.

실 이름	별나라다락방
내용	우주선 캡슐 모양의 다락방. 책을 읽으면서 우주의 상상 속으로 떠나라!는 설계자의 의도가 돋보이는 공간이다. 아이들이 가장 좋아하는 공간. 창가 쪽으로 작은 오목공간을 배치하였고 벽에 등을 대면 편안한 곡선으로 받쳐준다.

실 이름	오목공간
내용	본관과 별관 사이에 있다. 아이들은 수영장이라고 부른다. 기대어 앉기도 하고 걸터 앉기도 하는 자유로운 공간이다.

실 이름	모여서놀아요(강당)
내용	원형의 극장식 강당. 고정형 의자를 설치하지 않아 계단식 좌석으로 구성되었다. 어린이, 어른 최대 200여 명까지 수용 가능하다. 정규 프로그램의 각종 강연 및 음악회, 공연, 영상회, 많은 인원의 도서관 견학을 왔을 때 활용한다.

실 이름	작은 미술관
내용	원화전시 및 주제별 책 전시, 수료생들의 작품 전시공간.

실 이름	그림책박물관
내용	그림책을 중심으로. 귀중본방, 팝업 그림책, 점자그림책, 외국에서 읽는 우리 책, 안데르센, 세계의 그림책, CJ그림책문고 등이 주요 컬렉션을 열람할 수 있는 공간.

실 이름	책 정리방
내용	장서의 계획, 수서, 정리, 보관하고 배치하거나 관리하는 방.

실 이름	도움방(사무실)
내용	사무공간
개선할 점	조금 비좁은 편이다.

실 이름	지킴이방(자원활동가방)
내용	자원봉사자들이 활동 후 회의나 휴식을 할 수 있는 공간.

실 이름	디지털자료방
내용	컴퓨터나 오디오를 통해 디지털 자료들을 열람할 수 있는 방.

실 이름	기타
내용	지킴이방 안쪽으로 서버실, 보일러 등이 설치되어 있는 기계실 등이 있다.

●실외 공간

실 이름	비밀의 정원
내용	강당의 위쪽 야외공간. '돌아가는 길'의 미로를 따라가면 지혜의 샘을 담은 연못으로 구성되어 있다. 아이들의 벽화와 도자기 작품으로 구성하여 함께 만들어가는 의미있는 공간이다.
개선할 점	비가 와도 이용할 수 있도록 '돌아가는 길'을 천장을 덮으면 좋겠다.

실 이름	흙도 책이다
내용	1층 열람실과 연계한 야외공연장. 날씨가 봄부터 가을까지는 야외열람실, 한 달에 한 번 벼룩시장, 단편 애니메이션 및 영화 상영, 음악회 등이 열리는 공간.

실 이름	도란도란 북 카페
내용	도서관 출입구 쪽의 만남의 장소. 간단한 먹거리와 차을 마실 수 있고 책과 기념품 등도 판매한다.

실 이름	대나무 숲길
내용	정문 앞에 길게 조성되어 있다. 공원과 연계해서 야외 책 읽는 공간이나 쉼터이고 대나무는 순천 기적의 도서관의 상징이 되고 있다.

실 이름	지혜의 샘
내용	별관 외관 1층에 빙 둘러서 연못이 조성되어 있다.
개선할 점	건축 시 기술적인 어려움으로 물이 순환하지 않고 흘러버린다. 관리상의 어려움이 있어 물을 담아놓지 못했다. 화단으로 꾸미는 게 좋을 듯하다.

실 이름	주차장
내용	24대의 차를 세울 수 있다. 잔디블럭으로 친환경적으로 조성되어 있다.

2. 진해 기적의 도서관

1) 건축개요

대지위치	경상남도 진해시 석동 658번지
지역/지구	석동2 택지개발 예정지구
대지면적	2,508.75m^2
건축면적	718.12m^2 (강당 증축 전 561.21m^2)
연면적	760.91m^2 (강당 증축 전 611.61m^2)
건폐율	28.62% (강당 증축 전 22.37%)
용적율	30.33% (강당 증축 후 24.38%)
규모	지상2층 (강당 : 지상1층)
외부마감	치장벽돌, 부분 홍송 위 오일스테인
구조	철골조, 철근콘크리트조
주차대수	3대

착공일자	2003년 7월 4일 (별관 : 2008년 5월 30일)
개관일자	2003년 12월 22일
설계	(주) 기용건축
시공	(주) 광득종합건설
감리	(주) 한미 파슨스
운영	민간위탁 (관장 : 김수영)
연락처	(055) 547-0095, (055) 547-0098

2) 도서관 운영시간

구분	운영시간
화요일	13:00~18:00
수요일~일요일	09:00~18:00
휴관일	매주 월요일과 정부가 지정한 공휴일, 도서관장이 지정한 날

① 도서대출 및 반납, 디지털동화, 회원가입은 오전10시부터 오후5시 30분까지입니다.
② 마감시간 이후 반납한 도서는 다음날 반납처리
③ 오후 5시 30분 이후부터는 도서 열람만 가능

3) 도서현황 (2009년 6월 현재)

주제별	이전 장서수	4월 증가수	4월 제적수	전체 장서수	백분율(%)
총류(000)	764	0	0	764	1.7%
우리문학(100)	10,214	250	0	10,464	23.3%
외국문학(200)	13,120	112	0	13,232	29.5%
사회(300)	2,440	21	0	2,461	5.5%
과학(400)	5,280	104	0	5,384	12.0%
역사(500)	2,622	80	0	2,702	6.0%
예술(600)	1,312	14	0	1,326	3.0%
학습(700)	4,218	75	0	4,293	9.6%
만화(800)	0	0	0	0	0.0%
성인(900)	4,128	63	0	4,191	9.4%
총권수	44,098	719	0	44,817	100.0%
비고			7,232		

- 비고란은 제적 처리된 도서 수.(총 권수에 포함되지 않은 권수)

구분	이전자료수	6월 증가수 (기증증가수)	6월 제적수	총개수
VIDEO	62	0	0	62
DVD	747	102	–	848
CD	227	20	–	247
디지털동화	20	0	–	20
기타(Tape)	0	0	–	0
합계	1,055	122	0	1,177
비고			155	

- 비도서 자료수(2009년 6월)
- 주말가족극장 : 8편 *비고란은 제적 멀티 수(총수에 포함되지 않은 수)

● 대출반납(2009년 6월)

구분	대출권수	반납권수
총류	–	–
우리문학	3,538	3,468
외국문학	4,673	4,703
사회	644	670
과학	2,103	2,165
역사	1,087	1,124
예술	183	202
학습	1,543	1,545
성인	180	172
월계	13,951	14,049
누계	723,481	693,184

● 회원가입수(2009년 6월)

구분	신규	단체	재가입	합계	총회원가입수
6월	76	·	39	115	10,960
2009년 누계	621		139	773	10,960

구분	인원	일평균	비고
6월	9,659	400	진해/마산/창원/김해/기타
2009년	66,328		개관이후누계 661,673

- 이용자수(2009년 6월)

4) 프로그램 운영현황

프로그램	독서교실
시간/장소	매주 화 3:00~3:50 (보늬 방)
대상	초등학교 1~2학년
주요내용	책과 친해지고 책에 대한 이해를 도우며 스스로 책을 읽을 수 있는 동기를 부여하는 독서지도 프로그램
과정 및 모집	10주 과정 · 년 4회 · 2,5,8,11월 모집

프로그램	북스타트
시간/장소	매주 금 10:30~11:30 (큰모임 방)
대상	6~12개월 영아
주요내용	6~12개월 영아를 대상으로 쑥쑥체조, 책 읽어주기, 육아상담 등 아기와 어머니를 위한 영 · 유아 프로그램
과정 및 모집	8주 과정 · 년 6회 · 1,3,5,7,9월 모집

프로그램	독서와 미술 - 유아	독서와 미술 - 초등
시간/장소	매주 금 3:30 (보늬 방)	매주 금 2:30 (보늬 방)
대상	7세	초등학교 1~2학년
주요내용	책을 읽고 책에 나온 미술활동을 직접 해보는 프로그램	
과정 및 모집	10주 과정 · 년 4회 · 2,5,8,11월 모집	

프로그램	모여서 놀아요
시간/장소	매주 토 11:00~11:50 (유관순 방)
대상	6세
주요내용	책 읽어주기 및 율동, 독후활동 등을 진행하는 책 놀이 유아 프로그램
과정 및 모집	10주 과정 · 년 4회 · 2,5,8,11월 모집

프로그램	노래로 배우는 한자
시간/장소	매주 토 11:30~12:20 (보늬 방)
대상	7세
주요내용	어려운 한자를 도서를 통해 쉽게 배움으로서 한자에 대한 막연한 두려움을 없애고 책과 친숙해 지는 프로그램

과정 및 모집	10주 과정 · 년 4회 · 2,5,8,11월 모집

프로그램	책동무야, 모여라
시간/장소	매주 토 10:20~11:10 (보늬 방)
대상	7세
주요내용	매주 한 권의 책을 읽고 다양한 활동을 하여 책의 흥미를 일깨워주는 프로그램
과정 및 모집	10주 과정 · 년 4회 · 2,5,8,11월 모집

프로그램	추천도서 스탬프 찍기
시간/장소	매주 화~토 2:00~5:00 (무지개등 앞)
대상	5세~12세
주요내용	유아 및 초등학생을 대상으로 '도서관에서 처음 만나는 책' 목록에 있는 책을 읽고, 담당선생님께 도장을 받는 프로그램으로, 목록에 있는 책을 모두 읽은 어린이에게는 도서관 기념품 증정
과정 및 모집	-

프로그램	할머니가 들려주는 옛이야기
시간/장소	매주 수 3:00 (유관순 방)
대상	당일 이용객 누구나
주요내용	할머니들이 유아 및 초등학생을 대상으로 옛날 옛적의 이야기를 들려주는 시간
과정 및 모집	-

프로그램	책 읽어주기
시간/장소	매주 목, 금 3:00 (유관순 방)
대상	당일 이용객 누구나
주요내용	유아 및 초등 저학년 어린이들에게 재미있는 책을 읽어주는 시간
과정 및 모집	-

프로그램	견학
시간/장소	매주 수~금 (유관순 방, 큰모임 방)
대상	견학신청을 한 단체(5세부터)
주요내용	도서관을 찾는 유치원, 어린이집 어린이들에게 도서관 시설을 안내하고, 책 읽어주기 및 슬라이드 동화를 상영하는 도서관 안내 프로그램
과정 및 모집	-

프로그램	영화상영
시간/장소	매주 토,일 3:00 (큰모임 방)
대상	당일 이용객 누구나
주요내용	도서관을 찾는 이용자들을 대상으로 하는 영화상영으로 온 가족이 즐길 수 있는 프로그램
과정 및 모집	-

프로그램	천연화장품 만들기
시간/장소	매월 1회
대상	성인

주요내용	자연보호의 취지에서 천연화장품을 만들어 사용하고 토론하는 프로그램
과정 및 모집	매월 1회

프로그램	그림책 속으로 쏙쏙~
시간/장소	매주 토 10:30~11:20
대상	36~48개월 유아
주요내용	책 속의 다양한 활동을 직접 체험해보고 부모와 함께 하는 시간을 통해 각 가정에서도 관련 독후활동이 이루어 질 수 있게 하는 프로그램
과정 및 모집	현재 진행중단

프로그램	과학과 친구해요
시간/장소	매주 수 2:30~3:20
대상	초등학교 1~2학년
주요내용	간단한 만들기와 실험을 통해 과학도서에 대한 흥미를 일깨워주는 과학도서 독후활동 프로그램
과정 및 모집	현재 진행중단

프로그램	영어랑 놀자 – 주니어반	영어랑 놀자 – 시니어반
시간/장소	매주 수 2:30~3:20	매주 수 3:00~3:50
대상	초등학교 1~2학년	초등학교 3~4학년
주요내용	도서관 책을 이용해 게임과 놀이로 어린이 영어의 기초를 다듬어 주는 파닉스 영어 프로그램	
과정 및 모집	현재 진행중단	

프로그램	책나라 글짓기 교실
시간/장소	매주 금 4:00
대상	초등학교 4~6학년
주요내용	정확한 어휘력 익히기와 자신의 생각을 효과적으로 표현하기를 배우는 글짓기 프로그램
과정 및 모집	현재 진행중단

프로그램	영어신문활용교육 – ENIE
시간/장소	매주 토 3:30~4:20
대상	초등학교 5~6학년
주요내용	영어신문을 활용해 시사적인 면과 영어의 기초를 다듬을 수 있는 프로그램
과정 및 모집	현재 진행중단

프로그램	원어민 영어동화 읽어주기
시간/장소	매주 화 3:50
대상	당일 이용객 누구나
주요내용	원어민 선생님이 유아 및 초등학생을 대상으로 영어동화를 읽어주는 시간
과정 및 모집	현재 진행중단

프로그램	아빠와 함께하는 책놀이
시간/장소	둘째,넷째 토요일 9:30
대상	40~48개월 유아
주요내용	아빠와 함께 책 속의 다양한 활동을 가지는 시간
과정 및 모집	현재 진행중단

3. 제주 기적의 도서관

1) 건축개요

대지위치	제주도 제주시 이도2동 1128-1
지역/지구	제2종 일반주거지역
대지면적	2,126.00m²
건축면적	569.79m²
연면적	661.63m²
건폐율	26.80%
용적율	27.81%
규모	지하1층, 지상2층
외부마감	드라이브트
구조	철근콘크리트조
주차대수	5대
착공일자	2003년 10월 1일
개관일자	2004년 5월 5일
설계	(주) 기용건축
시공	(주) 오성종합건설
감리	(주) 아이코닉레드
운영	제주시 직영 (관장 : 양형진)
연락처	064-728-8561～2

2) 장서현황 (2009년 12월 30일 현재)

●총괄

구분	도서	시청각자료	연속간행물	비고
계	38,908권	2,923종	75종	

●분류별 도서현황

구분	계
계	38,908
총류	1,335
철학	842
종교	304
사회과학	3,855
순수과학	4,535
기술과학	1,017
예술	1,242
언어	2,497
문학	19,968
역사	3,313

● 대상별 자료현황

구분	계
계	38,908
영아도서	1,958
유아도서	7,416
아동도서	24,300
청소년도서	1,206
일반도서	2,491
점자도서	226
원서	1,241
참고도서	70

● 시청각자료 현황

구분	계	DVD/CD/VIDEO	멀티동화
계	2,923	1,513	1,410

● 정기간행물

구분	계	신문			잡지		
		계	구입	기증	계	구입	기증
계	75종	18종	8종	10종	57종	10종	47종

3) 도서관 운영시간

운영시간	09:00~18:00
휴관일	매주 월요일, 추석 연휴, 설날 연휴, 12. 31, 1. 1, 선거일

4) 프로그램 운영현황

● 방학 프로그램운영 (2010년 1~2월/8월)

프로그램명	대상	설명	비고
공동육아프로그램운영	육아모임회원	공동육아모임 운영	
빛그림동화	견학아동 및 이용자	빛 그림을 이용한 동화책 읽어주기	
전래놀이	취학전 유아 6~8세	책과 함께 하는 전래놀이	겨울방학
생활 속 디자인 교실	초등 1~2학년, 20명	내가 생각한 아이디어로 디자인하기	겨울방학
동화속 이야기나라	견학아동 및 이용자	재미있는 동화구연	
어린이 도서관학교	초등전학년, 30명	도서관에서 하는 여러 가지 활동	
어린이 지도여행	초등 3~6학년, 20명	우리나라 구석구석 지도로 찾아보기	겨울방학
일요극장	이용자 누구나	어린이 명작 상영	
놀이미술	유아6-7세, 20명	맘껏 그리며 놀아요	여름방학
신문으로배워요	초등1-2학년, 20명	신문을 이용한 독후활동	여름방학
맘껏 토론해 보아요	초등3-6학년, 20명	독서와 함께 토론하기	여름방학

● 상/하반기 프로그램

프로그램명	대상	설명	비고
공동육아프로그램운영	육아모임회원	공동육아모임 운영	
빛그림동화	견학아동 및 이용자	빛 그림을 이용한 동화책 읽어주기	
블럭을 이용한 과학교실	유아6~7세, 20명	교구를 이용한 과학교실	3-4월
블럭을 이용한 과학교실	초등1~2학년, 20명	교구를 이용한 과학교실	10-12월
도서관에서 놀아요	견학아동	독서와 함께 재미있는 놀이	
동화속 이야기나라	견학아동 및 이용자	함께하는 동화구연	
토요극장	이용자 누구나	어린이 명작 상영	
발표력 리더쉽 스피치	초등1~2학년, 20명	말하기를 통한 리더쉽 키우기	3-4월
지구촌 세계여행	초등3~6학년, 20명	신나는 세계여행을 떠나요	3-4월
어린이 난타	유아6~7세, 20명	신나는 난타놀이	5-7월
지도와 함께하는 세계여행	초등1~2학년, 20명	지도로 떠나는 여행	5-7월
독서와 논술	초등3~6학년, 20명	책 읽고 토론해 보아요	5-7월
독서와 미술	유아6~7세, 20명	독서와 함께 맘껏 그려봐요	9월
맘껏읽고 써봐요	초등1~2학년, 20명	다양한 독후활동	9월
생활과학교실	초등3~6학년, 20명	생활 속 과학놀이	9월
라벤스브르거	유아6~7세, 20명	보드게임을 이용한 창의력 교구놀이	10-12월
우리 역사여행	초등3~6학년, 20명	역사여행을 떠나봐요	10-12월

● 북스타트 프로그램

프로그램명	대상	설명	비고
북스타트	6-18개월 영아	뮤직맵, 오밀조밀 놀이 등	
북스타트 플러스	19-36개월 영아	국악동요, 언어발달 프로그램 등	
북스타트 보물상자	37-취학전 유아	어린이 요가, 창의력 향상 프로그램	
찾아가는 북스타트	취약계층 및 소외지역	빛 그림 상영, 장구와 함께 등	

4. 서귀포 기적의 도서관

1) 건축개요

대지위치	제주도 서귀포시 서홍동 646-1
지역/지구	제2종 일반주거지역, 일반미관지구, 고도지구
대지면적	16,189.80m^2
건축면적	1,328.07m^2
연면적	2,616.90m^2
건폐율	8.20%
용적율	14.12%
규모	지상2층
외부마감	알루미늄 복합 패널
구조	철근조, 철근콘크리트조
주차대수	36대
착공일자	2003년 11월 18일
개관일자	2004년 5월 5일
설계	(주) 기용건축
시공	(주) 가나종합건설
감리	(주) 한미파슨스
운영	서귀포시 직영 (관장 : 김숙희, 명예관장: 현기영)
연락처	(064) 735-3463

2) 도서관 운영시간

운영시간	08:00~19:00
휴관일	월요일, 1월 1일, 12월 31일, 설ㆍ추석 연휴기간 휴관

3) 장서현황 (2010년 3월 5일 현재)

● 도서

구분	계
계	2,962
총류	2,962
철학	1,282
종교	636
사회과학	3,675
순수과학	4,948
기술과학	958
예술	689
언어	4,468

문학 10,199

역사 4,391

● 비도서

구분	계
계	1,049
DVD	627
오디오북	0
전자책	0
기타	422

4) 프로그램 (2009년 기준)

프로그램	운영기간	운영대상	횟수/명
스피치교실(겨울방학)	1월~2월	초등1~2학년	4회/58명
폐품을 이용한 조형활동(겨울방학)	〃	초등4~5학년	4회/57명
통통!생각쓰기 독후감(겨울방학)	〃	초등2~3학년	4회/59명
원어민영어스토리텔링	2월~11월	초등2~4학년	38회/692명
역사논술교실	3월~12월	초등4~6학년	16회/246명
부모 동화구연 독서지도 강좌(상반기)	4월~7월	영유아 부모 대상	15회/580명
즐거운 독서토론(여름방학)	7월~8월	초등1~3학년	4회/64명
제주어스피치교실(여름방학)	〃	초등4~6학년	4회/103명
그림책 읽어주기	연중	유아 및 초등저	20회/526명
영어동화책읽어주기	〃	〃	17회/341명
주말 가족과 함께 영화보기	〃	어린이와부모	101회/8,998명
개관5주년행사(독서골든벨, 아나바다 장터 등)	5월	〃	1회/800명
하반기 부모 동화구연 독서지도 강좌	9월~10월	영유아 부모 대상	4회/178명
책 읽어주는 엄마아빠	11월~12월	일반	12회/169명
북스타트 선포식	2월	유아 및 일반	120명
북스타트 운동(책꾸러미 선물)	연중	'09년 출생아	755명
독서의달(팝업북 전시회 등)	9월	유아 및 일반	506명

5. 정읍 기적의 도서관

1) 건축개요

대지위치	전라북도 정읍시 수성동 1014-1
지역/지구	토지구획정리사업지구, 제2종 일반주거지역
대지면적	1,687.80m^2
건축면적	814.80m^2
연면적	1,258.66m^2
건폐율	45.27%
용적율	66.10%
규모	지하2층, 지상2층
외부마감	징크, 점토벽돌, 적삼목
구조	철근조, 철근콘크리트조
주차대수	6대

착공일자	2007년 6월 28일
개관일자	2008년 5월 23일
설계	(주) 기용건축
시공	(주) 덕양종합건설
감리	예원건축사사무소
운영	정읍시 직영 (관장: 김영란)
연락처	(063) 539-6452

2) 도서관 운영시간

구분	운영시간
화요일~일요일	09:00~17:30
휴관일	매주 월요일과 정부가 지정한 공휴일, 기타 특수한 사정으로 개관이 어려운 경우

3) 장서현황

구분	도서		비도서
	어린이도서	성인	
장서수	21,814권	881권	261권(전자책)

● **분류별 장서현황**

구분	장서수
계	22,795
총류	543
국내문학	13,372

종교	243
사회과학	2,365
자연과학	3,223
역사	1,472
예술	667
철학	453
어학	457
만화	0

● **정읍 기적의 도서관 장서 구성 및 수서의 특징**
- 다양한 책의 학습을 위해 만화책을 비치하지 않음
- 일반도서보다는 아동도서 구입에 주력
- 영어학습의 능률을 위해 매년 일정의 영어원서 구입
- 다양한 종류의 책을 비치하기 위해 전집 구입을 하지 않음

4) 프로그램 운영 현황

프로그램	(여름방학 프로그램) 할머니 할아버지께서 들려주는 옛이야기
강사	기적의 도서관 자원봉사 어르신
시간	매주 수요일, 금요일 오후 3시 (8월부터 시행)
장소	기적의 도서관 2층 구름방
대상	누구나 참여 가능

프로그램	(여름방학 프로그램) 언니랑 영어동화 읽자
시간	매주 목요일, 오후 3시 (8월부터 시행)
장소	기적의 도서관 1층 대나무방
대상	누구나 참여 가능

프로그램	(여름방학 프로그램) 얘들아 도서관에서 영화보자
시간	매주 토요일 오후 2시 (8월부터 시행)
장소	기적의 도서관 강당

프로그램	도서관 학교
기간	약 1달 (추후 공지)
장소	정읍 기적의 도서관 강당
대상	도서관 자원봉사 희망자, 정읍시 관내 학부모, 기타 도서관에 관심있는 자 (500명)
운영과정	주 1회(3시간)씩 총 5회(15시간) 과정
주요내용	도서관에서 어린이에 대한 서비스, 그림책 이야기, 어린이 도서관에서 할 수 있는 100가지 일들, 책으로 우리 아이 마음 읽기 등
수료	4회 이상 참여자에 한해 수료증 교부

프로그램	어린이 청소년 독서교육 운영
기간	7~8월(1개월)
시간	주 2회(2시간)

장소	정읍 기적의 도서관 강당
대상	정읍 시내 저소득층 초등 1학년~3학년생 200명
	—

※ 월드비젼 정읍사회 복지관에 등록된 아동 선발 예정
주제: 책에서 찾는 행복(독서치료 프로그램)
지도교사: 전문강사 12명
지도방법: 12차수의 커리큘럼에 의한 체계적 독서지도
수료: 10차수 이상 출석한 학생에 한해 수료증 수여

프로그램	북스타트 플러스
일시	2009. 02. 17(화) 10:00~12:00
장소	기적의 도서관 강당
참가대상	초등학교 입학 예정인 아이와 부모 120명
내용	(매년 다릅니다 - 2009년 기준 -)
	부모를 위한 북스타트 운동의 이해 (이숭은 교수)
	아이들을 위한 구연동화 (이숭은 교수 외 2명)
	선물꾸러미 (동화책, 종이퍼즐 등) 증정
	※문화체육관광부, 책읽는 사회 문화재단 협찬

프로그램	무지개 독서회
내용	도서관을 이용하는 학부모들에게 지속적인 교육기회를 제공하여 전문인력을 양성하고
	배출된 전문인력을 토대로 도서관 견학 프로그램을 구성 및 운영하여 즐겁고 내실있는
	도서관 문화 창출
운영기간	2009. 3. 6 ~ 7. 31 (22주간)
운영시간	매주 금요일 10:00 ~ 13:00 (3시간)
운영장소	정읍 기적의 도서관 강당
참여대상	동화구연에 관심이 있으며 추후 기적의 도서관 견학프로그램 및 운영에 자원봉사
	가능한 분 (20명 정도)
수강료	무료(20강 이상 출석자에 한해 수료증 교부)
강의내용	동화구연의 교육적 가치와 효과 등

프로그램	어깨동무 책동무
내용	기적의 도서관을 이용하는 어린이들에게 창의적이고 체계적인 독서, 문학교육을
	제공하여 자기표현과 의사소통 능력을 키우게 함
	소외지역의 어린이들에게 '읽기'라는 기본 학습을 지원하여 배움과 혜택의 고른
	기회를 제공
운영기간	2009. 5. 16~10. 31 (22주간)
운영시간	매주 토요일 14:00~16:00 (2시간)
운영장소	정읍 기적의 도서관 강당
참여대상	초등학교 1, 2학년중 10여 명 정도 (정읍초등학교 협조 의뢰)
수강료	무료
강의내용	책 만들기, 그림연극 등

맺는 말 :
협치의 건축

통치에서 협치로

벌써 여러 해 전부터 우리들이 자주 듣는 말 중에 '거버넌스(governance)'라는
말이 있다. 거버넌스란 우리나라 말로 직역해서 협치라고 불리기도 한다.
거버먼트(government) 즉, 통치한다는 말에 대립되는 개념으로서 협력해
다스린다는 말이다. 이 말의 뜻은 정치권력 또는 거대권력이 국민을 일방적으로
통치하는 것을 지양해야 함을 의미한다. 근대국가가 만들어지면서 균형잡힌
통치구조를 위하여 삼권을 분리하였다. 그리고 시민은 국가가 자신들을 행복하게
이끌어줄 수 있도록 통치의 권한을 위임하면서 필요하다면 부분적으로 자신들의
자유를 유보할 수도 있음을 수락한 것이다. 그래서 법을 만들어 법이 제한하는
한도 내에서 올바른 통치를 위한 것이라면 국민들의 자유를 제약할 수도 있다는 데
대하여 국가와 국민 사이에 계약을 맺은 셈이다.

그런데 역사적으로 정치적으로 사회적으로 큰 변화를 겪으면서 때로는 정치권력이
국민 위에 군림하면서 국민들이 납득할 수 없는 권력의 남용을 목격하게
되었다. 이것은 국민이나 통치권을 행사하는 정부에게도 즐거운 일이 아니다.
통치방식으로는 더 이상 시민이 동의할 수도 없고 납득할 수도 없는 상황에 다다른
것이다. 즉, 국가와 국민은 애초의 계약을 다시 상기할 수밖에 없었으며 통치
본래의 목적에 맞도록 통치의 개념을 조정하지 않을 수 없게 된 것이다. 즉, 쉽게
이야기하여 국가에게 위임한 통치권을 국민이 완전히 회수하는 것은 아니지만
국민도 국가와 함께 여러 가지 방식으로 통치에 참여하는 것이 서로에게 이롭다는
것을 알게 된 것이다. 다시 말해서 국민이 단지 통치의 대상으로 머물러 있지
않고 국민이 정치권력, 행정 그리고 여러 전문가들과 함께 어떤 문제에 대해서
서로 협력하고, 안을 만들고 그것을 실행에 옮기는 것이 자연스러워진 것이다.
현재 지구상의 여러 나라들에서 수없이 많이 만들어지는 비정부기구(NGO,
non-government organization) 즉, 시민단체들의 출현은 바로 이런 상황을 잘
드러내는 현상이다.

건축의 협치

따라서 우리는 여기에서 건축의 문제를 시민과 국가 간의 관계로 유추해서 생각해볼 수도 있다. 국민이 국가에게 주문했던 것과 같이 건축주는 건축가에게 자기가 살 집을 설계하도록 위임하는 것이다. 그리고 나서 건축가들은 대체로 일반적으로 통치하듯 건축주에게 자신의 건축을 강요하는 것처럼 보이게 하는 것 또한 사실이다. 특히 사적인 건축이 아니라 공공건축의 주문과 생산 사이에는 여러 부분에서 재검토해봐야 할 문제들이 쌓여 있다. 공공건축의 주인은 국민임에도 불구하고 지방자치단체나 국가가 건축주를 대신하는 관례 때문에 발생하는 여러 가지 결함들이 있다. 가장 흔한 것이 아마도 공공발주자인 관이 개입하면서 발생하는 관료주의적 관성과 취향들이 개입하는 문제일 것이다. 그리고 거기에 덧붙여서 불완전한 건축지침을 가지고 설계에 참여하는 근원적 오류들을 건축가들이 차단할 수 없는 숙명과도 같은 일들이 지속되고 있기 때문이다. 이러한 잘못된 상황이 너무도 오래 지속되면서 문제의 본말을 제대로 규명한 적이 없는 채로 지금까지의 잘못된 사례들을 마치 관행으로 알고 지속해오고 있다. 그래서 바로 지금 건축에서도 '협치'의 개념이 적용될 때가 된 것이다.

그러면 '왜 건축에서 협치를 말할 수밖에 없는가?', '이 시점에서 왜 협치가 건축에서 중요한가?' 하는 질문들에 대해 진지하게 논의해야 한다. 첫째로 건축은 마치 무슨 예술작품 같아서 다른 사람들은 손댈 수 없는 것으로 인식해온 나머지 잘못된 건축, 시민들이 원하지 않는 건축, 낭비로 점철된 건축에 대하여 비판할 준거를 마련하지 못하고 있다. 그것은 마치 건축가는 작품을 생산하고 사용자들은 그것을 고맙게 받아야 하는, 그래서 건축가가 설계한 대로 살아야 하는 것이 보편적으로 인식되어 있기 때문이다. 물론 이렇게 이야기하면 많은 건축가들이 꼭 그렇지는 않다고 반발할 것이다. 문제가 되는 것은 무엇이 진실인가 하는 진실게임이 아니라 건축이 최소한 개별적 취향을 위한 것이 아니라 이 사회를 위해서 윤리적으로 어떻게 생산되어야 하는가를 공유할 수 있는 절차를 만드는 일이다. 둘째로 지금 이 시대는 다변화된 다양성의 시대이다. 다양화, 다변화된 사회에서 건축의 생산방식은 마땅히 그 사회의 변화에 적응해서 생산되는 것이 바람직할 것이다. 그중에서도 우리는 특히 사적인 건축생산보다는 수많은 공적

건축생산에 있어서 여러 가지 생각할 점들이 많다고 본다. 전문성을 요하는 공공건축일수록 우리들에게 지금 필요하고 중요한 것은 어떻게 보면 건축가 한 사람의 기발한 상상력과 창의력이나 건축의 예술성보다는 그 건축을 사용하는 사람들을 위한 다양한 지혜를 모으는 것이 아닌가 하는 생각이 든다.

문제도 이 땅에 있고 해법도 이 땅에 있다

문제도 이 땅에 있고 해법도 이 땅에 있다는 말은 내가 무주의 일을 정리하면서 쓴 책『감응의 건축』의 결론이기도 하다. 나는 지난 10여 년 동안 무주라고 하는 내륙지방의 공공건축을 접하고, 이어서 〈책사회〉와 함께 기적의 도서관 설계작업을 하면서 절실하게 느낀 것이 있다. 그것은 지금 이 땅의 공공건축에서 진정으로 중요한 건축적 화두가 되는 두 가지의 문제와 맞닿아 있다. 하나는 단절된 건축의 역사로부터 건축문화를 회복하는 큰 숙제이고, 또 다른 하나는 건축과 생산 또 그것을 소비하는 수많은 시민들 사이의 새로운 신뢰관계를 구축해야 하는 문제이다.

기적의 도서관을 설계하는 전 과정을 통해 한 가지 깊이 성찰적으로 느끼게 된 해법은 결론적으로 말해서 협치의 건축이라고 하는 것이다. 만일 내가 어린이 도서관을 협치의 과정을 거치지 않고 온전히 나의 상상력에 의해서만 건축이 되었다면 아마도 지금과 같이 많은 사람들의 호응을 얻지 못했을 것이다. 왜냐하면 지금의 기적의 도서관은 한국이 만들어낸 어린이 전용 도서관이다. 그것이 일반 사람들의 사랑을 받기까지 수많은 사람들의 체험과 지혜와 노력을 통해 만들어졌기 때문이다. 기적의 도서관은 〈책사회〉가 건축주가 되어 건축가에게 주문하는 방식으로 단순하게 생산된 것은 아니었다. 우선 여러 사람들의 동의를 구하였고 또 수많은 전문가들의 조언 속에서 탄생한 것이다. 이처럼 지금 우리나라에 근사한 건축, 위대한 건축, 아름다운 건축보다 더 필요한 것은 조금은 살벌한 이 땅에, 건축문화가 거의 실종한 땅에, 건축이 부동산으로만 인식되는 이 시점에 어떻게 보면 새로운 문화를 일으켜 세우는 일이고, 더 나아가서는 모든 사람들이 꿈꿀 수 있는 바람직한 사회를 만드는 일이다. 즉, 때로는 하나의 건축이 그냥 건물의 생산에 국한되는 것이 아니라 사회를 디자인하는 데도 동참할 수 있는 의미를 내포하는 말이다.

건축: 사회디자인

건축을 설계한다고 하는 것은 늘 한 사회를 상정하는 것과 다름이 없다. 그것이
과연 자본에 봉사할 것인가, 보다 더 많은 사람들을 위할 것인가 아니면 건축가
개인을 위한 것인가. 하여튼 건축이란 필연적으로 건축가가 의도하건 의도하지
않건 한 사회를 상정하는 결과를 동시에 낳는다. 그렇기 때문에 건축가는 자신이
어떤 사회를 상정하고 있는지, 꿈꾸고 있는지에 대해 확실하게 할 필요가 있다.
누군가 건축가에게 이렇게 물어볼 수 있다. '당신이 지금 설계하는 것은 도대체
어떤 사회를 꿈꾸고 하시는 겁니까?' 그 대답으로 누군가는 '아 나는 세상 같은
건 생각하지 않습니다. 나는 나의 건축을 할 뿐입니다.'라고 이야기할 수도 있다.
그런데 그게 가능한 일인가? 왜냐하면 건축가는 한 세상, 한 사회를 떠나서는 일을
할 수 없기 때문이다. 그러니 어떻게 그런 말이 성립할 수 있는가? 적어도 건축가는
자기가 하는 일이 지금까지 있어온 사회를 지속할 것인가, 아니면 조금이라도
변화시킬 것인가에 대한 답은 할 수 있어야 하지 않는가? 내가 하는 건축은 세상과
아무 관계가 없다면 건축을 할 필요도 없는 것이 아닌가. 그 정도는 우리들이
확실하게 짚고 넘어가야 된다. 그래야만 우리들은 그를 진정한 건축가라고 이름
붙일 수 있는 것이다. 세상이 원해서 건축을 하는 것이지, 건축가가 원해서 건축을
하는 것은 아니기 때문이다. 건축가가 홀로 이 세상에 자기 스스로를 위한 건축을
한다고 하는 것은 있을 수 없는 일이기 때문이다.

기적의 도서관의 탄생은 도서관의 건물이 하나 만들어진 것이 아니라 지금까지
잠자고 있었던 세상이 원하는 건축이 실현된 것이다. 그것은 뒤집어 이야기하면
이 사회를 새롭게 디자인하는 일이기도 한 것이다. 그 일은 건축가의 일이
아니었다. 오히려 세상이 원하는 건축을 대변해준 시민단체 〈책사회〉로부터 출발한
일이기 때문에 무엇보다도 큰 의의를 갖는 것이다. 공공의 건축의 발주자가 늘
지방자치단체나 관이 아니라 시민일 수 있다는 사실을 사례로 남겨준 중요한
사건이다. 공공건축은 그 주인이 관이 아닌 시민이다. 그랬을 때 시민이 그 필요한
공공건축을 직접 대변해주고 건축주의 역할을 담당하는 일은 정말로 중요한
사건이다. 아마도 해방 이후 대한민국 땅에서 일어난 최초의 민주적 사건이
아닌가, 라고까지 생각할 수도 있는 것이다. 지금 우리들은 이 나라의 정체성을

가리켜 민주공화국이라고 부르고 있지만 정작 국민들이 합의해서 민주공화국을 만든 적은 없는 것 같다. 즉, 'nation state'라고 하는 민족국가가 만들어진 것은 지금으로부터 60년 전의 일이지만 그때의 선언이 형식적인 민주공화국의 탄생에 불과했다. 그래서 이제부터는 우리들이 작심하여 민족국가를 만들어야 되지 않느냐는 것이다. 그러면 그 민족국가가 지향해야 하는 목표, 민주와 공화의 목표를 실현하는 것은 바로 우리들이 원하는 바이고 그것을 우리들의 뜻에 의해 실현하는 사건이 곧 기적의 도서관을 만드는 일이며 새로운 사회를 디자인하는 일인 것이다. 과장되게 이야기하면, 기적의 도서관의 탄생은 우리가 원하던 바람직한 민주사회, 서로 더불어 사는 사회를 이룩하기 위한 작은 출발점의 하나라고 생각하기 때문에 이렇게 이야기할 수 있는 것이다.

좋은 건축, 좋은 도시에 살 권리

여기에서 우리들은 건축을 그 커다란 사회계획을 실현시키고 해석하고 또 그것을 번역해낸 결과물로서 생각해야 하는 것이다. 그 건축은 지금까지의 생산방식과는 전혀 다른 다음의 두 가지 의미로 생산된다. 첫째, 건축생산은 우리가 어떤 사회를 꿈꾸는가라는 질문으로부터 출발해야 한다. 기적의 도서관은 그렇게 출발한 것이다. 둘째, 협치의 건축이란 그 건축을 둘러싸고 있는 여러 사람들의 지혜와 전문성과 뜻이 모아져서 이루어진 것이기 때문에 그렇게 부를 수 있는 것이다. 지금까지와는 전혀 다른 생산방식의 건축들이 지속적으로 탄생할 때 우리 사회는 지금까지 있어왔던 각 분야 간의 불신, 몰이해를 바로잡을 수 있고, 그럼으로써 우리들은 진정으로 더불어 함께하는 사회를 만들어갈 수 있는 것이다. 더불어 함께하려면 서로 신뢰해야 되고 서로 신뢰하려면 신뢰가 얼마나 소중한지 알아차려야 하고 그것을 알아차리려면 서로 체험을 해야 한다. 협치의 건축은 그냥 유행하는 말이 아니라 우리가 앞으로 당분간, 아니 지속적으로 펼쳐나가야 하는 새로운 의미의 건축생산방식이다. 이는 우리들이 모두 함께 만드는 사회를 위해서도 그렇고, 건축이 새로운 문화로 탄생하기 위해서도 그렇다. 그것은 어려운 일이 아니다. 우리들 가까이에 있는 문제를 실제적으로 바라보고 그 문제의 해법을 다른 데서 구하는 것이 아니라 같이 호흡하고 있는 우리 이웃으로부터 질문을 던지고 논의하고, 그러면서 만들어내는 것이다. 문제도 이 땅에 있고, 해법도 이 땅에 있는 것, 그것을 서로 알아차리고 서로 협력하는 것, 그것이 협치의 진정한 길인 것이다. 그것은 어려운 일이 아니다. 우리 모두가 동의하기만 하면 얼마든지 가능한 일이다. 기적의 도서관의 성취를 보라. 그것이 만들어진 탄생의 전 배경을 제대로만 이해한다면 그것이 허공에 떠 있는 헛된 말이 아니라는 것을 우리 모두가 이해할 수 있다. 시민이 함께 만드는 건축, 그것은 더 이상 표어로 남아 있는 말이 아닌 이미 실현된 하나의 소중한 사례이다.

이제 정말로 우리들은 좋은 건축, 좋은 도시에 살 권리가 있다. 협치의 건축은 건축가에게만 요구되는 새로운 윤리강령이 아니라 시민들도 각성하고 찾아내야만 하는 권리이다, 기본권이다. 그 기본권을 누리려면, 권리를 찾아 잘 활용하려면, 건축이 부동산만도 아니고, 기술이나 예술로 단순화시킬 수도 없다. 그리고 건축은 단순히 목적을 위한 수단만은 아니고, 건축은 그보다는 훨씬 더 복합적이고 중층적인 문화의 가치를 담는 그릇이다. 그래서 우리는 우리가 익히 알고 있는 건축의 사적이고 단편적인 취향을 넘어서서 보다 공적이고 문화적인 자세로 건축을 바라보아야 한다. 그러기 위해서는 건축을 섣부르게 판단하기 이전에 우선 깊이 느낄 필요가 있다. 그리고 건축에 대한 최소한의 공부를 할 필요가 있다. 이 책을 만든 목적은 바로 시민들의 기본권, 좋은 건축, 좋은 도시에 살 권리를 되찾기 위한 노력의 일환이다.

다시 한번 우리 모두 기적의 도서관에 가서 아이들이 서가에서 책을 뽑아 창가로 가지고 가서 읽는 정경을 우리 눈으로 확인할 필요가 있다. 거기에 우리들이 잊고 있었던 세상이 있다. 거기에 우리들이 잊고 있었던 세계가 있다. 마침내 우리들이 잊어버린 우리들의 어린 시절의 순수한 눈과 상상력, 국민이 되기 이전의 세계인이었던 우리를 바라볼 수 있는 것이다.

주석

두터운 사회

이 시대를 총체적으로 이야기할 때, 독특하게 얄팍하고 아마도 야만적이며 비이성적인 사회라고 말한다면 너무 자조적일 것인가? 한국사회는 그동안 절차적 민주주의를 이 땅에 정착시키는 데 온 정신을 쏟은 나머지 진이 다하여 그만, 왜 민주사회가 필요한 것인지, 진정으로 자유 민주사회는 어떤 사회인지 잊어버렸다. 우리가 궁극적으로 바라는 사회가 이성적인 사회로서 정말로 정의롭고 평등한 사회인지, 그렇게 이행하려는 사회를 위한 합의는 있었는지, 그런 삶을 지향하는 방식은 도대체 어떤 것이며 우리가 지켜내야 하는 최소한의 가치는 무엇인지 제대로 질문하기에는 방식도 부족하고 논의하는 풍토가 그리 성숙되어 보이지도 않는다. 어찌하다가 이렇게 된 것일까?

지난 50년 동안 남북이 똑같이 채찍질하며 '국민'과 '인민'을 생산했지만 자율적이고 성숙한 시민을 아직 만들어내지 못한 데는 어딘가에 고리가 끊어진 탓일 것이다. 이 땅은 자율적 주체로서의 시민이 투쟁하여 일으켜 세운 나라가 아직 아니다. 다만 이제 겨우 국민국가를 위한 절차를 만든 데 불과하다. 다만 국가도 있고 영토도 있고 주권도 있다고 하는데 주권의 주체가 빠져 있는 듯하다. 주체가 빠져 있다는 것은 구성원은 있는데 아직 그들이 자유롭고 자율적인 주인공이 아니라 늘 단역, 조연이고 수동적이고 회색적이며 군중의 권력 뒤편으로 도망가고 늘 뒤를 살피는 비겁자들로 전락하였기 때문이다. 늘 산이 좋아 산은 가는데 자연의 섭리를 알려 하지 않는다. 여러 나무들이 만들어내는 경치는 감상할 줄 알면서도 다양한 종이 서로 경쟁하고 존중하며 숲이 푸르러지는 것을 알려 하지 않는다. 자기 가족을 소중하게 여기는 만큼 이웃을 대하지 않는다. 실은 이웃 때문에 자기가 존재할 수 있다는 사실을 믿으려 하지도 않는다. 이미 전통사회에서 신분의 차이는 있었으나 더불어 살 줄 알고, 그래도 신성함을 잃지 않던 역사를 가졌던 사람들이 사는 사회가 이렇게 척박하고 천박하며 얄팍해진 것은 한편으로는 현대인들, 특히 도시에 사는 사람들의 혼을 빼놓는 변화하는 도시적 삶의 질주하는 속도 때문일 것이다. 가만히 보면 우리는 매일매일 변화된 삶을 살아가는 듯한데 발전적이지 못하고 모두가 획일적인 상황으로 귀결된다. 차별을 하면서 차이는 인정하지 않는다. 아파트에 거주하는 모습이 다 그렇고, 텔레비전 연속극이 다 그렇게 똑같고, 정치·경제판이 늘 그러하다. 교육은 수십 번 제도를 고쳐도 초등학생부터 대졸자까지 모두가 고단하다. 한마디로 말하자면 시민적 합의를 구하는 사회구성체 논의를 끝내지 못한 채, 사는 연습에 내동댕이쳐진 이 땅의 사람들은 자기실현의 삶을 성취하는 것이 아니라 '삶을 연습'하도록 길들여진 것은 아닌가, 질문하게 된다. 부유하는 삶 속에 문화는 없다. 한 번뿐인 인생을 집단적으로 연습하는 사회는 정상적인 사회가 물론 아니다. 깊이가 없는 얇은 사회다. 그러나 이제 막 일어서려 하는 시민사회의 다양한 대안과 논의들마저 없다면 세상은 또 얼마나 밋밋할 것인가? 이렇게 두터운 사회를 향하여 도정일 교수는 우리들이 지연시킨 근대 프로젝트의 하나인 기.적.의.도.서.관.을 제안한 셈이다.

사실 도정일 선생님을 만난 것은 이미 여러 해가 되었다. 특히 2006년 도정일 선생님의 정년퇴임에 즈음하여 선생님에 대한 원고를 부탁 받은 적이 있다. 그때 미완성으로 남아 있는 글을 조금 수정보완하여 건축가들에게 있어서 도정일 선생님은 누구인지 밝혀두고 싶다.

인문학자와 건축가들의 만남

이제 15년이 훌쩍 지나버렸다. 열댓 명의 건축가들이 뜻한 바 있어 건축학교를 만들었다. 이름하여 서울건축학교(SA)라 명명하였지만 공식적인 인가를 받지 않은 사설연구소라고 할까? 실체는 어찌되었든 당시로서는 '건축교육이 이래서야 되겠는가?'라는 문제의식에 운영위원 모두 공감하였다. 사회는 다양하게 분화되어가고 있고, 삶의 양태도 또한 그러하다. 나아가서는 세계화라는 물결 속에 세상은 지금까지는 이야기하지 못하였던 새로운 도전에 직면해 있다. 그런 시대에 '삶을 담는 그릇'을 창조해내는 건축 또한 변할 수밖에 없는 것이다. 그럼에도 불구하고 건축교육은 구시대의 제도를 답습하고 있다. 아직도 건축교육은 '공돌이'를 생산하는 곳으로 인식되고 있다. 건축과를 '공과대학' 속에 묶어 두면서 건축을 공학이라고만 가르치기에는 너무나 한계가 있다. 왜냐하면 건축은 기술도 필요하고 예술적 가치도 필요하고 상상력도 필요하고 사람들의 삶에 대한 탐구도 필요하다. 더 나아가서는 역사정신 또는 시대정신에 대해서도 깨어 있어야 하는, 총체적인 것을 필요로 하는 직업임에도 불구하고 '공학'이라는 범주로 분류하는 것은 이 시대에 역행하는 것이다. 이렇게 여러 가지로 건축교육의 새로운 탈출구를 모색하던 중 우리는 건축을 구태여 학문의 범주 속에서 논의해야 한다면 오히려 인문학 쪽에 더 가까운 것이 아닌가 생각하게 되었다. 다시 말하자면 건축은 궁극적으로 사람들의 삶을 다루고 반영하고 조직하는 행위로서, 크게 보면 인문학이 다루는 인간과 동일한 근원을 가지고 있다. 인문학의 관점에서 보았을 때 건축은 공학이 아니라 문화의 한 부분으로 사회와의 소통의 길이 열리는 것이다. 그러므로 우리들은 자연스럽게 건축과 그 이외의 학문들과의 접목을 시도하였다. 그 일환으로 매주 금요강좌를 개설하였던 것이다. 바로 그 첫 번째 강좌를 도정일 선생님께 부탁드리게 되었다.

도정일 선생님의 강의

아마도 도정일 선생님의 강의를 들어본 사람들은 그것이 어떤 강좌라고 하더라도 그것을 평생 잊지 못할 것이다. 만일 그 누군가가 도정일 선생님의 신화에 대한 강의를 들었다면 그는 그 다음날 신화학자가 되어 있을 것이다. 특유의 낮고 굵은 톤의 목소리로 책을 읽듯 또박또박 이어나가는 강의수법은 모든 사람들을 순식간에 감동의 소용돌이에 빠지게 한다. 당연히 그것은 낮은 목소리톤 때문에 그런 것이 아니라 얼치기 지식인들, 학생들이 아는 것처럼 막연하게 넘어갔던 진실들을 집어내 주기 때문이다.

처음에 도정일 선생님은 예술사에서의 모더니즘, 근대성 그리고 포스트모더니즘에 대해 강의를 하셨다. 첫 강좌가 끝나면서 순식간에 건축가들은 넋이 나간 표정을 하였다. 강의가 끝나고 모든 건축가들은 1시간 30분만에 책 10권을 독파한 기분이라고 술렁거렸다. 학생들을 위해 학교를 열었지만 당시 건축학교 운영위원 전원은 학생들과 같이 강의를 듣고 질의하였다. 그 다음 이어서 일곱 차례에 걸쳐 예술사에 대한 강의를 부탁드렸고 여전히 정곡을 찌르는 절묘한 간추린 예술사의 강의는 모든 건축가들에게 감동을 선사하였다.

당시의 강의 제목들이다.

1.   95. 06. 07 모더니즘과 포스트모더니즘 – 문학과 사상의 경우
2.   95. 12. 05 정보사회와 이성적 사회
3.   96. 03. 15 예술사상사 1 – 재현
4.   96. 04. 12 예술사상사 2 – 상상력과 예술
5.   97. 09. 18 예술사상사 – 탈근대주의의 근대비판
6.   97. 10. 02 예술사상사 – 현대이론 계보들과 예술사상 현대이론의 시발
      : 구조론과 '언어로서의 전환'
7.   97. 10. 16 예술사상사 – 해체론과 정신분석
8.   97. 10. 30 예술사상사 – 탈근대이론과 예술 : 대중문화/예술의 문제

건축과 학생이건 건축가이건 이런 류의 강의를 들어본 적이 없었기 때문에
모두가 감동해 마지않았던 것이다. 그래서 우리들은 우리 자신들을 위해서도
서울건축학교(SA : school of architecture)를 설립하기를 잘했다고 생각하였다.
그렇게 나와 우리 동료 건축가들은 도정일 선생님을 만나게 된 것이다. 그 후
문화개혁을 위한 시민연대(문화연대)를 만들면서 다시 만나게 되었고, 그곳에서
왜곡되고 종속적인 공간문화에 대해 열심히 논의하고 행동하였다. 헝클어진 머리에
굵은 톤의 목소리를 가진 도정일 선생님은 시민단체의 이미지와 잘 맞지 않는
듯하지만 그 누구 못지않게 세상과 도시를 바라보는 눈은 모든 회원들에게 울림을
주었다. 성급하게 투쟁하고 싸워야 될 것이 많은 젊은이들 사이에서 선생님의
차분한 목소리에 한 템포씩 늦추며 다시 한번 신중하게 우리들의 결의를 다졌던
것이다. 아무리 급해도 느린 목소리, 아무리 화가 나도 유머 섞인 메타포의 수법은
그 누구도 흉내낼 수 없는 친화력을 가지고 있다.

(주석2)

(출전 :《씨네21》, 2001. 9. 5)

시카고의 '앵무새' 열풍

도정일 (경희대 영문과 교수 · 문학평론가)

60년대 한국 영화팬들의 머리 속에는 그레고리 펙이 주연했던 흑백영화 〈앵무새 죽이기〉(국내 상영 제목은 〈알라바마에서 생긴 일〉)의 몇몇 장면들이 지금도 아련하게 박혀 있을 것이다. 주인물 애티커스 핀치 판사 역을 맡은 펙의 연기도 볼 만했지만, 인종갈등에 휩싸인 미국 남부의 한 시골 마을에서 사랑과 정의(正義)에 눈뜨며 자라는 세 아이(잼, 스카우트, 딜)의 모습이 누구에게나 있을 법한 유소년기의 이미지로 기억 세포에 입력되어 있기 때문이다. "고대 이집트사람들은 이렇게 걸어다녔대"라며 잼이 여동생 스카우트에게 이집트 벽화 속의 '게걸음' 포즈를 흉내내던 장면, '이상한 사람들'로 알려진 레들리 집안의 비밀스런 은둔자 부우 레들리가 스카우트를 위기에서 구해주고 아이들 앞에 모습을 드러내던 일- 그런 장면과 사건들 말이다.

《뉴욕타임스》8월 28일치 보도에 따르면, 그 영화의 원작이 되었던 하퍼 리(Harper Lee)의 소설『앵무새 죽이기(To Kill a Mockingbird)』가 지금 시카고시에 독서바람을 불러일으키고 있다. 시카고 공공도서관 당국이 8월 25일부터 7주간 어른 아이 할것 없이 시민 모두가 '함께 읽을 한 권의 책'으로 이 소설을 선정하고, 리처드 델리 시장이 직접 나서서 시민 참여를 호소하는 바람에 시 전체가 '앵무새 열풍'에 휩싸인 것이다. 정확히 얼마나 많은 시민들이 여기 참여할지는 7주가 끝나는 10월 14일 이후에나 알 일이다. 그러나 이미 열풍은 열풍이다. 시립도서관 당국은 시내 각 공공도서관에 소설 4천권을 사다 비치했지만 미처 책을 빌리지 못한 시민들이 서점으로 몰려드는 통에 시내 서점들에서는 책을 갖다놓기 무섭게 없어진다고 한다.

1960년 초판이 나온 이 소설에는 몇 가지 진기록이 따라다닌다. 전혀 세상에
알려지지 않은 한 수줍은 작가 지망자의 소설이 발행 첫 해에 250만부나 팔린
것도 기록적이고, 작가가 1957년 출판사에 초고를 보낸 뒤에도 3년간 다듬고
다듬어서야 책을 냈다는 것도 기록적인 일이다. 작가는 75살 나이로 아직 생존해
있지만, 앨라배마 한 시골(작가가 태어나고 자란 몬로빌은 하도 벽촌이어서 '택시
한 대'만 돌아다녔다고 한다) 마을에서의 성장시대를 다룬 이 작품 이후 그녀가
다시는 소설을 쓰지 않았다는 것도 흔한 일은 아니다. 초판 출간 이후 40년이 지난
시점에 한 대도시 시민들에게 '함께 읽을 책'으로 선정되었다는 것은 모르긴 하되
'신기록'이 아닐까 싶다. 물론 이 소설은 세계 여러 언어로 번역되어(국역판도
두 종류 있다) 지금까지 3천만부가 팔렸고, 출간 이후 줄곧 미국 전역의 청소년
권장도서 목록에 올라 있었기는 하지만.

그러나 우리가 주목할 것은 이런 기록이 아니다. 이번의 앵무새 열풍은 말하자면
시카고판 '책 읽는 사회만들기' 운동이다. "온 시카고가 나서서 소설 한 권을
읽고 있다"는 소식은 우리에게 신문 토픽감으로 끝날 단순 화제가 아니라 생각할
거리이고 화두이다. 시카고 같은 큰 도시가 무엇 때문에 그런 일을 하는가,
대도시에서 어떻게 그런 일이 가능한가, 그런 발상을 할 수 있는 사람들의 능력은
도대체 어디서 나오는가? 시민들이 비디오나 게임에만 빠져 있을 것이 아니라
책 읽고 생각하고 독서문화를 유지하는 것이 그 자체로 소중한 가치이고 삶의
방식이며 경험이라는 판단이 '책 읽는 시카고'의 동기라는 것쯤 짐작하기 어렵지
않다. 일년에 한 번만이라도 온 시민이 똑같은 책 한 권을 읽어 공통의 화제를
찾아내고 시카고의 문제(이를테면 인종분할과 차별)를 함께 생각해보는 것도
대도시의 공동체적 가능성을 키우는 데 소중한 일이 아닐 수 없다.

그런 아이디어를 낸 사람들은 누구인가? 온 시민이, 또는 가능한 한 다수의
시민들이, 일년에 한 번 한 권의 책을 놓고 함께 읽어보자는 아이디어를 맨 처음
내놓고 실천한 것은 4년 전 시애틀의 한 공공도서관 직원이다. 이 발상은 미국 여러
도시들의 호응을 얻어 뉴욕주 버팔로, 로체스타, 시러큐스 같은 도시들로 확산되고
일리노이의 스프링필드, 아이다호의 보이즈시도 이에 가세할 준비를 하고 있다
한다. 대도시 시장이 직접 나선 것은 시카고가 처음이다. 어떤 책이 선정되는가는

물론 지역에 따라 다르다. 시카고가 『앵무새 죽이기』를 선택한 것은 이 소설이 시카고의 심각한 인종갈등에 소중한 통찰과 해법을 주기 때문이다(시카고 시장 자신도 그 소설의 애독자였다 한다). '책 읽는 시카고'를 만드는 데 들어간 비용은 고작 4만달러이다. 가장 적은 비용으로 가장 값진 일을 벌일 수도 있다는 것을 시카고는 보여주고 있는 것이다.

(주석3)

느낌표 출연진들(김용만, 유재석)과 아이들의 만남

지금 이 시대에 도시를 사는 사람들에게 이웃은 있는데 없다. 이웃을 강조하는
사람들은 도시계획을 하거나 건축설계를 하는 전문가들뿐이다. 그들은 직업상
그렇게 말할 수밖에 없는 속성을 가지고 있다. 그래야 장사가 잘 된다고 믿어야
하기 때문에. 물론 다 그런 것은 아니지만 대체로 아파트에 사는 많은 사람들은
옆집에 누가 사는지, 무엇을 하는지 사실 잘 모른다. 옆집에 사는 사람보다 더
가까운 이웃은 매일 TV에 등장하는 탤런트나 가수나 개그맨들이다. 연속극의
주인공들, 춤추는 가수들, 매일매일 텔레비전 화면을 장악하고 있는 코미디언들이
어느새 우리들의 가장 가까운 이웃이 되었다. 어느 정도인가 하면 우리들은 모두
TV에 나오는 사람들과 한 가족이 된 듯한 느낌으로 살고 있다. 이 판타지가
사람들을 살게 하는 이상한 힘인지도 모르겠다. 하여튼 이웃에 대한 개념이 바뀐
것을 우리는 이제 수용해야 한다.

동화나라의 행복한 할머니

이이효재(전 진해 기적의 도서관 운영위원장)

제가 기적의 도서관 건립을 시민단체들과 함께 진해시에 유치하기 시작했을 때는 어린이를 위한다는 생각이 앞섰어요. 그리고는 그들의 엄마 즉 주부들이 자원봉사자들로 참여할 수 있는 기회가 되리라는 기대를 했어요. 그런데 결과적으로 제 자신이 너무 행복하고 재미를 본 것 같군요.

진해에 기적의 도서관이 건립되고 제가 도서관 운영위원장으로 참여했지만 실무자로서의 할 일은 없었어요. 관장을 비롯한 실무자들이 열심히 일을 했으니까. 저는 기적의 도서관과 주위 환경에 매혹되어 자주 찾게 되었지요. 장복산과 천자봉의 높은 봉우리에 둘러싸인 야트막한 주공아파트단지 속에 자리 잡은 벽돌 도서관. 아담한 야외 놀이공간과 수많은 물고기들이 노니는 작은 호수 정원을 어린 아이들과 함께 돌아본 다음 도서관에 들어서면 오솔길 같은 유리창 복도를 양쪽에 솟은 대나무 숲을 가르며 지나가는 상쾌함이 마치 어린 아이가 된 기분입니다. 동화의 나라에 들어간 엘리스처럼.

더욱이 도서관에 들어선 꼬맹이들의 맑은 눈망울에서 나는 밤하늘에 빛나는 별빛을 보는 기쁨을 느낄 수 있었어요. 도서관 개관 후 수많은 어린이들이 추천도서 목록에 따라 책을 읽고 가져와서 읽은 내용을 체크 받는 일을 도운 적이 있어요. 읽은 것을 열심히 보고하는 꼬맹이들의 열성과 자신의 감정을 주입하여 연기자처럼 낭송하는 어린 아이들의 잠재력에 감탄한 경험 등 나의 혼이 용솟음치는 기쁨을 맛보았어요. 팔십 평생에 처음으로 경험하는 순수한 재미와 행복을 기적의 도서관에서, 어린 아이들에게서 누릴 수 있었어요.

그 이후로 내 눈에는 어린 아이들만 보이는 것 같아요. 내가 사는 아파트단지 내에서나 길거리에서 어린 것들과 눈 맞추는 버릇이 생긴 것 같아요. 기적의 도서관이 생기고 그 속에서 장래의 희망인 어린 아이들을 만나며 진정한 기쁨과 행복을 알게 된 것입니다.

책 읽 는 사 회 만 들 기 국 민 운 동

1. 설립목적

모든 국민이 정보지식에 접근할 기회의 평등을
누릴 수 있게 하기 위한 독서문화 함양, 인프라
구축, 정책 제안을 위한 활동을 목적으로 설립

2. 활동목표

"책읽는사회만들기국민운동"은 이런 목표를 갖고
있습니다.

▸ 정보, 지식에 접근할 기회의 사회적 평등 확장
▸ 책 읽는 문화로 성숙한 시민사회 실현
▸ 책읽는 문화공동체로 사람의 사회 만들기

책읽는사회만들기 국민운동은 정보-지식의 기반
시설과 내용을 확충하여 모든 시민이 평등한
지식 접근의 권리와 기회를 누리는 사회, 돈 없는
시민도 원하면 누구나 책을 읽을 수 있는 사회,
정보 격차와 불평등을 해소하여 시민 각자가 자기
삶의 가치를 스스로 창출할 수 있는 사회를 만들기
위해 책읽기의 문화를 널리, 그리고 깊게 발전시켜
생각하는 사회, 깨어있는 사회, 성찰하는 사회,
시민이 기만 당하지 않는 사회, 아무도 시민을
바보로 만들 수 없는 사회, 시민의 판단력이 살아
숨쉬는 사회, 평등하고 정의로운 민주시민사회를
키우기 위해 책읽기의 문화에서 길러지는 윤리적
감각과 상상력과 정서의 힘으로 사람이 사람으로
사람답게 살 수 있는 따뜻한 가슴을 가진 사람들의
사회, 공존과 관용의 사회를 이루기 위해 아홉 개
시민사회단체들이 모여 2001년 유월에 출발한
시민을 위한 시민의 연대운동입니다.

책읽는사회만들기 국민운동은 시민이 자발성의
문화와 참여의 문화로 시민들끼리의 연대와
협력으로 우리 사회를 더 좋은 사회로 만들 수
있다고 믿습니다.

"책읽는사회만들기국민운동"은 이런 일을 합니다.

정책제안 사업

▸ 국민에게 평등한 정보-지식에의 접근권을
보장하고, 정보-지식의 격차와 접근기회의
불평등이 정치, 사회, 경제, 문화의 모든 영역에
초래하는 심각한 불평등을 제거하기 위한
정책들을 정부에 제안

▸ 정보접근권과 기회의 평등화에 가장 긴요한
기반 시설인 공공도서관의 전국적 증설과
도서 콘텐츠 예산 확충을 요구하는 정책들을
중앙정부에 제시

▸ 서울을 비롯한 전국 자치단체들에 지역
공공도서관들을 대폭 증설하고 콘텐츠 예산을
늘리며 운영을 효율화할 것을 요구하는 정책들을
제안

▸ 주요 도시의 인구 밀집지역, 아파트단지
등에 어린이 공공도서관'을 짓도록 관계 당국,
민간업체, 지자체 등에 제안

▸ 정보 평등과 책 읽는 사회를 만들기 위한 각종
정책 포럼 개최

▸ 각급 학교도서관의 활성화를 위한 정책들을
제시

도서관 건립과 지원사업

가) 민간 부문의 자원으로 전국 각지에 소규모
어린이 공공도서관을 지어주기 위한 자원 조직과
건립 사업

나) 지방자치단체들과의 협력을 통해 소규모
어린이도서관들을 건립하고 필요한 운영
프로그램을 공급

다) 주요 매체들과의 제휴를 통해 민간 부문이
어린이도서관과 소규모 공공도서관을 건립하는 데
기여하도록 자원을 유도

라) 기업집단이나 공익재단 등 민간 부문 자원으로 본격적 연구조사 활동과 부가가치 생산이 가능한 예술도서관, 과학-기술-산업도서관, 인문사회도서관, 국제어린이도서관 등을 건립하여 지자체에 기부체납토록 설득하고 유도하는 사업

홍보사업

가) 공공도서관의 정치적 경제적 사회적 중요성에 대한 대 국민 홍보사업

나) 공공도서관 증설을 위한 대 국민 홍보사업

다) 책 읽기 문화의 중요성을 환기시키는 대 시민 홍보사업

다) 신문-방송, 기타의 매체 집단들과 책 읽는 사회를 위한 각종 홍보 프로그램 공동제작 사업

독서문화 진흥사업

가) 가정, 학교, 사회에서의 책읽기와 도서관을 통한 연구 조사활동의 창조적 가치를 널리 인식시키기 위한 행사 개최

나) 독서문화 진흥을 위한 각종 프로그램 개발

다) 신문-방송 등 매체의 책읽기 프로그램 지원 사업

라) 필요할 경우 도서추천 사업

연구조사 및 프로그램 개발사업

가) 정책제안에 필요한 국내외 정책자료의 연구와 조사

나) 책읽기의 문화를 위한 각종 자료의 연구와 개발

다) 독서문화진흥을 위한 교육 프로그램의 연구와 개발

라) 책 읽는 사회를 만들기 위한 민간 토론회와 정책 포럼 운영

시민사회단체들과의 연대사업

가) 유사한 활동을 벌이고 있는 시민사회단체들과의 연대와 지원

나) 필요한 경우 시민사회단체들과의 공동 사업

3. 연혁

4~5월	〈한겨레신문〉독서캠페인 '어린이에게 책은 미래다' 공동기획 및 진행
4~6월	민영 작은도서관 실태조사 및 도서관 서비스 수요조사' 실시
4월	'작가와의 만남' 시작(총8회)
5월	지방선거에 즈음한 책/독서/도서관문화 정책 제안
	(한국도서관협회, 대한출판문화협회와 공동)
6월	한겨레신문사, 삼성, 책읽는사회문화재단 '희망의 작은도서관 만들기' 공동사업 협약;
	농산어촌 초등학교 도서관 리모델링과 소외지역 민영 작은도서관 리모델링 및 콘텐츠
	지원사업 개시
7월	2006 '문화예술의 순회대사' 실시(한국문화예술위원회 지원, 2006년 총 42회 실시)
8~11월	독서장애인을 위한 점자도서 및 오디오북 제작
	(국내 독서장애인을 위한 시설 61곳에 배포)
9월	학교도서관 제1호관 경기 가평 상면초 청우도서관 개관식
10월	학교도서관 운영자 워크숍(제천 청풍리조트; 교장, 교사, 학부모 등 전체 97명 참석)
11월	국민독서실태조사 공동연구(한국출판연구소 연구주관)
12월	농산어촌 57개 초등학교 도서관 리모델링 및 콘텐츠 지원사업 종료
	한겨레신문, 삼성, 책읽는사회문화재단의 '희망의 작은도서관 만들기' 제2차 공동사업인
	소외지역 민영 작은도서관 지원사업 개시
	안산 별자리작은도서관 개관식(복권기금)

2007년	1월	부산 덕천동 꿈밭작은도서관 개관식(복권기금)
	2월	경북 칠곡 책사다리작은도서관 개관식(복권기금)
	4월	전남 장흥 장흥남초등학교 마을도서관 '꿈꾸는은어' 개관식(사회복지공동모금회 지원)
		제10호관 정읍 기적의도서관 기공식
	6월	2007 '소외지역 어린이에게 책날개 달아주기'(행정자치부 지원)
	7월	철암어린이도서관 개관식(복권기금)
		충북 옥천군 안남배바우작은도서관 개관식(복권기금)
		민영 작은도서관 '성남책이랑도서관' 새단장 기념식
		2007 '문화예술의 순회대사' 실시(한국문화예술위원회 지원)
	9월	북스타트 플러스 시범사업 실시
	10월	'책읽는도시 김해' 선포식
	10~12월	'건전여가활성화 사업--독서와 여가문화'(문화관광부 지원)
	12월	곡성 죽곡농민열린도서관 새단장 기념식
		여수 미평초등학교, 화양초등학교 학교도서관 새단장 기념식
		'희망의 작은도서관 만들기' 전국 75개 민영작은도서관 지원사업 종료(리모델링 15개소,
		콘텐츠지원 60개소)

2008년	2월	문화체육관광부 국민 독서문화 증진사업 지원대상 선정
		〈책읽는도시 김해 발전계획〉 최종 보고
	3월	2008년 기적의도서관전국협의회 (장소 : 제주 기적의 도서관)
	4월	기적의 도서관에서 펼치는 어린이 · 청소년 독서교육 프로그램 실시(삼성고른기회
		장학재단 지원)

5월	사회복지공동모금회 LG화학 지정기탁 '소외지역 어린이도서관 조성 사업' 실시
	2008 북스타트 도서선정위원회
	정읍 기적의 도서관 (10호관) 개관
6월	'2008 소외지역 어린이에게 책날개 달아주기' 사업 실시 (행정안전부)
	북스타트 플러스 시범사업 실시
	'희망의작은도서관' 학교도서관 및 작은도서관 실태조사 실시
7월	제1회 북스타트 전국위원회 워크숍
8월	송파어린이도서관 및 소나무언덕 작은도서관 위탁 운영 협약
9월	북스타트 보물상자 시범사업 실시
	찾아가는북스타트 사업 실시
	'서천군 도서관 문화조성 계획' 연구
10월	김해시와 책읽는사회문화재단 '기적의도서관 공동건립' 협약
	전북 이리 석암초 학교도서관 개관식(LG화학 · 사회복지공동모금회 지원)
11월	2008 북스타트 전국대회 개최
	충북 서산 대진초 학교도서관 개관식(LG화학 · 사회복지공동모금회 지원)
	전남 나주 나주초 학교도서관 개관식(LG화학 · 사회복지공동모금회 지원)

2009년	2월	송파구 소나무언덕2호 도서관 개관
	3월	서천군 도서관문화 조성방안 연구용역 최종보고
		2008 북스타트 4개 시군(태백, 정선, 영월, 삼척) 간담회
	4월	책읽는사회 토론학교 진행
		"어깨동무 책동무" 프로그램
		희망의 작은도서관 운영자 워크숍(장소: 파주 홍원연수원)
		송파어린이도서관 개관
	5월	다윈탄생200주년기념특강 〈진화론은 어떻게 사회를 바꾸는가?〉 진행
		(장소: 교보문고 문화이벤트홀)
		'2009 헌책축제' 참가 (장소: 대학로 마로니에 공원)
	6월	2009년 기적의도서관전국협의회 (장소: 서귀포 기적의 도서관)
		북스타트 출판사 간담회
	7월	김해기적의도서관 주민설명회
	8월	한겨레와 함께하는 찾아가는 북스타트(장소: 전남 장흥)
	9월	정선군청, 하이원리조트, 책읽는사회문화재단 사북공공도서관 어린이관 증축 협약식
		강원도 찾아가는 북스타트 '붕붕이' 전달식
	10월	김해기적의도서관 설계 기증식(장소: 김해시청)
		충북 청원 옥산중 학교도서관 개관식(LG화학 · 사회복지공동모금회 지원)
	11월	충북 청주 봉정초 학교도서관 개관식(LG화학 · 사회복지공동모금회 지원)
		대전 와동초 학교도서관 개관식(LG화학 · 사회복지공동모금회 지원)
		희망의 작은도서관 운영자 워크숍 (장소: 파주 영산수련원 별관)
		책읽는사회 포럼 및 북스타트 전국 간담회
	12월	강원도 북스타트 간담회
		책사회 송년 시 낭송의 밤 "잘가라, 2009"

4. 책사회 활동: 기적의 도서관

설립취지와 정신

"기적의 도서관은 이런 곳입니다"

(1) 이 나라의 모든 어린이는 밝게, 바르게, 자유롭게 자랄 권리를 갖습니다. 어린이는 차별과 불평등에 시달리지 않을 권리, 부당하게 억눌리지 않을 권리, 그늘진 곳으로 내몰리지 않을 권리를 갖습니다. 어린이는 온갖 새로운 것들에 이끌리고 신기한 것들에 매혹될 권리를 가집니다. 어린이는 미래를 몰수당하지 않을 권리를 가집니다. 그러나 지금 이 땅에는 빈곤과 사회적 무관심 때문에 혼자 골목을 돌며 우는 아이들이 백만 명이 넘고, 수백만 명의 아이들이 여러 불행한 조건 때문에, 혹은 어른들의 틀린 욕심에 발목 잡혀서, 자유로운 성장의 권리를 빼앗기고 있습니다. 아이들에게 부담 없이 책을 사줄 수 있는 부모와 가정도 결코 많지 않습니다. 아이들을 잘 키워내는 일은 사회의 책임이고 의무입니다. 우리 사회는 어린이들에게 정당한 성장의 권리를 보장하고 꿈과 희망을 키울 기회의 평등을 확대해주어야 하며, 가능한 한 최선의 창조적 성장환경과 최선의 봉사를 제공할 수 있어야 합니다. '기적의 도서관' 프로젝트는 바로 그런 기회, 환경, 봉사를 실현하기 위해 시민단체와 민간방송, 그리고 지방자치단체들이 함께 힘을 모아 전국 여러 지역에서 추진해오고 있는 어린이 전용도서관 건립 사업입니다.

(2) 기적의 도서관'은 책의 세계가 펼쳐주는 무한한 상상과 창조의 나라로 어린이들을 초대합니다. 이 도서관 문으로 들어오는 순간 어린이들은 신기한 책나라의 여행자, 탐험가, 발견자가 됩니다. 이 도서관에는 국경이 없습니다. 어떤 차별도 불평등도 없습니다. '기적의 도서관'은 아이들을 길들이려는 또 다른 훈육과 경쟁의 장이 아니라 어린 혼들이 맘 놓고 춤출 수 있는 즐거운 쉼터, 매혹의 땅, 만남의 장소입니다. 이곳에서 어린이들은 세계를 만나고 타인을 발견하고 자연과 초자연을 대면하며 온갖 아이디어들과 조우합니다. 이곳에서 어린이들은 과거의 얼굴들을 익히고 미래의 파도소리를 듣습니다. '기적의 도서관'은 어린이들이 자유로운 상상과 탐험과 발견의 기쁨을 경험하며 자랄 수 있도록 정성껏 도우고자 합니다.

(3)'기적의 도서관'은 우리 어린이들이 정신의 확장을 성취하는 상상력 넘치는 인간, 남을 이해하고 동정할 줄 아는 따스한 가슴의 인간으로 자랄 수 있게 도우려 합니다. '기적의 도서관'은 우리 어린이들이 자연과 인간을 함께 아끼고 모든 생명의 소리에 귀 기울이며 공생의 윤리를 실천하는 사람으로 자랄 수 있도록 도우고자 합니다. 이 도서관은 우리 어린이들이 더불어 사는 길의 정의로움을 알고 실행하는 민주시민으로 자랄 수 있게 도우려고 합니다. 이 도서관은 우리 어린이들이 세계의 여러 다른 문화와 다양한 가치와 삶의 방식들을 존중하고 평화를 추구하는 인간으로 자랄 수 있도록 가능한 모든 도움을 주려고 합니다.

(4) 각 지역에 세워지는 '기적의 도서관'은 어린이들이 자기 고장의 문화와 역사에 긍지를 가질 수 있도록 도우고자 합니다. 어린이들은 자기 고장의 노랫가락과 춤사위, 자기 고장의 언어와 이야기와 소리들을 사랑할 수 있어야 합니다. 무엇보다도 어린이들은 그들이 태어나고 자란 고장의 어른 사회를 신뢰할 수 있어야 합니다. 최선의 성장환경과 최선의 봉사가 제공될 때에만 어린이들은 어른 사회를 신뢰하고 자기 고장에 긍지를 갖습니다. 이런 긍지와 신뢰는 그들에게 높은 자신감을 심어주어 장차 그들 스스로 좋은 사회를 만드는 일에 나설 수 있게 합니다. 각 지역 '기적의 도서관'은 어린이들이 그렇게 자랄 수 있도록 온 힘을 다해 도와주어야 합니다. 그래야만 '기적의 도서관'은 아이들에게 영원한 고향의 일부가 됩니다. 그래야만 이 도서관을 다니며 자란 아이들이 성인이 되어 어느 다른 곳에 가서 살게 되더라도 언제나 이 도서관을 기억할 것이며, 고향 방문길에는 꼭 이 도서관에 들러

그들이 읽으며 자란 어린 시절의 책들을 다시
찾아보면서 성장시대로 되돌아가보는 즐거운
추억제(追憶祭)의 한 순간을 가지게 될 것입니다.
이 추억여행이 그들의 고향 방문을 완성합니다.

(5) '기적의 도서관'은 민과 관이 함께 세우고
함께 운영하는 아주 새로운 민관협력 모델의
도서관입니다. 이 도서관은 한 민간 텔레비전
방송의 책읽기 프로그램을 통해 온 나라 사람들이
모아준 귀중한 시민성금, 시민사회단체들과
민간영역이 기부한 각종의 자원, 그리고
지방자치단체들이 낸 분담금으로 지어지고
있습니다. 그러므로 각 지역 '기적의 도서관'은
그 지역 시민과 어린이들의 것이면서 동시에 온
국민과 온 나라 어린이들의 것입니다. '기적의
도서관'을 운영하고 유지하는 책임도 민의 참여와
민관협력이라는 새로운 패러다임을 따릅니다.
지역사회 민간 인사들로 구성된 '운영위원회'가
운영의 주체가 되고 지방자치단체는 그 운영에
필요한 재정을 담당합니다. 이것이, 높은 공공의
가치를 실현하기 위해 '민의 창의'와 '관의 자원'이
결합하는 새로운 민관협력체제입니다.

(6)'기적의 도서관'을 그 가장 참다운 의미에서
'기적'의 도서관이게 하는 것은 그것의 건립
정신과 취지입니다. 다시 한번 요약하면,
어린이들에게 최선의 창조적 성장환경과 최선의
서비스를 제공하고 기회의 사회적 평등을
확대하기 위한 새로운 모형의 어린이 도서관을
제시하고 구현하는 것, 이것이 '기적의 도서관'
건립 취지이고 정신이며 의의입니다. 이런 정신과
취지를 살리기 위해 '기적의 도서관'은 건축
부분에서 우리 사회가 지금까지 볼 수 없었던
새로운 모델의 공간구조를 설계했고, 비건축
부분에서도 획기적인 프로그램 운영모형과 봉사의
모형을 설계했습니다.

(7) 우선 건물과 공간구조의 차원에서 '기적의
도서관'은 우리나라 최초의, 그리고 세계적으로도
유례를 찾기 어려운 아름답고 쾌적한 어린이
전용도서관으로 설계되고 있습니다. 우리나라

일반 공공도서관 어린이 실에는 세 살 이하의
유아들은 올 수 없게 되어 있습니다. 그러나
'기적의 도서관'에는 세 살 이하의 아기들도,
이를테면 한 살배기 꼬맹이들도, 보호자와 함께
올 수 있습니다. 그래서 모든 '기적의 도서관'에는
꼬맹이들이 맘 놓고 뒹굴고 기어 다닐 수 있게
따스한 온돌마루가 깔리고, 엄마와 아빠와
아기들이 도란도란 얘기할 수 있는 '아가의 방'이
만들어졌습니다. 우리나라 특유의 온돌문화를
어린이 도서관이라는 공공의 공간에 도입한 것은
세계 최초의 시도이며, 한 살짜리 아기들도 드나들
수 있게 공간구조가 짜여진 것도 세계 최초의
설계 모델입니다. 성장기의 아이들을 이야기
나라로 안내하기 위한 매혹적인 '이야기 방'들을
정성껏 연출한 것도 '기적의 도서관'이 사실상
처음입니다. 책읽기 외에도 아이들이 도서관에서
여러 가지 창조적 활동을 할 수 있는 다목적실과
새로운 매체환경을 구현하는 다매체실도
만들어졌습니다. 장애아동들을 위한 시설과
콘텐츠와 공간을 적극적으로 조직하고자 한 것도
우리나라에서는 이 '기적의 도서관'이 사실상
처음입니다.

(8) 그러나 도서관은 건물만으로 되는 것이
아니고 공간구조만으로 그 기능을 다 할 수 있는
것도 아닙니다. 어린이 도서관은 어린이들을
즐거운 상상과 창조의 나라로 이끄는 매혹의
장소여야 하며 어린이들에게 언제나 "가고 싶은
도서관"이 되어 주어야 합니다. 그러기 위해
어린이 도서관은 일반 공공도서관과는 근본적으로
다른 운영 프로그램들을 가져야 하고 정성어린
서비스 체제를 갖추지 않으면 안 됩니다. 바로
이런 이유 때문에, 전국 각지의 '기적의 도서관'은
비건축 부분에서도 지금까지 우리나라에 없었던
새로운 어린이 도서관 프로그램과 운영방식과
서비스 모델을 개발하고 제시합니다. 책읽기를
비롯해서 이야기 들려주기, 노래, 춤, 그림, 영상,
공작, 낭송, 연극, 디지털 문화활동, 탐방, 놀이
등 온갖 종류의 창조적 프로그램들을 만들고
운영하는 것이 '기적의 도서관'이 구현하고자 하는
새로운 모델입니다. 부모와 자녀 사이에 대화의

길을 터주고 가정과 도서관을 이어주기 위한
프로그램들도 있고, 자녀 양육의 책임과 비용을
사회적으로 분담해주기 위한 '북스타트' 프로그램
같은 것도 도입됩니다.

(9) 이처럼 다양한 프로그램들을 개발하고
운영하기 위해 '기적의 도서관'은 어린이 도서관을
실제로 운영해본 경험과 지식을 가진 사람들,
어린이 전문 프로그램을 개발하고 독서지도를
담당할 수 있는 사서들, 어린이를 위한 공공의
봉사정신을 갖춘 사람들 등등의 인력을 전국
각지에서 찾아내어 적정의 역할자리에 초빙하고자
노력하고 있습니다. '기적의 도서관'은 돈만
있으면 누구나 지을 수 있고 아무나 장악해도
되는 그런 시설이 아닙니다. '기적의 도서관'은
어른 사회의 이권집단들이 달려들어 자리다툼이나
벌이고 이런저런 이해관계들이 얽혀 갈등을
일으키고, 상업주의가 분별없이 기회를 엿보아도
되는 그런 누추의 장소가 아닙니다. 지역사회의
책임 있는 인사들은 '기적의 도서관'이 왜
건립되는가를 알아야 하며 그 취지와 정신 앞에서
훨씬 경건해져야 합니다. 전국의 시민들이 모아준
성금과 자원은 '기적의 도서관'이 실현하고자
하는 정신에 대한 고귀한, 그러므로 아무도 함부로
훼손할 수 없는 시민적 지지의 표현일 것입니다.

2004년 5월 5일 어린이 날
책읽는사회만들기국민운동
재단법인 책읽는사회문화재단

사업내용

'책읽는사회만들기국민운동'은 2003년도에
MBC '느낌표' 프로그램과 함께 '기적의 도서관'
프로젝트라는 이름으로 어린이전문도서관 건립
사업을 진행하여, 우리 사회 최초의 어린이
전용 도서관 건물/공간/운영/프로그램의
표준 모형들을 구현하고 다양한 콘텐츠와
운영프로그램을 지원하였다. 어린이 전용
도서관인 '기적의 도서관'의 건립기금은 문화방송

느낌표의 '책책책 책을 읽읍시다!' 코너에서
선정된 책의 판매수익금을 사용하였다. 부지는
지방자치단체가 제공하였으며, 부지 선정 및 도서관
건립실무(설계, 시공, 도서컨텐츠 수급 등)는
책읽는사회만들기국민운동이 담당하였다.

2003년 7월 순천에서 기적의 도서관 1호가
건립되기 시작하여, 2003년 11월 10일 처음으로
개관하였으며, 이어 제천과 진해관이 개관하였고,
2004년도에는 서귀포, 제주, 청주, 울산 북구
기적의 도서관이, 2005년도에는 금산 기적의
도서관이, 2006년도에는 부평 기적의 도서관이
개관하여 총 9개관이 건립되었다.

'기적의 도서관'은 어린이들에게 최선의 창조적
성장환경을 제공하고 그 환경을 지속적으로
지켜려는 건립 취지에 따라, 도서관 건물의
설계에서부터 책걸상, 서가, 화장실 변기 등 모든
가구와 시설을 어린이의 체격과 행동양태에 맞게
디자인하였으며, 아동문학에서부터 역사, 자연,
과학, 환경, 지리, 그림책, 만화에 이르기까지
어린이의 인간적인 성장에 필요한 모든 분야와
장르의 콘텐츠를 균형 있게 수집하고 비치하였다.
또한 '기적의 도서관'은 프로그램 운영에서도
획기적인 운영모형과 도서관 서비스 모형을
계획하고 실시하였다. 이렇게 하여 처음부터
끝까지 어린이를 위한 도서관이 국내에 처음으로
등장하게 되었다.

'기적의 도서관'의 건립은 우리 사회에 어린이
전용 도서관의 의의와 필요성에 대한 인식을
크게 확산시켰으며, 이후 각 지방자치단체가
어린이 도서관 건립에 나서도록 하는 데 큰
자극을 줌으로써 도서관에 대한 일반적인 사회적
관심뿐만 아니라 국가의 도서관 정책에도 큰
영향을 끼쳤다.

기적의 도서관 소개

가. 어린이전문도서관(기적의 도서관) 설립의

기본형태
대지제공 : 지방자치단체
건축시공 : 해당 지역 업체 혹은 인근지역 업체
기획 및 관리 : 책읽는사회만들기국민운동 및
시민, 전문가
설립비용 : 1개관 당 10억 내외(대지를 제외한
순수 시공비, 200평 기준)
도서컨텐츠 비용 : 1개 관당 2억~3억(기부물품
포함)
운영 : 지방자치단체 직영 혹은 민간 위탁

나. 기적의 도서관의 성격
어린이전용공간의 특성을 최대한 반영
(어린이전용가구 특수제작 등)
생태성, 유희성, 지식공간의 특성을 반영하여 건립
장애인 시설 및 점자도서 확보
안전성 구비
주변과 잘 어우러지는 창조적 건축 양식화
벽화 등을 동원한 지역의 특수성을 충분히 반영
호기심을 유발할 수 있는 동선 개발
지역 내 자원활동가들이 최대로 참여할 수 있는
구조
이야기방, 전시공간, 영유아실, 휴게공간 등
어린이도서관 필수공간 마련

다. 주요시설
일반시설 : 유아/저학년/고학년별 열람실, 강당,
디지털자료실, 시청각실 등
특별시설 : 영/유아전용 휴식공간, 이야기방,
야외독서정원, 가족방, 간이주방 등
부대시설 : 어린이전용화장실, 장애인용 승강기,
주차장 등

라. 기적의 도서관 운영방향
운영비 : 어린이도서관 설립 후 운영과 관리비용
등은 전액 지자체 부담
운영위원회 : 운영위원회의 권한과 책임을 조례에
명시하고, 지역 내 주민들로 민간운영위원회를
구성하여 도서관 운영에 관한 정책을 수립하고,
민관협력체계 구축함.
기적의 도서관 네트워크

('기적의도서관전국협의회') : 책읽는사회는 연중
어린이도서관운영워크숍을 개최, 전국 기적의
도서관과 운영위원회가 참여하게 함. 워크숍을
통해 합의된 프로그램은 전국네트워크를 구성하여
운영, 도서관 운영의 효율성을 도모하고 도서관 간
상호지원체계 구축.

사업세부내용

가. 위원회 활동
1. 어린이전문도서관 건립위원회:
도서관 건립에 관계된 모든 실무적인 일들을 총괄
기획하고 결정 집행하며, 민간 부문으로부터의
자원 확보 및 협찬 단체들과의 협력과 섭외 업무를
담당함.

권경현(교보문고 대표)
권정생(동화작가)
김재윤(탐라대 출판학과)
김정근(부산대 문헌정보학과)
김현희(아동교육)
도정일(책읽는사회만들기국민운동 상임대표)
박원순(아름다운 재단 상임이사)
서해성(책읽는사회만들기국민운동 사무처장)
안상운(변호사)
류주형(중대부중 교사)
이문재(시인)
이용남(한국도서관협회 부회장)
이용훈(한국도서관협회 기획부장)
이재복(아동문학비평가)
정기용(건축가)
조건영(건축가)
최재천(서울대 생물학과)
한상완(학교도서관살리기국민연대 대표)
홍성담(화가)
황석영(소설가)

2. 어린이전문도서관 연구분과위원회:
각계 도서관 전문가들로 6개 소위원회를 구성하여
어린이도서관 건축과 운영에 관한 워크숍과 그 외

공식/비공식적인 회의 개최.
위원회명 : 운영프로그램위원회
위원장 : 허순영(설문대 어린이도서관장)
업무 : 어린이도서관 운영방안과 구체적인
운영프로그램을 마련하기 위해 운영사례수집 및
운영지침서 작성

위원회명 : 조례제정/운영관리위원회
위원장 : 신남희(대구 새벗 도서관장)
업무 : 어린이도서관 건립과 운영에 필요한 기본
내용이 보장되는 조례를 제정할 수 있도록 타
도서관 운영사례 및 조례를 조사하여 안을 작성

위원회명 : 도서선정위원회
위원장 : 오진원(어린이도서연구회 이사)
업무 : 어린이도서관에 들어갈 책의 적절한 수량,
분야를 구체화하여 도서를 선정

위원회명 : 교육훈련위원회
위원장 : 김금란(前 인표도서관 근무)
업무 : 어린이도서관에서 활동할 사서와
자원봉사자들을 교육할 수 있는 체계 마련

위원회명 : 공간디자인위원회
위원장 : 정기용(건축가)
업무 : 도서관 운영자들의 의견이 설계 이전에
반영될 수 있도록 하였으며, 장애인시설 및
어린이전용관의 특성과, 생태성 등을 고려

위원회명 : 네트워크위원회
위원장 : 이용훈(한국도서관협회기획부장)
업무 : 전국 기적의 도서관이 자발적으로 연중
워크숍에 참여, 합의된 운영프로그램을 공유하여
운영의 효율성 제고

나. 어린이도서관 운영 사례 연구
국내 어린이도서관 사례 조사
2003. 1 브라질, 꾸리찌바 '지혜의 등대' 탐방
2003. 4 일본의 어린이도서관 탐방
2003. 8 영국의 어린이도서관 탐방

다. 기적의 도서관 건립지역 선정
어린이도서관 건립을 위해 신청한 총 43개 지역
가운데, 서류검토와 실무자 면담을 마치고 25개
지역 현장을 실사하여 12개 지역 선정

1차 선정지역(2003. 2. 15)
전남 순천시 : 전남 순천시 상삼리 666
충남 금산군 : 충남 금산군 금산읍 상리 7-2
대구 달서구 : 대구시 달서구 상인동 806-1

2차 선정지역(2003. 3. 22)
제주 서귀포시 : 제주 서귀포시 동홍동 646-1
충북 청주시 : 충북 청주시 흥덕구 수곡동 97-2
강원 태백시 : 강원도 태백시 황지동 산 42-24(26)
제주 제주시 : 제주시 이도2동 1128-1

3차 선정지역(2004. 4. 26)
충북 제천시 : 제천시 고암동 1134
경남 진해시 : 경남 진해시 석동 658
울산 북구 : 울산시 북구 중산동 570-2
경기 고양시 : 고양시 일산구 주엽동 122, 123번지

4차 선정지역(2004. 8. 23)
인천 부평구 : 인천 부평구 부개동 499-1

운영원칙

한 살 때부터 도서관으로
기적의도서관은 어린이들이 한 살 아기 때부터
책과 친해지고 도서관과 친숙해질 기회를
갖도록 운영됩니다. 그래서 따스한 온돌마루를
깔았습니다. 영ㆍ유아들과 취학 이전의 아이들이
모두 기적의도서관 주인입니다. 모든 연령의
아이들에게 문을 열기는 이 기적의도서관이
처음이지요.

살아있는 도서관
기적의도서관은 책읽기는 물론 이야기 들려주기,
노래, 춤, 그림, 영상, 공작, 낭송, 연극 등 많은
활동들이 책읽기와 연결되어 진행되는 "살아있는

도서관" "재미가 넘치는 도서관"으로 운영됩니다.
그래서 아기자기한 이야기방들이 있습니다.
기적의도서관은 어린이들이 상상력과 창조성을
키우고 자극 받는 영감의 샘이고자 합니다. 이것도
우리나라에서는 처음 등장하는 새로운 도서관이자
도서관 문화입니다.

민과 관이 함께 운영하는 도서관

기적의도서관은 민과 관이 함께 운영하고
유지하는 새로운 모델의 도서관입니다.
지역사회의 민간 인사들로 구성된 운영위원회와
지방자치단체가 함께 도서관의 운영과 유지를
책임집니다. 도서관 운영에 민간이 직접 그리고
적극 참여하는 것도 기적의도서관이 처음입니다.
왜 그래야 하느냐고요? 그래야 "살아있는
도서관"이 되기 때문이죠.

육아의 비용과 책임 분담

기적의도서관은 어린이, 특히 아기들의 양육
책임을 지역사회가 부분적으로 분담하는 방식으로
운영됩니다. 기적의도서관은 "이기들의 시간"과
"젊은 부모들을 위한 육아돕기 프로그램"을 통해
아기 양육의 책임과 경비 일부를 담당하고 새로운
형식의 육아기술을 제공하는 사회적 기구의
하나로 운영됩니다.

가정 – 학교 – 도서관의 연결

기적의도서관은 가정과 학교, 그리고
도서관에서의 책읽기 활동을 적극적으로 연결하고
"책 읽는 가족" 문화와 "책 읽는 교실"을 만들어
가는 방식으로 운영됩니다. 좋은 어린이 도서관을
유지하는 일은 이 고장의 자랑이자 이곳 시민의
책임입니다.

수서원칙

전국 모든 '기적의도서관'은 상업주의를 비롯한
각종의 유해환경으로부터 어린이들을 보호하고
어린이전용도서관으로서의 문화적 교육적 사회적
역할을 충실히 수행하기 위해서 다음과 같은

'수서의 원칙'을 준수합니다. 우리는 이 '수서의
원칙'이 어린이들에게 최선의 창조적 성장환경을
제공하고 그 환경을 지속적으로지켜주려는
기적의도서관 건립취지를 살림과 동시에 창작자
및 저술가의 저작권을 보호하고 우리나라
출판문화의 발전에도 기여하기 위한 것임을
천명합니다.

기적의도서관 전국네트워크

1) 전국 모든 '기적의도서관'은 도서 기타의
콘텐츠를 구입할 때 자원이 허락하는 한도 안에서
반드시 정상적 유통 경로를 통해 정가 혹은
정가에 가장 근접한 가격을 지불해야 합니다.
'기적의도서관'은 어떤 경우에도 출판사나
유통업체에 대하여 도서 등 콘텐츠의 무상 기증을
요청하지 말아야 하며, 통상적 공급가격 이하의
낮은 가격으로 도서 기타의 콘텐츠를 제공하도록
유통업체나 출판사에 요청해서도 안 됩니다. 모든
'기적의도서관' 지역운영위원회는 해당 지역
자치단체에 '기적의도서관'에 필요한 도서 기타의
콘텐츠 연간 구입비용을 지자체 예산에 정당히
책정하도록 요구하고, 책정된 예산을 틀림없이
집행해야 합니다.

2) '기적의도서관'은 개인이나 업체, 기타
사회단체들이 무작위로, 또는 정당한 가격 보상
없이 수집해서 무상으로 제공하는 도서 기타의
콘텐츠는 어떤 경우에도 받지 않습니다. 개인 혹은
단체의 선의에 의한 기증 도서나, 사회단체들이
정당한 가격을 지불하고 구입 기증하는 도서들에
대해서도 반드시 검토와 선별의 과정을 거쳐야
합니다. 무상으로 제공된다고 해서 아무 도서나
받아들이고 비치하는 일은 절대로 있어서는 안
됩니다. 도서를 정당하게 구입해서 기증하려는
개인이나 단체들에 대해서는 '기적의도서관' 구입
희망 도서목록을 제시하여 목록을 준수하도록
해야 합니다.

3) 각 지역 '기적의도서관' 수서 담당 사서,
지킴이, 운영위원회는 반드시 객관적이고 엄정한

판단과 평가 절차를 거쳐 그때그때의 구입도서 목록을 작성해야 하며 특정 인사의 독단적 판단이나 결정에 의해 수서 행위가 진행되는 일이 없도록 제도적 장치를 만들어야 합니다. 특히 도서 납품업체들에 의한 임의의 도서 선정과 납품 행위는 '기적의도서관'에서는 결코 허용되지 않습니다. '기적의도서관 전국 네트워크'는 각 지역 기적의도서관 수서 작업을 지원하기 위해 아동도서 전문가들로 구성된 '도서 추천위원회'를 가동하고 각 지역 도서관에 상시적으로 목록을 제공하고자 합니다. 각 지역 '기적의도서관'은 이 목록을 최대한 참고해야 하며, 필요할 경우 '전국 네트워크'의 수서 전문위원에게 도서 선정에 관한 상담, 자문, 지원을 요청토록 해야 합니다.

4) '기적의도서관'은 아동문학에서부터 역사, 자연, 과학, 환경, 지리, 그림책, 만화에 이르기까지 어린이의 인간적 성장에 필요한 모든 분야와 장르의 도서 기타 콘텐츠를 균형 있게 수집하고 비치합니다.

5) 각 '기적의도서관' 운영위원회는 충분한 논의를 거쳐 각 지역의 지역적 특성과 교육적 문화적 요청에 따른 수서 상의 특징을 추구하거나 전문적인 자료 '콜렉션'을 추구할 수 있습니다. 이 경우 '기적의도서관'은 도서 자료 외에도 미술을 위시한 여타 예술 분야의 자료와 작품들, 민속공예품, 전통문화품목, 자기 지역 출신 예술가-저술가의 유품 등을 수집하고 보존 전시함으로써 어린이 도서관에 미술관적 요소와 박물관적 요소를 결합시킬 수 있습니다. 또 각 '기적의도서관'은 자기 지역의 역사, 문화, 유적, 자연, 풍습, 인물, 전통에 관한 도서 기타의 자료들과 창작물들을 수집 비치하여 어린이들에게 자기 고장을 알게 하도록 해야 합니다.

「기적의 도서관」 협 약 서

　　우리구는 인천광역시 부평구 부개동 499-1 【(393.3평 (1,300㎡)】의 부지에 "어린이전용도서관인 「기적의 도서관」"을 건립함에 있어 건립과 관련된 비용 전액(9억 5천만 원) 지원 및 부지제공(토지무상사용승락)등을 책임 지며, 「책읽는사회만들기국민운동」은 도서관 건물 건립 및 도서관 컨텐츠, 운영프로그램 등의 제공을 책임진다

2003년 8월 12일

책읽는사회만들기 국민운동

대표　　도 　정 　일 (인)

인 천 광 역 시 부 평 구

구청장 　박 　윤 　배 (인)

2003. 10. 17

"기적의 도서관" 프로젝트

순천 어린이전문도서관 건립 및 운영 계약서

(재)책읽는사회문화재단   순천시

"기적의 도서관" 프로젝트

순천 어린이전문도서관 건립 및 운영 계약서

전문(前文) '순천 기적의 도서관'은 순천의 어린이들을 위해 국민이 모아준 기금을 바탕으로 문화방송 '느낌표' 프로그램과 재단법인 책읽는사회문화재단 및 순천시가 힘을 모아 함께 건립하는 어린이전용도서관입니다. 계약 당사자인 재단법인 책읽는사회문화재단과 순천시는 이 도서관이 지향하는 높은 공공의 가치를 지속적으로 실현하고 그 사회적 의의를 구현하기 위해 도서관 건립 및 건립 이후의 운영에 관한 기본 사항들을 이 계약으로 정하는 바입니다. 순천시와 책읽는사회문화재단은 상호 신뢰와 선의의 정신에 입각하여 이 계약이 정하는 모든 사항들을 성실하게 이행할 것을 약속합니다.

재단법인 책읽는사회문화재단(이하 "갑"이라 한다)과 순천시(이하 "을"이라 한다)는 2003년 2월 10일자 어린이전문도서관 건립기본계약서(이하 '기본계약서'라 한다)에 기초하여 이를 구체화한 세부계약을 다음과 같이 체결한다.

순천어린이전문도서관("순천 기적의 도서관")

　　위치 : 전라남도 순천시 해룡면 상삼리 666번지

　　면적 : 건축면적 1,304.31 ㎡(394.55 평)

　　　　　부지면적 4,204.4 ㎡(1,271.8 평)

제1조(목적) 이 계약은 기본계약서에서 갑과 을이 따로 정하기로 한 사항 및 기타 기본계약서를 시행하기 위하여 필요한 사항을 정함을 목적으로 한다.

제2조(적용범위) 이 계약은 기본계약서에 우선하여 적용하며 기본계약서의 제6조 및 제13조는 이 계약서에 따른다.

제3조(도서관의 종류) 기본계약서 제1조 소정의 어린이전문도서관(이하 "도서관" 이라 한다)은 도서관및독서진흥법 제2조 소정의 전문도서관을 의미한다.

제4조(기부채납 등) 갑은 소정의 도서관을 준공 직후 소정의 절차를 거쳐 을에게 기부채납토록 한다.

제5조(성실에 관한 의무) 을은 갑이 기부채납하는 도서관이 그 기능을 최대한 발휘될 수 있도록 하는 데 책임을 지며, 설립과 기부 정신이 상실되지 않도록 해야 한다.

제6조(운영지원) 을은 갑이 기부채납하는 도서관 운영에 필요한 도서구입 등 콘텐츠 비용은 설립(2004년 기준) 후 5년까지 전년대비 30% 이상 증가시켜야 한다.

제7조(도서관운영위원회) ①갑과 을은 도서관 운영에 민간참여를 보장하고 활발한 운영을 위하여 도서관운영위원회를 둔다.
②도서관운영위원회는 15명 이하(위원장 포함) 홀수로 구성하며, 임기는 3년으로 한다.
③을은 조례를 제정함에 있어 도서관 및 독서진흥법 시행령 제26조에 따라 구성하게 될 도서관운영위원회 심의사항에 다음 각호의 사항을 포함시켜야

한다.

  1. 도서관 기부 채납후 증·개축에 관한사항

  2. 도서관장의 임명추천 (해임 또는 면직의 경우 포함)에 관한사항

  3. 도서관의 예산에 관한 사항

  4. 위탁시 수탁기관의 추천 및 운영감독에 관한사항

  5. 수탁기관의 교체·변경·시정 요구 등에 관한 사항

④운영위원회는 무보수로 한다.

⑤을은 운영위원회의 권한과 직무를 존중하고 운영위원회가 자율성과
독립성을 바탕으로 기능되도록 협조하여야 한다.

제8조(관장) ①을은 다음 각 호의 1에 해당하는 자를 관장으로 임명하되,
5급 이상의 직급을 부여한다.

1. 도서관근무경력이 5년 이상인 자

2. 1급 정사서 자격이 있는 자

3. 기타 운영위원회에서 적합성을 인정한 자

②도서관운영위원회는 시장에게 복수로 관장을 추천할 수 있다.

제9조(직원) ①도서관에 근무하는 사서직원의 정원은 도서관및독서진흥법령
이 정하는 기준에 따른다.

②을은 사서직원 이외의 필요 인력에 대해 적절한 인원을 확보하여야 하며,
외부자원(자원봉사자)을 활용할 수도 있다.

③도서관 직원은 순천시의 직원으로 하고, 전문성을 최대한 발휘할 수 있도록
적절한 직급과 권한을 보장해야 한다.

제10조(전국협의회) ①순천을 포함한 전국의 도서관들은 상호 운영정보 및
경험, 프로그램, 도서관 자원 등의 효율적 교류 및 협력을 위하여 '기적의
도서관전국협의회(이하 "협의회" 라 한다. 가칭)'에 참여한다.

②협의회는 개별 도서관의 운영위원회 대표로 구성하며, 사업의 원활한 수행을 위하여 여러 위원회를 둘 수 있다.

③도서관은 자료의 구성과 규모를 정함에 있어 협의회가 제시하는 기준을 따르되, 지역의 특성을 고려하여 당해 도서관 운영위원회에서 조정할 수 있다.

④을은 도서관 운영위원회가 참여하는 협의회 활동을 보장하고 필요시 재정 등을 지원할 수 있다.

제11조(운영조례) 을은 이 계약서 및 기본계약서에서 규정된 사항을 조례에 반영하여야 한다.

제12조(보칙) 기본계약서 및 이 계약서에서 따로 정하지 아니한 사항 및 이 계약을 시행하기 위하여 필요한 사항은 갑과 을이 따로 정한다.

2003년 10월 17일

갑 : (재)책읽는사회문화재단
　　　서울 종로구 안국동　　　　딩 304호
　　　이사장　도 정

을 : 순천시
　　　전라남도 순천시 장천동 53-1
　　　시 장 조 충

공립어린이도서관 및 공공도서관 내 어린이실 실태조사

1. 조사목적 : 책읽는사회만들기국민운동이 MBC 문화방송 느낌표 제작팀과 함께 주관하는
어린이전문도서관 건립 사업(기적의 도서관 프로젝트)이 원활하게 진행될 수
있도록 현재 운영되고 있는 공립어린이도서관 및 공공도서관 내 어린이실에
대한 제반조사를 실시, 건립 및 운영에 도움을 얻고자 함.

2. 조사방향 : 현재 공립어린이도서관이나 공공도서관 내의 어린이실이 일반 도서관(실)과의
차별성(특수성)을 갖고 있는지의 여부를 판단하기 위해 공간과 시설, 운영,
이용현황 등의 항목을 포함하는 구체적인 자료를 확보하도록 함.

3. 조사대상 : 서울·경기지역의 공립어린이도서관 및 공공도서관 내 어린이실
(공공도서관 목록 별첨)

4. 조사항목 : 별 첨

5. 조사일정 : 3003년 8월 1일 ~ 8월 31일

6. 조 사 자 : 양유진 외 다수

7. 기   타 : 조사참여자의 일정을 고려하여 진행할 예정이며, 소정의 활동비 지급

책읽는사회만들기국민운동
Citizens Action for Reading Culture

2003. 2

"기적의 도서관"프로젝트
어린이전용공공도서관 건립 기본계약서

"기적의 도서관' 프로젝트
어린이전용공공도서관 건립기본계약서

　　　　재단법인 책읽는사회만들기국민운동(이하 "갑"이라 한다)과 전남 순천시(이하 "을"이라 한다)는 "갑"이 주식회사 문화방송(MBC)과 공동으로 추진하고 있는 '기적의 도서관 프로젝트 어린이전용공공도서관 건립사업'과 관련하여 아래와 같이 약정한다.

제1조 (목적) 이 계약은 어린이들의 정서함양과 교양, 지식·정보의 평등, 문화복지 등을 위한 어린이전용공공도서관(이하 '도서관') 건립을 위해 "갑"은 도서관의 건립과 도서관 컨텐츠 등을 제공하고 "을"은 도서관 건립에 따른 대지 등을 제공하며 준공 후 도서관 운영비를 지원하는 등 도서관의 건립 및 운영, 관리 등에 관한 기본적인 사항을 정함을 목적으로 한다.

제2조 (대지제공) ①"을"은 2003.   .까지 "갑"에게 "갑"의 도서관 건립에 필요한 대지 (전라남도 순천시 해룡면 상삼리) 1,000평(3,300㎡)을 무상 제공하여야 한다.

　　②"갑"은 "을"이 제공하는 대지의 용도나 규모, 위치 등이 도서관 건립에 부적당하다고 판단될 경우에는 제1항의 제공을 받은 날로부터 6월 이내에 다른 대지의 제공을 요청할 수 있다.

제3조 (행정사항) "을"은 도서관 건립 및 그에 따른 대지사용 허가 등에 필요한 단체장 및 지방의회의 승인, 건축 허가 등 행정상 제반조치를 이 계약일로부터 　　월 이내(또는 200.　.까지)에 완료하여야 하며, 이를 문서로 "갑"에게 전달하여야 한다.

- 1 -

제4조 (도서관 건립책임) ①"갑"은 "을"이 제공한 대지에 도서관을 건립(설계·시공·내부공사·기자재·자료확보 등)하여야 하며, 완공 후 "을"에게 기부체납한다.

② "갑"은 전항의 기부체납시까지 도서관 건립에 따른 제반 권한과 책임을 (가)진다.

③ 공사의 발주주체는 "갑"이 되며, 시공자는 "갑"이 선정한다. 공사감독과 감리도 "갑"이 책임진다.

④ "갑"이 건립하는 도서관의 건축규모는 "갑"과 "을"이 협의하여 결정하되, 특별한 사정이 없는 한 대지는 1,000평(3,300㎡, 녹지 등 외부시설공간 포함하여, "을"이 건축 허가한 면적을 말함)·전평은 000평(000㎡)·좌석은 000개 규모(서울시 사직동 소재 국립어린이도서관 기준)를 기준으로 한다.

제5조 (도서관건립위원회의 구성 등) ① "갑"과 "을"은 이 계약 후 3월 이내에 "갑"의 도서관 건립을 지원하고 자문하기 위하여 (가칭)00시 어린이도서관건립위원회(이하 '건립위원회'라 한다)를 공동으로 구성한다.

②건립위원회는 "갑"과 "을"이 동수로 추천하는 10인 이상 20인 이하의 위원으로 구성하며, 위원장은 "갑"이 "을"과 협의하여 임명한다.

③건립위원회 위원은 다음 각호의 1에 해당하는 자로 한다.

　　1. 도서관 운영자 또는 도서관운동에 참여하고 있는 자

　　2. 사서직 자격증 소지자

　　3. 교사 등 교육자

　　4. 시민사회단체가 추천한 자

　　5. "갑"의 임원 또는 "갑"이 추천한 자

　　6. "을"의 대표자 또는 "을" 소속 관계공무원

④그 밖에 건립위원회의 권한과 활동, 운영, 예산, 위원의 권한과 임기 등

에 관한 사항은 "갑"과 "을"이 따로 정한다.

⑤"을"은 건립위원회의 권한과 활동, 예산 지원 등에 관한 관련 조례나 규칙 등을 "갑"과 합의하여 제정하여야 하며, 이를 개폐할 경우에도 이와 같다.

제6조 (도서관 운영주체 등) ①"갑"과 "을"은 "갑"의 도서관 기부채납 이후 도서관의 운영과 관리 등을 위하여 별도의 운영주체를 공동으로 설립한다.

②전항의 운영주체는 "을"을 주무관청으로 하는 비영리법인(공익법인이나 재단법인 등) 또는 "을"이 출자하는 특수법인이나 지방공사로 한다.

③"을"은 "갑"으로부터 도서관을 기부채납 받은 이후 제1항의 운영주체가 설립될 때까지 도서관의 보수·유지·관리 등에 대한 권한과 책임이 있다.

④제1항의 운영주체의 정관은 "갑"과 "을"이 건립위원회의 자문을 얻어 상호 합의하여 제정하며, 운영주체의 임원은 "갑"과 "을"이 동수로 추천한 자로 한다.

⑤그 밖에 운영주체의 권한과 활동, 운영, 예산, 위원의 권한과 임기 등에 관한 사항은 "갑"과 "을"이 따로 정한다.

⑥"을"은 운영주체의 권한과 활동, 예산 지원 등에 관한 관련 조례나 규칙 등을 "갑"과 합의하여 제정하여야 하며, 이를 개폐할 경우에도 이와 같다.

제7조 (운영프로그램 등) "갑"은 제6조의 도서관 운영주체에 대하여 "을"과의 도서관 건립 이후 추진하는 전국어린이도서관 네트워크사업 및 종합 운영 계획에 따른 다양한 프로그램(강연회·작가와의 만남·동화 구연회·영화상영 등)을 공동으로 운영할 것을 제안할 수 있으며, 운영주체는 특별한 사정이 없는 한 이를 수용하여야 한다.

제8조 (관리예산 등) ①"을"은 도서관 건립 비용으로 200 . . (착공전)까지 금 500,000,000원을 "갑"에게 조건 없이 지원한다.

②"을"은 도서관 운영주체의 설립 이후 매년 인건비 및 운영비를 도서관 운영주체에게 지원하며, 그에 따른 예산편성 및 집행, 관련 조례의 제정 등 필요한 행정적 조치를 이행할 책임이 있다.

제9조 (해산금지등) "을"은 "갑"의 사전 동의 없이는 제6조 소정의 운영주체 를 해산(허가 취소 포함)하거나 기부채납 받은 도서관을 다른 용도로 전 용 또는 폐지할 수 없다.

제10조(계약의 해지 등) ①"갑" 또는 "을"은 각 상대방이 다음 각호의 1에 해당하는 사유가 발생한 경우 각 상대방에 대하여 7일 이상 이행의 최고 를 한 다음 이 계약을 해지 또는 해제를 할 수 있다.

1. "을"이 제2조의 제공의무를 위반하거나 또는 제공요청을 거부한 경우
2. "을"이 제3조의 의무사항을 위반한 경우
3. "갑"이 제4조의 건립의무 및 기부채납의무를 각 이행하지 아니한 경우
4. "갑" 또는 "을"이 제5조의 건립위원회의 구성의무 등을 위반한 경우
5. "갑" 또는 "을"이 제6조의 도서관 운영주체의 구성의무 등을 위반한 경우
6. "을"이 제7조에 따른 "갑"의 제안을 정당한 이유없이 거부한 경우
7. "을"이 제8조 소정의 지원의무 등을 위반한 경우
8. "을"이 제9조의 해산금지 등 의무사항을 위반한 경우
9. 이 계약상의 의무를 이행하지 아니할 경우

- 4 -

② 전항의 경우 "갑" 또는 "을"은 각 상대방에 대하여 아래와 같이 원상 회복 또는 손해배상을 하는 이외에 이와 별도로 발생한 손해에 대하여는 손해배상을 청구할 수 있다.

1. "을"이 제2조의 제공의무를 위반하거나 또는 제공요청을 거부한 경우 및 "을"이 제3조의 의무사항을 위반한 경우에는 이 계약은 무효로 하며, "을"은 "갑"이 이미 지출한 제반 비용 등을 보상하여 야 한다.

2. "갑"이 제4조의 ~~~~~의무 및 기부체납의무를 이행하지 아니한 경 우 "갑"은 "을"에게 즉시 제공받은 대지를 반환 또는 명도하여야 한다.

3. "갑" 또는 "을"이 제5조의 건립위원회의 구성의무 등을 위반한 경 우 각 이행한 부분은 원상회복한다.

4. "을"이 제6조의 도서관 운영주체의 구성의무 등을 위반한 경우 및 "을"이 제7조에 따른 "갑"의 제안을 정당한 이유없이 거부한 경우, "을"이 제8조 소정의 지원의무 등을 위반한 경우, "을"이 제9조의 해산금지 등 의무사항을 위반한 경우 "을"은 "갑"으로부터 기부체 납받은 도서관을 반환하여야 하며(대지 포함), "을"이 이미 지출한 비용 등을 "갑"에게 청구할 수 없다.

제11조(제세공과금 등) ①"갑"은 도서관의 기부체납시까지 도서관의 건립과 관련하여 발생한, "을"은 그 이후 또는 그외 사유로 발생한 각 제세공과 금을 각자 부담할 책임이 있다.

② "을"은 관련 법령이 허용하는 한 "갑"의 도서관 건립 등과 관련하여 발생한 제세공과금을 감면하여야 하며, "갑"은 이를 요청할 수 있다.

제12조(관할법원) 이 계약과 관련한 법적 분쟁이 발생한 경우 서울지방법원 을 전속관할법원으로 한다.

제13조 (후속계약) 이 계약의 실행이나 집행을 위하여 필요한 사항 및 이 계약에 명시되지 아니한 사항으로서 따로 합의가 필요한 사항 등은 이 계약 이후에도 "갑", "을" 양자의 합의로 따로 정한다.

제14조 (계약승계) '갑'의 본 계약상의 지위(권리 및 의무 포함)는 추후 '갑'이 참여하는 재단법인(가칭 '책읽는사회문화재단')이 설립되는 경우 '갑'의 요청에 따라 위 재단법인에게 승계한다

제15조 (기타) '을'은 제공하는 부지가 위치한 근린공원에 어린이전용학습공원(3,400평) 조성을 '갑'과 공동기획한다. 이는 어린이전용공공도서관과 어린이전용학습공원이 어린이전용시설로 일관된 균형을 유지하기 위함이며 그와 동시에 도서관이 운영하는 각 프로그램을 효율적으로 진행키 위함이다.

제16조 (공증) 본 계약은 계약 체결 이후 공증을 필한다.

2003년 2월 10일

"갑" 책읽는사회만들기 국민운동
　　　대표 도 정 일

"을" 전라남도 순천시
　　　시장 조 충 훈

- 6 -

『아름다운 사람들의 도시 순천, 칭찬합시다』

순 천 시

취 급 : 인편

우 540-701 / 전남 순천시 장천동 53-1 / 전화 (061)749-3555 / 전송 749-3589
총 무 과   과장 김영속   시책담당   최 덕 림   담당자 채 금 묵
jeongdk@suncheon.jeonnam.kr   seong0211@suncheon.jeonnam.kr   chgm1102@suncheon.jeonnam.kr

문서번호 총무13060-286

시행일자   2003. 2. 11.(년)

공개여부

수 신   책읽는사회만들기국민운동
         상임대표

참 조

선 람			지 시		
접	일 자 시 간		결 재 · 공 람		
수	번 호				
처 리 과					
담 당 자					
심 사 자		심 사 일			

제 목 어린이전용공공도서관 건립 기본계약 동의

　　　1. 책읽는사회 만들기 운동을 전개하므로써 국민들의 읽을 권리,
알 권리, 정보접근권을 신장하여 건실한 시민육성에 많은 공헌을 하고 계
시는 귀 책읽는사회 만들기 국민운동에 심심한 경의를 표합니다.

　　　2. 문서1003-030208(2003. 2. 8)호와 관련 귀 단체에서 제안한 "기
적의 도서관" 프로젝트 어린이전용공공도서관 건립 기본계약 사항에 대하여
별첨과 같이 동의합니다.

붙 임 : 어린이전용공공도서관 건립 기본계약서 2부. 끝.

순　천　시　장

기적의 도서관:
정기용의 어린이 도서관

지은이   정기용
편집위원   홍성태 서정일 최김재연 신혜숙 김도연 이희경 김수기
자료정리   김도연 이희경 박선희
책임편집   최김재연
도면   최김재연
디자인   이기준
* 사진의 판권 대부분은 김재경 작가에게 있으며,
나머지 몇몇 사진들은 저자에게 있습니다.

펴낸곳   현실문화연구
펴낸이   김수기

첫 번째 찍은 날 2010년 11월 20일
세 번째 찍은 날 2020년 10월 20일

등록번호   제2015-000091호
등록일자   1999년 4월 23일
주소   서울시 은평구 불광로 128, 302호
전화   (02) 393-1125
팩스   (02) 393-1128
전자우편   hyunsilbook@daum.net

ISBN   978-89-6564-002-8 (04610)
             978-89-92214-41-4 (세트)

값   25,000원